annabrevet

SUJETS et CORRIGÉS 2019

Physique-Chimie, SVT, Technologie

Physique-chimie

Sonia Madani
Joël Carrasco
Gaëlle Cormerais

SVT

Nadège Jeannin
Fabien Madoz-Bonnot

Technologie

Nicolas Nicaise

Achevé d'imprimer
Par Maury imprimeur à Malesherbes - France
Dépôt légal 04560-6/01 - Août 2018

ISSN 1168-3791 ISBN 978-2-401-04560-6

Hatier

Phys.-chimie • SVT • Techno

Comment utiliser ton Annabrevet 2019 ?

Cela dépend de ton objectif

MON

1 Comprendre le déroulement de **l'épreuve**

- Infos → pages 10 et 11
- Conseils → pages 12 et 13

2 M'entraîner sur un thème du **programme**

en physique-chimie

- L'énergie et ses conversions → sujets 11 à 17
- Mouvements et interactions → sujets 18 à 20
- La matière → sujets 21 à 25
- Les signaux → sujets 26 et 27

en SVT

- Le corps humain et la santé → sujets 28 à 35
- L'environnement et l'action humaine → sujets 36 à 41
- Le vivant et son évolution → sujets 42 à 45

en technologie

- L'informatique et la programmation → sujets 46 à 48
- La modélisation des objets techniques → sujets 51 à 54

3 Maîtriser les **méthodes du brevet**

- Extraire les données d'un document → sujets **2**, **49**
- Rédiger une synthèse → sujets **7**, **31**
- Proposer un protocole expérimental → sujets **11**, **21**
- Programmer et analyser un système → sujets **6**, **10**

OBJECTIF

4 Consolider mes **connaissances**

- en physique-chimie → fiches **1** à **6**
- en SVT → fiches **7** à **14**
- en technologie → fiches **15** à **20**

5 Me mettre dans les **conditions de l'examen** et faire des sujets complets

→ sujets **1** à **10**

Connecte-toi sur www.annabac.com

Grâce à cet ouvrage, accède gratuitement à plein de ressources complémentaires – podcasts, quiz, vidéos, sujets corrigés –, dans toutes les matières.

Pour profiter de cette offre, rends-toi dans la rubrique « Vous avez acheté un ouvrage Hatier ? »

SOMMAIRE

Infos et conseils sur...

54 sujets expliqués et corrigés

Coche les sujets sur lesquels tu t'es entraîné.

Sujets complets de 2018

Exercices classés par matière

PHYSIQUE-CHIMIE

L'énergie et ses conversions

Mouvements et interactions

Organisation et transformations de la matière

Des signaux pour observer et communiquer

SVT

Le corps humain et la santé

Le mémo du brevet

- Coordination éditoriale : Grégoire Thorel, Adeline Ida et Sarah Basset, assistés d'Anaïs Goin et de Justine Tajan
- Édition : Jean-Marc Cheminée
- Graphisme : Tout pour plaire et Dany Mourain
- Maquette : Hatier et Nadine Aymard
- Infographie : STDI et Coredoc
- Illustration : Juliette Baily
- Mise en page : STDI

Planifie tes révisions

J –30 Révise des thèmes clés du programme

Nº	Thème
Physique-chimie	
8	Organisation et transformations de la matière
13	L’énergie et ses conversions
SVT	
30	Le corps humain et la santé
37	La planète Terre, l’environnement et l’action humaine
Technologie	
6	La modélisation et la simulation des objets techniques
10	L’informatique et la programmation

J –15 Travaille les méthodes

Nº	Point de méthode
Physique-chimie	
3	Proposer un protocole expérimental et calculer
5	Extraire les données d’un document
SVT	
39	Extraire les données d’un ensemble de documents
7	Rédiger une synthèse
Technologie	
46	Programmer un système
51	Analyser un système

J –7 Les révisions se terminent !

Entraîne-toi avec un sujet complet (1 + 2), dans le temps prévu pour l’examen.

Infos et conseils sur…

L'épreuve de sciences et technologie

1 Comment s'organise l'épreuve de sciences et technologie ?

L'épreuve porte sur deux de ces trois matières : physique-chimie, SVT et technologie. Son objectif : évaluer les connaissances et compétences du programme de cycle 4 (5e, 4e, 3e) pour les disciplines concernées.

A La durée et le barème

- L'épreuve de sciences et technologie dure **1 heure**, ce qui fait environ 30 minutes à consacrer à chaque discipline.
- L'ensemble de l'épreuve est noté sur **50 points**, chaque discipline étant notée sur 25 points. Les points attribués à chaque exercice sont indiqués dans le sujet.

B La composition de l'épreuve

- Chaque année, les deux disciplines tirées au sort sont annoncées deux mois avant la date de l'examen. Pour chaque discipline, le sujet comprend **un ou plusieurs exercices** indépendants les uns des autres.

> **INFO Les trois combinaisons possibles pour le jour J sont donc : SVT/physique-chimie, physique-chimie/technologie, SVT/technologie.**

- Un des exercices peut consister en une **évaluation de tes connaissances**, sous la forme d'un questionnaire à choix multiples (QCM).
- Le plus souvent, les exercices s'appuient sur un ou des **documents**. Pour répondre aux questions posées, tu dois en extraire les informations utiles, tout en t'appuyant sur tes connaissances.

> **REMARQUE Certaines questions appellent une réponse très ciblée, tandis que d'autres supposent une réponse plus longue et argumentée (questions de synthèse).**

C Les critères d'évaluation

● Les correcteurs évaluent la clarté et la **précision des raisonnements** – et, par conséquent, la qualité de la rédaction scientifique.

● Si tu ne termines pas un exercice, les démarches engagées, même non abouties, sont prises en compte dans la notation.

> CONSEIL **Prends soin de bien noter, au brouillon, les étapes de ta recherche et de recopier les éléments permettant de la valoriser.**

● De même, des points sont attribués à des réponses exactes justifiées de manière incomplète : mais pas le maximum !

D En résumé

Épreuve de SCIENCES
(SVT, physique-chimie,technologie)

DESCRIPTIF

- 1 heure
- 50 points
- Exercices se rapportant à 2 des 3 matières

MÉTHODE

1. Lisez attentivement tous les documents.
2. Pour les questions ciblées, identifiez précisément les informations demandées.
3. Pour les questions de synthèse, choisissez bien vos arguments et faites apparaître les étapes de votre raisonnement.

CONSEIL

Soignez la présentation et la rédaction : elles comptent dans la notation de l'épreuve.

2 Comment réussir l'épreuve ?

En sciences, tu dois mobiliser tes connaissances, analyser des documents, faire des calculs et présenter des réponses claires.

A Quels sont les documents proposés ?

- Les documents (textes, tableaux, graphiques…) **rendent compte d'un phénomène** ou présentent le fonctionnement d'un appareil ou d'un système technique.
- Commence par **lire tous les documents**. Souligne les mots et éléments importants. Identifie bien les intitulés des lignes et colonnes d'un tableau, les grandeurs dans un graphique.

B Comment répondre aux questions ?

1. Les questions ciblées

- Pour les questions ciblées, une **réponse courte** convient souvent.
- Certaines questions font uniquement appel à tes **connaissances** ou à ta compréhension. Elles peuvent parfois prendre la forme d'un **QCM**. D'autres questions te conduisent à **chercher** dans les documents **des informations** qui te serviront à étayer ta réponse.
- On peut également te demander de **calculer** (une vitesse, une énergie, une masse volumique, etc.) ; tracer une courbe ; compléter un algorithme extrait d'un programme Scratch ; retrouver des éléments manquants pour compléter la chaîne d'énergie et la chaîne d'information d'un système.

> CONSEIL **Pour résoudre un calcul, écris d'abord la formule littérale, puis effectue l'application numérique. Précise l'unité de chaque grandeur.**

2. Les questions de synthèse

- Les questions de synthèse nécessitent une **démonstration** : tu devras **confirmer** ou **infirmer** un fait à l'aide des documents et de tes connaissances. D'autres nécessitent de faire la synthèse des données de plusieurs documents, puis un bilan.
- Choisis bien tes arguments, en prenant appui sur les documents. Pense à faire apparaître les **liens logiques** dans tes explications.
- Répondre aux **questions de synthèse** implique de **raisonner** à partir de tes connaissances et des documents. Tu dois décomposer ce raisonnement en étapes.

3 Comment te préparer à l'examen ?

Les épreuves finales du brevet constituent ton premier examen. Cela peut générer du stress. Mais, si tu es en bonne forme et que tu as travaillé régulièrement tout au long de l'année, tu n'as aucune raison de t'inquiéter.

A De manière générale

1. La préparation physique

- Il est recommandé de **dormir correctement** dans les deux derniers mois avant l'examen. Le manque de sommeil risque en effet de réduire tes performances intellectuelles.
- Pour mieux gérer ton stress, continue de **faire du sport**, sans excès, dans les jours qui précèdent l'examen.

2. La préparation intellectuelle

Cette préparation-là s'effectue tout au long de l'année.

- En premier lieu, sois **attentif en cours**.
- **Apprends tes leçons** au fur et à mesure ; n'attends pas le contrôle. Donne du sens à ce que tu apprends : n'hésite pas à expliquer, à l'oral ou à l'écrit, le contenu de ta leçon à un proche ou à un camarade de classe.
- Lors de la préparation d'un contrôle, entraîne-toi à **extraire de ta mémoire** ce que tu y as mis. Révise pour de vrai !

> ATTENTION ! **Réviser n'est pas seulement relire. Il faut reformuler mentalement ce que tu lis et, si possible, par écrit, devant une feuille blanche.**

B Dans chaque discipline

- En **mathématiques et en sciences**, fais une fiche de révision par chapitre : note les définitions et les propriétés à connaître, illustrées par des exemples rédigés.
- En **français**, prends le temps nécessaire pour lire attentivement les textes qu'on te donne à lire à la maison (sous forme d'extraits ou d'œuvres complètes).
- En **histoire, géographie et EMC**, pour chaque chapitre, note les points principaux en t'appuyant sur ton cours ou ton manuel.

54 sujets expliqués

... et corrigés

SUJET 1

France métropolitaine • Juin 2018
SVT • 25 points

La protection contre le tétanos

Dans ce sujet, on s'intéressera à une maladie, le tétanos.
Un médecin reçoit aux urgences hospitalières un patient qui s'est sérieusement blessé avec un outil de jardinage. Dans un premier temps, la plaie est nettoyée et désinfectée. Le médecin décide de prévenir rapidement le risque de tétanos.
Le tétanos est une maladie provoquée par une toxine produite par une bactérie, *Clostridium tetani*. La vaccination contre le tétanos protège de cette maladie.

DOCUMENT 1 **Calendrier simplifié permettant de se tenir à jour dans ses vaccinations***

		Âge approprié												
		1 mois	2 mois	4 mois	5 mois	11 mois	12 mois	16-18 mois	6 ans	11-13 ans	25 ans	45 ans	65 ans	Tous les 10 ans : 75 ans, 85 ans…
Vaccins	BCG	X												
Vaccins	Diphtérie – Tétanos – Poliomyélite		X	X		X			X	X	X	X	X	X
Vaccins	Rougeole – Oreillons – Rubéole						X	X						

X : Injection d'un vaccin

D'après le site 2017 http://inpes.santepubliquefrance.fr

* Être à jour dans ses vaccinations, signifie avoir reçu les vaccins recommandés selon son âge et avec le bon nombre d'injections pour être protégé.

▶ **1.** Le carnet de santé du patient indique qu'il a été vacciné contre le tétanos à 2 mois, 4 mois, 11 mois, 6 ans et 13 ans. À partir du document 1, justifier que le patient, actuellement âgé de 33 ans, n'est plus à jour dans sa vaccination contre le tétanos.

Dans le cas d'un patient qui n'est plus à jour dans sa vaccination contre le tétanos, le médecin prescrit un test de dosage sanguin des anticorps spécifiques anti-toxine tétanique*. Le résultat du dosage permet de déterminer le traitement à lui appliquer sans tarder.

---

* Anticorps spécifiques anti-toxine tétanique : molécules produites par les lymphocytes (cellules impliquées dans les défenses immunitaires) suite à une vaccination contre le tétanos. Ces anticorps neutralisent la toxine tétanique, l'empêchant d'exercer son action.

DOCUMENT 2 **Protocole du dosage rapide des anticorps spécifiques anti-toxine tétanique dans le sang d'un patient**

• Une goutte de sang prélevée au niveau du doigt est déposée sur une plaquette-test, puis quelques gouttes d'un diluant sont ajoutées.
• Dix minutes plus tard, une ou deux bandes colorées apparaissent dans la zone de lecture.
– Si une seule bande se colore, le patient n'est pas ou est insuffisamment protégé contre le tétanos, le test est dit négatif.
– Si deux bandes se colorent, la personne est immunisée contre le tétanos, le test est dit positif.

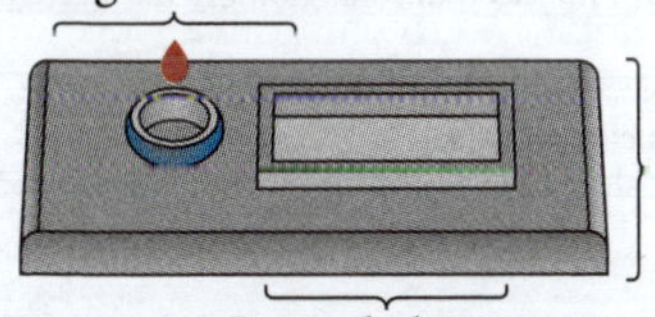

Plaquette utilisée pour le dosage rapide des anticorps anti-toxine tétanique

▶ **2.** À partir du document 2, réaliser le schéma légendé d'une plaquette-test correspondant à un résultat négatif de dosage des anticorps, obtenu pour un patient qui n'est plus immunisé contre le tétanos.

DOCUMENT 3 **Arbre décisionnel des étapes à suivre pour un patient blessé par un outil de jardinage**

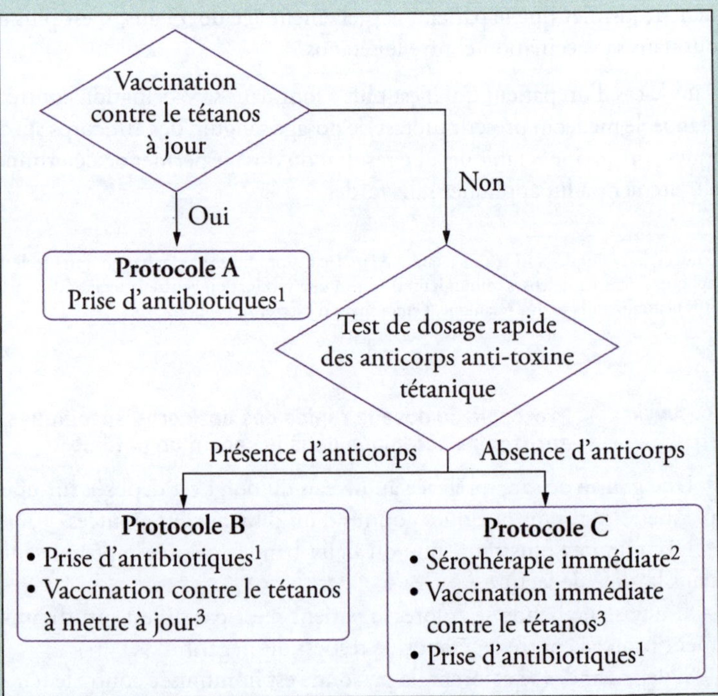

D'après E. Pilly, *Maladies infectieuses et tropicales*, CMIT, 2016.

1. Les antibiotiques stoppent l'infection due aux nombreuses bactéries présentes sur l'outil de jardinage.
2. La sérothérapie est une injection d'anticorps anti-toxine tétanique, la protection est quasi immédiate et ne dure que quelques jours.
3. Seule la vaccination contre le tétanos assure une immunisation supérieure à 10 ans contre la toxine tétanique.

▶ **3. a)** À partir du document 3, citer les étapes de l'arbre décisionnel qui amènent le médecin à appliquer le protocole C.

b) Les trois éléments du protocole C sont : la sérothérapie immédiate, la vaccination immédiate et la prise d'antibiotiques. À partir du document 3, justifier la nécessité des trois éléments du protocole C à appliquer à ce patient qui s'est blessé avec un outil de jardinage.

LES CLÉS DU SUJET

Comprendre les documents

• Le tableau du document 1 présente les différentes vaccinations qui doivent être faites au cours de la vie afin d'être protégé.

• Le texte et le schéma du document 2 expliquent le protocole de dosage rapide des anticorps anti-toxine tétanique utilisé afin de savoir si le patient est encore protégé contre la toxine tétanique.

• Le document 3 est un arbre décisionnel permettant de comprendre les étapes du diagnostic du médecin menant au choix d'un protocole de soin approprié.

Répondre aux questions

▶ **1.** Repère dans le tableau les injections nécessaires pour être à jour dans sa vaccination antitétanique et compare-les à celles que le patient a effectuées.

▶ **2.** Reproduis le schéma de la plaquette et lis bien le texte afin de savoir ce qu'on y voit en cas de résultat négatif.

▶ **3. a)** Suis les étapes du diagnostic et les résultats obtenus à chaque fois pour ce patient.

b) Lis bien les légendes de l'arbre du document 3, la plupart des informations nécessaires à ta réponse y sont notées.

CORRIGÉ 1

▶ **1.** Le patient a 33 ans : d'après le tableau il aurait dû faire des injections à 2 mois, 4 mois, 11 mois, 6 ans, 13 ans et 25 ans. D'après son carnet de santé, il a été vacciné à 2 mois, 4 mois, 11 mois, 6 ans et 13 ans. Seules les cinq premières injections ont été effectuées, il n'a pas eu son injection à 25 ans. Comme il est nécessaire de suivre le calendrier vaccinal, il n'est donc plus à jour dans sa vaccination contre le tétanos.

> **REMARQUE**
> Le vaccin contre le tétanos est en fait un vaccin mixte qui protège également contre la diphtérie et la poliomyélite.

▶ 2.

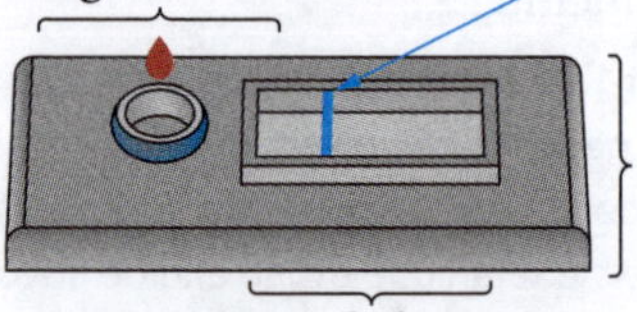

Schéma légendé d'une plaquette test correspondant à un résultat négatif

▶ **3. a)** Étape 1 : vérifier si la vaccination contre le tétanos est à jour d'après le carnet de santé. Le patient n'est pas à jour de sa vaccination contre le tétanos.

Étape 2 : faire un test de dosage rapide des anticorps spécifiques anti-toxine tétanique qui s'avère ici négatif.

Étape 3 : comme il n'a pas d'anticorps contre la toxine tétanique, le protocole C est choisi afin d'injecter ces anticorps par sérothérapie immédiate et ainsi empêcher l'action de la toxine.

b) D'après le document 3 :

> CONSEIL
> Différencie bien l'utilisation du sérum de celle du vaccin.

• La prise d'antibiotiques permet la destruction des bactéries tétaniques qui étaient présentes sur l'outil de jardinage et stoppe l'infection.

• La sérothérapie immédiate consiste en l'injection d'anticorps anti-toxine tétanique puisque le patient n'en a pas. Ils vont neutraliser rapidement la toxine tétanique, cependant la protection ne dure que quelques jours.

• La vaccination immédiate contre le tétanos assure une immunisation à long terme (plus de 10 ans) en permettant au patient de produire ses propres anticorps anti-toxine tétanique. Mais cette immunisation se met en place en 5 à 6 jours et n'est donc pas active dès l'injection. En bilan :

• L'utilisation des antibiotiques permet d'empêcher le développement des bactéries et de l'infection, elle est curative (elle soigne).

• L'utilisation du sérum permet une défense contre la toxine à court terme, elle est curative.

• L'utilisation du vaccin permet une défense à long terme, elle est donc préventive en cas de nouveau contact avec la bactérie tétanique.

La combinaison de ces trois traitements permet au patient blessé par un outil de jardinage de détruire les bactéries présentes et les toxines tétaniques à court et à long terme, il est donc toujours protégé.

France métropolitaine • Juin 2018

TECHNOLOGIE • 25 points

Échographie

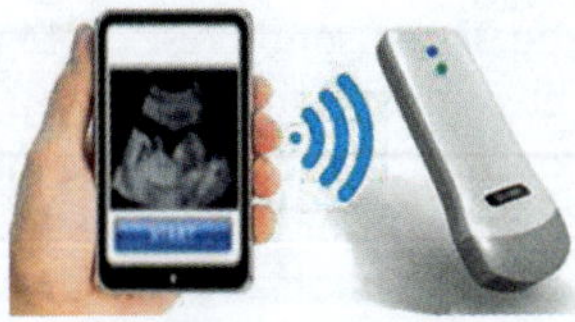

L'échographie est une technologie d'imagerie 2D qui permet de visualiser certaines parties du corps humain, non visibles à l'œil nu.

Un constructeur d'échographes souhaite intégrer une transmission des résultats d'une vidéo de l'échographie en haute définition (HD). Afin de garantir une bonne disponibilité de cet appareil, il est nécessaire d'améliorer l'autonomie de la batterie et d'indiquer l'état de sa charge électrique.

DOCUMENT 1 **Principe de fonctionnement d'un échographe portable**

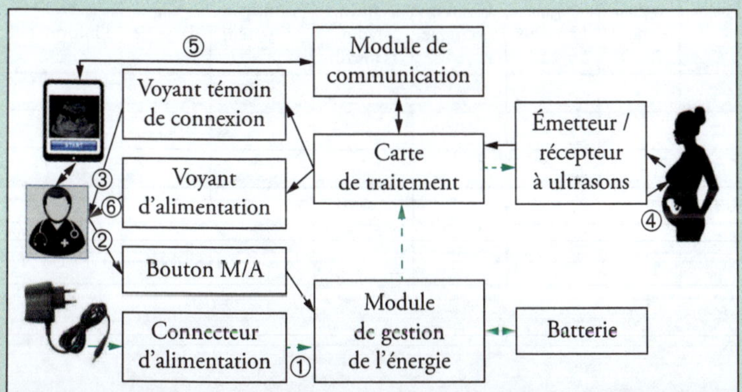

Diagramme simplifié des blocs internes

Lorsque le médecin appuie sur le bouton marche/arrêt (flèche ②), la carte de traitement est alimentée. Un voyant témoin de connexion avec la tablette est allumé (flèche ③).

La consigne de début et de fin d'acquisition des images, ainsi que sa visualisation, se font sur la tablette tactile. La tablette transmet les consignes (flèche ⑤) au module de communication qui les transmet à la carte de traitement.
La carte de traitement alimente l'émetteur à ultrasons en énergie électrique. L'émetteur à ultrasons convertit l'énergie électrique en signal sonore (flèche ④) qui se propage au sein du corps du patient. L'écho du signal sonore est capté par le récepteur qui le convertit en signal électrique transmis à la carte de traitement puis au module de communication. Celui-ci renvoie les résultats du traitement (flèche ⑤) à la tablette pour l'affichage des images.

▶ **1.** À l'aide du document 1 qui décrit le principe de fonctionnement d'un échographe ainsi que les flux (information et énergie) représentés par les flèches, compléter le tableau ci-dessous en mettant, pour chaque flèche numérotée, une croix pour identifier la nature et le type de flux de chaque liaison. *(6 points)*

Lien	**Nature de l'interaction**					**Type de flux**	
Flèche	Signal sonore	Signal lumineux	Courant électrique	Ondes radio (sans fil)	Consigne utilisateur	Flux d'énergie	Flux d'information
①							
②							
③							
④							
⑤							
⑥		X					X

▶ **2.** Pour une transmission de vidéo en HD, il est nécessaire d'adapter la solution technique pour le module de communication.

DOCUMENT 2 **Caractéristiques des technologies de transmission sans fil**

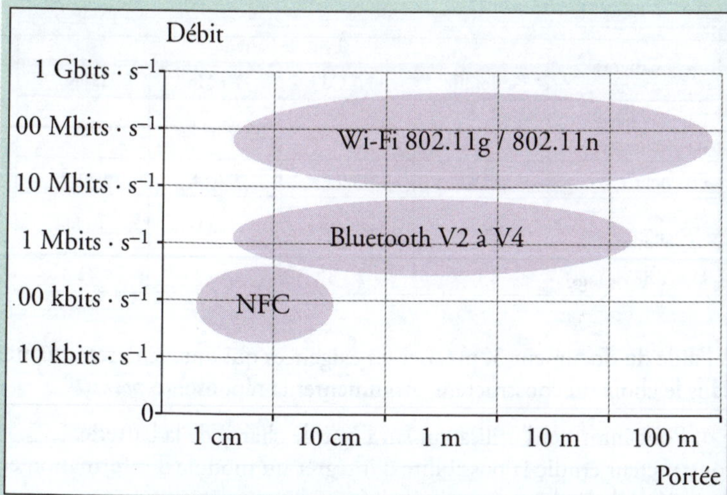

Comparaison de la portée et du débit de trois normes de connectivité sans fil

Débits nécessaires pour une transmission :

- d'une image d'échographie en 1 s → 128 kbits · s^{-1} (kilobits par seconde) ;
- d'une vidéo d'échographie haute définition → 10 Mbits · s^{-1} (mégabits par seconde).

À l'aide des données du document 2, choisir la solution technique que le constructeur doit intégrer au nouvel appareil et argumenter la réponse en précisant le ou les critères de choix. *(5 points)*

▶ **3.** Afin de répondre aux exigences du cahier des charges, le constructeur remplace la batterie utilisée de type Ni-Cd par une batterie de type Li-ion.

DOCUMENT 3 **Caractéristiques des batteries**

Critère	Type de batterie			
	Plomb	Ni-Cd	Ni-Mh	Li-ion
Rapport énergie stockée/masse	40 Wh · kg^{-1}	60 Wh · kg^{-1}	85 Wh · kg^{-1}	170 Wh · kg^{-1}
Prix pour 1 Wh	0,15 €	0,60 €	0,65 €	0,70 €
Source de pollution	Élevée	Élevée	Faible	Faible
Durée de vie (ans)	4 à 5	2 à 3	2 à 4	2 à 3

À l'aide du document 3, préciser les exigences qui ont été déterminantes dans le choix du constructeur. Argumenter la réponse. *(6 points)*

▶ **4.** Pour informer l'utilisateur sur l'état de charge de la batterie, le constructeur étudie la possibilité d'intégrer un module d'information et de gestion de la charge au sein de l'appareil.

DOCUMENT 4 **Gestion de la charge de la batterie**

Un module de gestion gère la charge de la batterie et communique les informations suivantes à la carte de traitement :
- charge en cours – état vrai ou faux ;
- batterie déchargée – état vrai ou faux ;
- batterie chargée – état vrai ou faux.

L'information de l'utilisateur est réalisée à l'aide d'une LED tricolore respectant le principe de fonctionnement suivant.
En permanence :
- lorsque la batterie est en charge, la LED clignote en orange (1 s allumée, 1 s éteinte) ;
- lorsque la batterie est en charge et qu'elle a atteint son niveau chargé, la LED s'allume en vert ;
- si la batterie est déchargée, la LED s'éclaire en rouge.

À l'aide du document 4, compléter ci-après la modélisation du programme de gestion du voyant d'alimentation de l'appareil d'échographie.

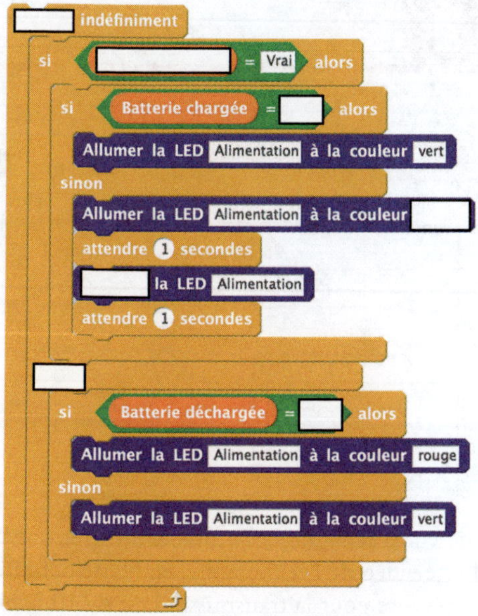

LES CLÉS DU SUJET

Comprendre les documents

- Le document 1 décrit le fonctionnement de l'échographe.
- Le document 2 compare, sous forme de graphique, trois technologies de transmission de l'information.
- Le document 3 compare quatre types de batterie.
- Le document 4 présente la charge d'une batterie sous la forme d'un algorithme.

Répondre aux questions

▶ **1.** Coche une case par ligne dans la partie « nature de l'interaction » et une case dans la partie « type de flux ». Observe bien les flèches dans le document 1 : les flèches vertes sont utilisées pour illustrer les flux d'énergie et les flèches noires pour le flux d'information.

▶ **2.** Indique quelle technologie de transmission utiliser et donne ses avantages par rapport aux deux autres.

▶ **3.** Identifie tous les avantages des batteries Li-ion par rapport aux autres batteries.

▶ **4.** Traduis l'algorithme en programme.

CORRIGÉ 2

▶ 1.

Lien	Nature de l'interaction					Type de flux	
Flèche	Signal sonore	Signal lumineux	Courant électrique	Ondes radio (sans fil)	Consigne utilisateur	Flux d'énergie	Flux d'information
①			X			X	
②					X		X
③		X					X
④	X						X
⑤				X			X
⑥		X					X

▶ **2.** Le constructeur d'échographes souhaite intégrer une transmission des résultats d'une vidéo de l'échographie en haute définition. Pour cela, le débit nécessaire pour la transmission est de 10 Mbits · s^{-1}.
Le Wi-Fi est la seule technologie de transmission sans fil, présent sur le document 2, à répondre à cette attente, le débit des technologies Bluetooth et NFC est insuffisant.

De plus, le Wi-Fi a une portée plus importante.

▶ **3.** Afin de garantir une bonne disponibilité de l'échographe, le constructeur veut améliorer l'autonomie de la batterie.
Parmi les quatre types de batterie proposés dans le document 3, la batterie Li-ion est celle qui a le rapport énergie stockée/masse le plus élevé. Donc, à poids égal, elle permettra à l'échographe de fonctionner environ trois fois plus longtemps.

De plus, ce type de batterie est moins polluant que les batteries Ni-Cd précédemment utilisées.

Ces avantages sont obtenus pour un coût à peine plus élevé, celui-ci est donc négligeable quant à l'avantage d'autonomie.

Enfin, la durée de vie des batteries Li-ion est identique à celle des batteries Ni-Cd.

▶ **4.**

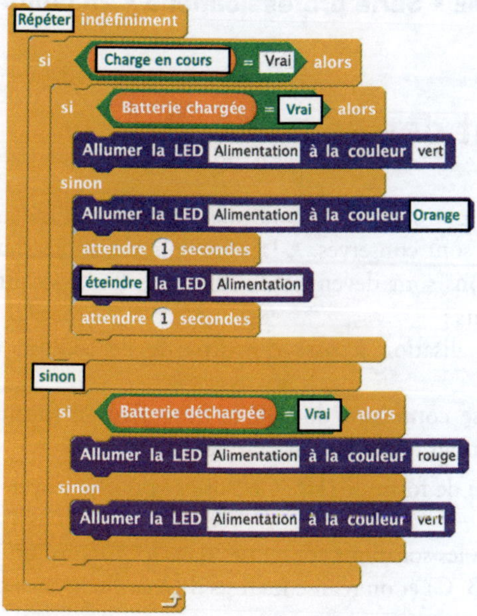

CONSEIL

Lis bien l'algorithme donné en document 3.

France métropolitaine • Juin 2018

PHYSIQUE-CHIMIE • Série professionnelle • 25 points

Après un dégât des eaux

Dans l'atelier attenant d'une maison, des flacons contenant différents produits d'usage courant sont conservés. À la suite d'un dégât des eaux, les étiquettes de ces flacons sont devenues illisibles. Les flacons contenaient les produits suivants :

- un déboucheur de canalisation à base d'hydroxyde de sodium de formule (Na^{+}, OH^{-}) ;
- de la bouillie bordelaise contenant du sulfate de cuivre de formule (Cu^{2+}, SO_4^{2-}) et utilisée pour le traitement des plantes ;
- de l'acide chlorhydrique de formule (H^{+}, Cl^{-}) utilisé pour nettoyer les joints de carrelage.

Pour identifier à nouveau les solutions contenues dans les flacons, on les repère par des lettres (A, B, C) et on réalise les tests de reconnaissance des ions adaptés.

DOCUMENT 1 Tests de reconnaissance de quelques ions

Ion mis en évidence	Réactif	Observation
Cuivre (Cu^{2+})	Hydroxyde de sodium	Formation d'un solide bleu
Fer (Fe^{2+})	Hydroxyde de sodium	Formation d'un solide vert
Sulfate SO_4^{2-}	Chlorure de baryum	Formation d'un solide blanc
Chlorure (Cl^{-})	Nitrate d'argent	Formation d'un solide blanc

DOCUMENT 2 Échelle de pH

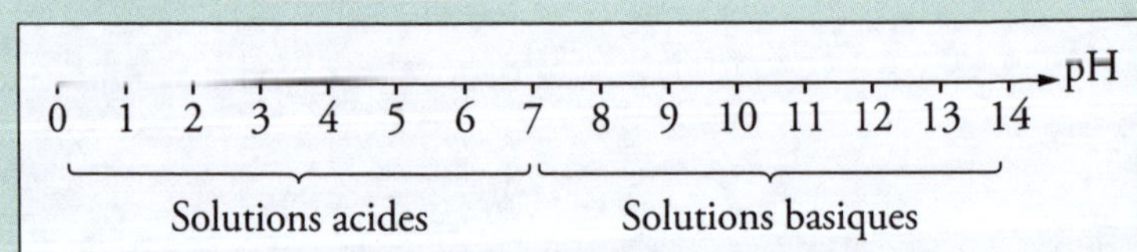

DOCUMENT 3 **Résultats des tests**

	Valeur du pH	Tests d'identification des ions		
		Nitrate d'argent	Hydroxyde de sodium	Chlorure de baryum
Flacon A	6	X	Formation d'un solide bleu	Formation d'un solide blanc
Flacon B	2	Formation d'un solide blanc	X	X
Flacon C	8	X	X	X

X : aucun solide ne se forme.

▶ **1.** Proposer une expérience permettant de mesurer la valeur du pH d'une solution en détaillant le matériel utilisé et les étapes de la manipulation.

▶ **2.** Quelles sont les règles de sécurité à respecter lors de la réalisation de l'expérience de la question précédente ?

▶ **3.** À partir des résultats des tests présentés dans le document 3 et du document 2, préciser le caractère acide ou basique de la solution contenue dans le flacon A. Justifier la réponse.

▶ **4.** À l'aide des documents fournis, identifier le produit contenu dans le flacon A. Justifier la réponse.

▶ **5.** Quelques appareils électriques présents dans l'atelier sont également hors d'usage à la suite du dégât des eaux. Il faut donc les remplacer. Deux radiateurs de puissance 2 000 W, un fer à souder de 130 W, trois lampes basse consommation de 10 W chacune, sont achetés. Calculer la puissance totale consommée lorsque tous les appareils électriques fonctionnent ensemble.

▶ **6.** L'expression de l'intensité I d'un courant électrique (en A) en fonction de la puissance électrique P consommée (en W) et de la tension électrique U (en V) s'écrit :

$$I = \frac{P}{U}.$$

Tous les appareils électriques fonctionnent ensemble. Montrer que la valeur de l'intensité totale I du courant électrique est environ égale à 18 A. On prendra la valeur de la tension du secteur égale à 230 V.

▶ **7.** Un disjoncteur est un dispositif de protection dont la fonction est d'interrompre le passage du courant électrique lorsque son intensité dépasse une valeur donnée. Celui qui protège l'installation électrique de l'atelier est de valeur 20 A.
Le disjoncteur utilisé permet-il le fonctionnement simultané de tous les appareils électriques nouvellement achetés ? Justifier la réponse.

LES CLÉS DU SUJET

Comprendre les documents

• Le document 1 rappelle quelques tests de reconnaissance des ions, il te permettra de reconnaître les solutions.
• Le document 2 donne l'échelle de pH. Il indique si une solution est acide ou basique en fonction de la valeur de son pH.
• Le document 3 rassemble dans un tableau les résultats des tests effectués sur trois solutions dans des flacons différents. Ces tests renseignent sur les pH et les ions présents dans ces trois solutions.

Répondre aux questions

▶ **1.** Tu dois rédiger un protocole expérimental précis pour répondre à cette question.
▶ **2.** Rappelle-toi les travaux pratiques de chimie en classe et les règles à respecter.
▶ **5.** N'oublie pas que la puissance est additive.

CORRIGÉ 3

▶ **1.** Pour mesurer la valeur du pH d'une solution :

> **CONSEIL**
> Décompose le protocole en deux ou trois étapes et sois précis dans le choix du matériel.

• On coupe deux centimètres d'un papier pH que l'on dépose dans une soucoupe.
• On y dépose une goutte de la solution étudiée.
• On attend 15 secondes. Le papier garde sa couleur initiale ou change de couleur.
• On compare la couleur prise par le papier avec un code de couleur sur le boîtier du papier pH qui fait correspondre une valeur de pH à chaque couleur prise.

▶ **2.** Il faut porter une blouse, des gants et des lunettes de protection pour effectuer ces mesures.

▶ **3.** Le contenu du flacon A a un pH égal à 6. D'après l'échelle de pH du document 2, cette solution est acide comme toute solution dont le pH est inférieur à 7.

▶ **4.** Les tests montrent que la solution du flacon A contient des ions Cu^{2+} (car un solide bleu se forme au contact de l'hydroxyde de sodium) et des ions SO_4^{2-} (car un précipité blanc se forme au contact de chlorure de baryum). Le flacon A contient donc une solution de sulfate de cuivre de formule (Cu^{2+}, SO_4^{2-}).

▶ **5.** La puissance totale consommée est :
$P = (2 \times 2\,000) + 130 + (3 \times 10) = 4\,160$ W.
La puissance totale est donc de 4 160 W.

GAGNE DES POINTS
Pose tes calculs même lorsqu'ils sont simples et évidents.

▶ **6.** Lorsque tous les appareils fonctionnent simultanément la tension reste la même $U = 230$ V. On peut écrire :

$$I = \frac{P}{U} = \frac{4\,160}{230} = 18 \text{ A}.$$

On constate en effet que l'intensité du courant est de 18 A.

INFO +
Utilise cette formule et note-la avant de faire tes calculs.

▶ **7.** Le disjoncteur coupera le courant si $I > 20$ A. Lorsque ces appareils fonctionnent simultanément, d'après les calculs $I = 18$ A. Cette valeur inférieure à 20 A ne suffit pas pour déclencher la coupure de courant par le disjoncteur qui permettra le fonctionnement simultané de tous ces appareils.

SUJET

4

France métropolitaine • Juin 2018

TECHNOLOGIE • Série professionnelle • 25 points

Vélo à assistance électrique

Les vélos à assistance électrique (VAE) permettent de diminuer l'effort, également appelé couple de pédalage, que fournit un cycliste lors de son déplacement.
Des capteurs mesurent en permanence la vitesse du vélo et l'effort exercé sur les pédales. En analysant ces données, le calculateur du VAE évalue le niveau de difficulté dans lequel se situe le cycliste et ajuste l'assistance électrique.
Selon une directive européenne, pour qu'un VAE soit considéré comme un vélo et non comme un cyclomoteur, il faut que l'assistance au pédalage cesse dès que la vitesse du VAE atteint 25 km/h (le vélo peut rouler plus vite mais sans assistance).

DOCUMENT 1

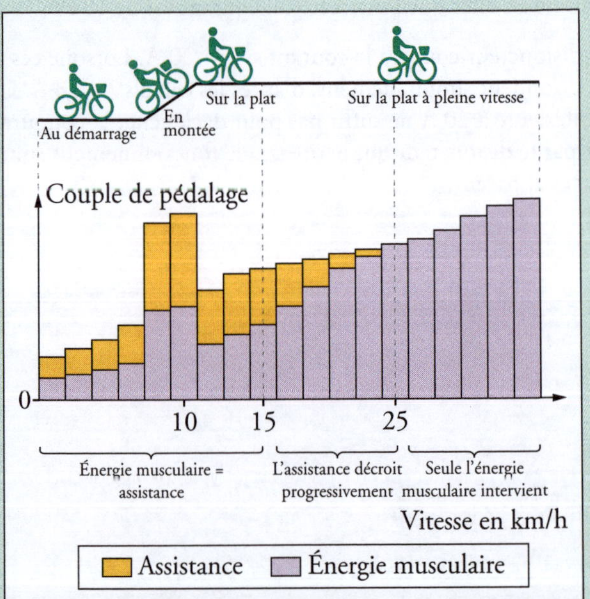

▶ **1.** À partir du document 1, indiquer la situation dans laquelle l'assistance est la plus forte, et la situation ou l'assistance est nulle.
Expliquer pourquoi l'utilisation de l'énergie musculaire et de l'énergie électrique est différente selon le type de situation.

DOCUMENT 2

Les principaux composants participant aux chaînes d'information et d'énergie d'un vélo à assistance électrique sont :

1. Une batterie : c'est la réserve d'énergie.
2. Un moteur électrique qui entraîne la roue arrière en situation d'assistance.
3. Un capteur de couple qui détecte le couple de pédalage exercé par le cycliste sur le pédalier.
4. Un capteur de vitesse qui détecte la vitesse du vélo à assistance électrique.
5. Une console de visualisation et un calculateur intégré.
6. Une chaîne de transmission.

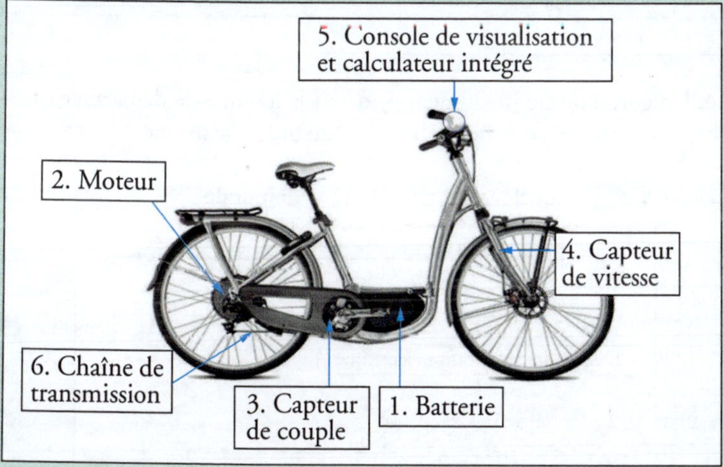

▶ **2.** À l'aide du document 2, associer les composants aux fonctions indiquées en complétant le tableau ci-dessous.

Fonctions	Composants associés
Renseigner le cycliste	
Transmettre de la puissance à la roue arrière	
Mesurer la vitesse du vélo	
Mesurer le couple de pédalage	
Convertir l'énergie mécanique	
Stocker l'énergie	

▶ **3.** Identifier les composants appartenant à la chaîne d'information ou à la chaîne d'énergie en complétant le tableau ci-dessous par des croix.

Composants	Chaîne d'information	Chaîne d'énergie
Batterie		
Moteur électrique		
Capteur de couple		
Capteur de vitesse		
Console de visualisation et calculateur		
Chaîne de transmission		

▶ **4.** L'algorigramme (document 3) décrit la logique de démarrage du moteur électrique pour répondre à la demande d'assistance.

DOCUMENT 3 **Algorigramme traitant la demande d'assistance électrique**

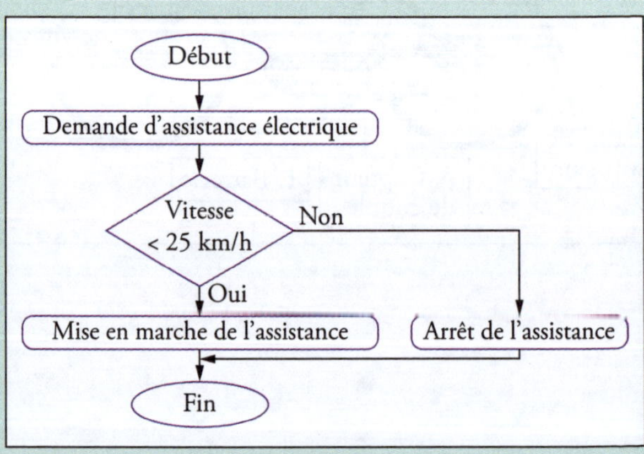

Le calculateur enregistre la demande et un de ses programmes traite la mise en route du moteur. À l'aide de l'algorigramme (document 3), compléter les cadres A, B et C du programme correspondant ci-dessous.

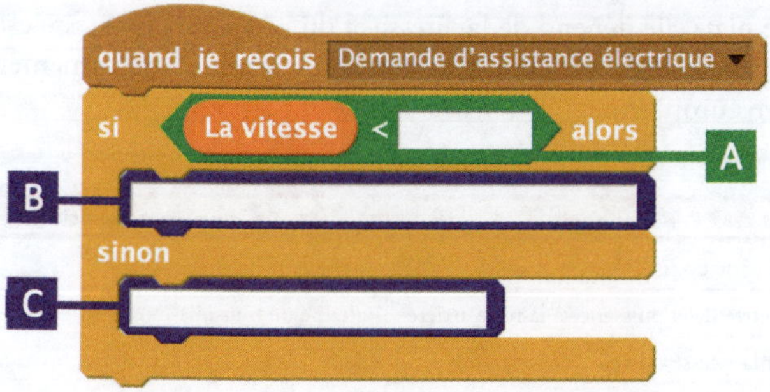

Extrait du programme traitant la demande d'assistance électrique

LES CLÉS DU SUJET

■ Comprendre les documents

Le document 1 décrit le fonctionnement de l'assistance électrique selon le niveau de difficulté dans lequel se situe le cycliste. Le document 2 décrit les éléments constitutifs du vélo à assistance électrique. Le document 3 est l'algorithme expliquant le fonctionnement de l'assistance électrique.

■ Répondre aux questions

▶ **1.** Décris les différentes phases d'utilisation de l'assistance électrique.

▶ **2.** Indique la fonction de chacun des six composants du vélo électrique.

▶ **3.** Identifie les éléments de la chaine d'énergie et ceux de la chaine d'information.

▶ **4.** Traduis l'algorigramme en programme.

CORRIGÉ 4

▶ **1.** L'assistance est la plus forte quand le cycliste est en montée ; elle est nulle quand le cycliste est sur le plat à une vitesse de plus de 25 km/h. L'assistance est forte en montée, au démarrage et sur le plat à faible vitesse.

L'assistance électrique est plus ou moins forte car elle est adaptée au besoin :

– elle est importante au démarrage et en montée, pour aider le cycliste ;

– sur le plat, elle dépend de la vitesse et du couple : si la vitesse est supérieure ou égale à 25 km/h, l'assistance est nulle, conformément à la directive européenne.

▶ **2.**

Fonctions	Composants associés
Renseigner le cycliste	Console de visualisation
Transmettre de la puissance à la roue arrière	Chaîne de transmission
Mesurer la vitesse du vélo	Capteur de vitesse
Mesurer le couple de pédalage	Capteur de couple
Convertir l'énergie mécanique	Moteur
Stocker l'énergie	Batterie

▶ **3.**

Composants	Chaîne d'information	Chaîne d'énergie
Batterie		X
Moteur électrique		X
Capteur de couple	X	
Capteur de vitesse	X	
Console de visualisation et calculateur	X	
Chaîne de transmission		X

▶ **4.**

CONSEIL
Utilise le vocabulaire présent sur l'algorigramme.

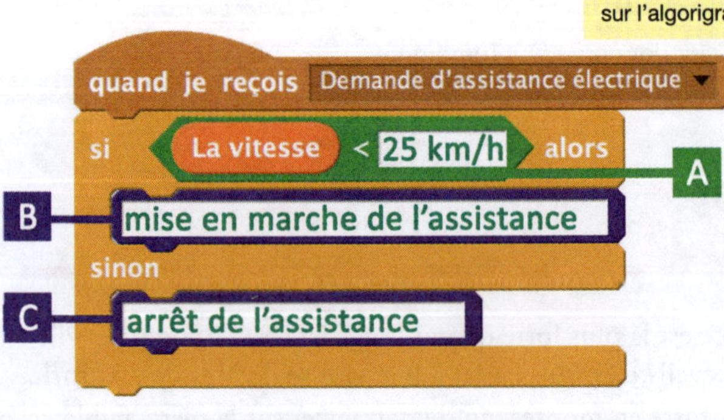

Le saut à l'élastique

Le saut à l'élastique consiste à se jeter depuis un point situé en hauteur, en étant accroché à un élastique.
Dans ce sujet, nous nous intéresserons au mouvement d'un sauteur et à ses sensations, puis nous nous concentrerons sur le choix des élastiques.

ph © vulkanov – stock.adobe.com

Un saut à l'élastique comporte principalement 4 phases :

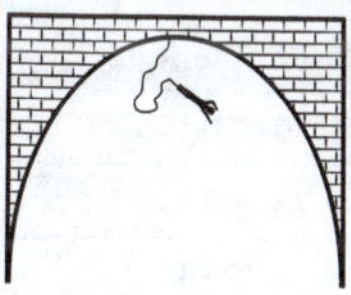	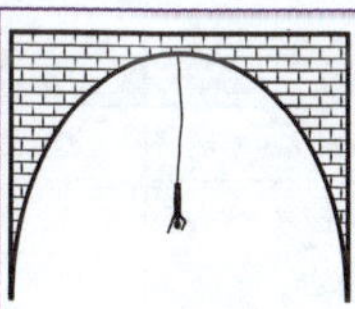	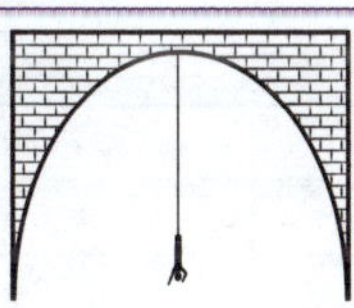	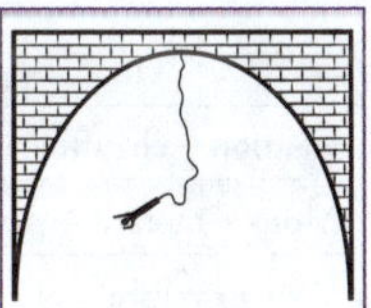
Phase 1 Chute libre durant laquelle la vitesse augmente	**Phase 2** L'élastique commence à se tendre, le sauteur ralentit	**Phase 3** L'élastique est tendu au maximum, la vitesse du sauteur s'annule un bref instant	**Phase 4** L'élastique se contracte, le sauteur remonte en reprenant de la vitesse

Une fois ces 4 phases passées, le sauteur subit encore quelques oscillations avant de s'immobiliser définitivement.
On donne ci-contre la représentation graphique des variations de la vitesse du sauteur en fonction du temps :

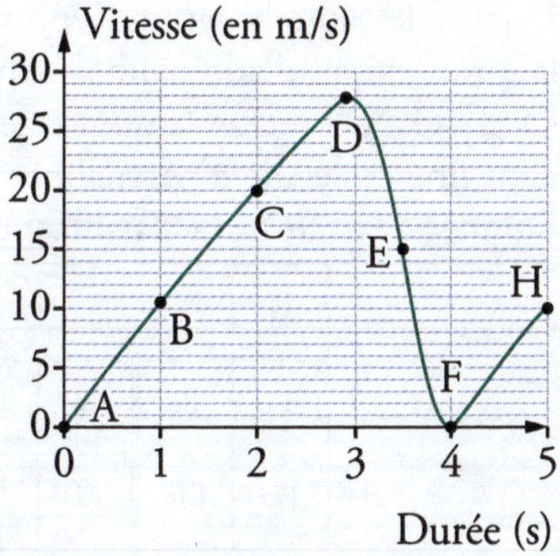

1. MOUVEMENT DU SAUTEUR 6 POINTS

▶ **1.** Repérer la partie du graphique qui correspond à la phase 1. Justifier brièvement.

▶ **2.** Indiquer la phase du saut qui correspond au point F.

▶ **3.** La force de pesanteur (le poids du sauteur) modélise l'une des actions mécaniques s'exerçant sur le sauteur lors de sa chute. Préciser la direction et le sens de cette force.

2. ÉNERGIE DU SAUTEUR ET CONVERSION 11 POINTS

▶ **1.** En utilisant les termes « énergie potentielle » et « énergie cinétique », décrire la conversion d'énergie qui a lieu lors de la phase 1 du saut.

▶ **2.** À l'aide du graphique, déterminer la valeur maximale de la vitesse atteinte par le sauteur.

▶ **3.** En déduire, par un calcul, que la valeur maximale de l'énergie cinétique du sauteur de 78 kg (équipement inclus) est de l'ordre de 30 000 J.

▶ **4.** Le tableau ci-dessous donne l'énergie cinétique de différents véhicules à une vitesse donnée.

Objets	Vitesse	Énergie cinétique
Camion + chauffeur	30 km/h	120 550 J
Moto + motard	65 km/h	26 000 J
Vélo + cycliste	12 km/h	425 J

En comparant la valeur maximale de l'énergie cinétique obtenue à la question **3.** à celle d'un véhicule en mouvement, préciser le rôle de l'élastique.

3. SENSATION LORS DU SAUT 3 POINTS

Durant le saut, le sauteur éprouve des sensations qui sont associées à la production d'adrénaline, substance dont la formule chimique est $C_9H_{13}O_3N$. Préciser le nom et le nombre de chacun des atomes présents dans une molécule d'adrénaline.

Donnée : extrait de la classification périodique.

1 H HYDROGÈNE							2 He HÉLIUM
3 Li LITHIUM	4 Be BÉRYLLIUM	5 B BORE	6 C CARBONE	7 N AZOTE	8 O OXYGÈNE	9 F FLUOR	10 Ne NÉON
11 Na SODIUM	12 Mg MAGNÉSIUM	13 Al ALUMINIUM	14 Si SILICIUM	15 P PHOSPHORE	16 S SOUFRE	17 Cl CHLORE	18 Ar ARGON

4. CHOIX DE L'ÉLASTIQUE 5 POINTS

Il existe différents modèles d'élastique, adaptés au sauteur et aux conditions de saut. Voici quelques modèles d'élastique disponibles dans un club :

Modèle d'élastique	Poids du sauteur	Longueurs disponibles pour chaque modèle	Longueur maximale
XS	250 N à 450 N	15 m ; 30 m ; 50 m	3 fois la longueur initiale
S	400 N à 700 N		
M	650 N à 950 N		
L	900 N à 1 200 N		

Pour concilier sensations fortes et sécurité, les clubs fixent généralement une distance d'au moins 10 m entre le sol et le point le plus bas atteint lors de la chute.

Parmi les modèles disponibles, choisir un élastique qui convient, pour un sauteur de 78 kg (équipement inclus), s'élançant du pont de Ponsonnas haut de 103 m.

Préciser le modèle et la longueur de l'élastique retenu. Justifier.

Toute démarche sera valorisée.

Donnée : l'intensité de la pesanteur sur Terre a pour valeur $g = 9{,}8$ N/kg.

LES CLÉS DU SUJET

Analyser les documents

Ce sujet ne contient pas de documents à proprement parler mais l'introduction contient :

– un diagramme qui présente les 4 phases d'un saut à l'élastique ;

– un graphique des variations de la vitesse du sauteur en fonction du temps.

La question 4 contient une introduction qui condense beaucoup d'informations sur les modèles de différents élastiques et les critères de sécurité à respecter lors des sauts : souligne ce qui est important.

Comprendre les questions

Partie 1

▶ **3.** Sois vigilant, le sens et la direction d'une force sont deux notions distinctes : ne les confonds pas !

Partie 2

▶ **1.** Rappelle-toi qu'un objet placé à une certaine hauteur contient de l'énergie.

▶ **4.** Tu trouveras ce qu'on appelle « le rôle » de l'élastique en lisant son action dans les différentes phases du saut.

Partie 3

Utilise le tableau de classification périodique fourni.

Partie 4

Relis bien et utilise les éléments fournis pour effectuer tes calculs. Ces calculs te permettront de justifier ton choix d'élastique.

CORRIGÉ 5

1. MOUVEMENT DU SAUTEUR

▶ **1.** La phase 1 correspond sur le graphique à la partie qui va du point A au point D car, lors de la phase 1, le sauteur chute et sa vitesse augmente. La courbe croit de A jusqu'à D.

▶ **2.** Le point F correspond à la phase 3 car la vitesse du sauteur s'annule pendant cette phase très courte.

▶ **3.** Le poids est une action de direction verticale dont le sens est dirigé vers le sol.

> **CONSEIL**
> Utilise le mot « vers » pour indiquer le sens.

2. ÉNERGIE DU SAUTEUR ET CONVERSION

▶ **1.** Au début de la phase 1, le sauteur ne possède que de l'énergie potentielle. Lorsque sa chute commence, sa vitesse croît et il acquiert de l'énergie cinétique. On peut donc dire que l'énergie potentielle est convertie en énergie cinétique sans aucune perte lors de la phase 1.

▶ **2.** La valeur maximale de la vitesse est celle qui est donnée par le point D sur le graphique :

$V_{max} = 28$ m/s.

▶ **3.** L'énergie cinétique maximale correspond à la vitesse maximale du sauteur :

$$E_c = \frac{1}{2} m V_{max}{}^2 = \frac{1}{2} \times 78 \times 28^2 = 30\,576 \text{ J.}$$

En effet l'énergie cinétique est de l'ordre de 30 000 J.

GAGNE DES POINTS
Écris et utilise la formule de E_c donnée en classe.

▶ **4.** L'énergie maximale acquise par le sauteur à la fin de la phase 1 est comparable à celle d'un motard et de sa moto allant à 65 km/h. L'élastique se tend à partir de cet instant, son rôle est de ralentir le sauteur jusqu'à ce qu'il s'arrête. De cette façon le sauteur ne s'arrête pas brusquement.

3. SENSATION LORS DU SAUT

L'adrénaline contient 9 atomes de carbone, 13 atomes d'hydrogène, 3 atomes d'oxygène et un seul atome d'azote.

4. CHOIX DE L'ÉLASTIQUE

Pour choisir l'élastique pour ce saut, il faut effectuer deux calculs :

• Le poids du sauteur :

$P = m \cdot g = 78 \times 9{,}8 = 764{,}4$ N.

On constate que 650 N $< P <$ 950 N.
Le modèle choisi doit être un modèle M.

CONSEIL
Utilise la dernière colonne du tableau pour calculer la longueur maximale de l'élastique et n'oublie pas le poids dont tu donneras la formule.

• La longueur maximale de l'élastique : elle est 3 fois la longueur initiale, quel que soit le modèle.

Le modèle de 15 m a une longueur maximale : $L_1 = 15 \times 3 = 45$ m.

Le modèle de 30 m a une longueur maximale : $L_2 = 30 \times 3 = 90$ m.

Le modèle de 50 m a une longueur maximale : $L_3 = 50 \times 3 = 150$ m.

On constate que L_3 dépasse la hauteur du pont et L_1 paraît trop court et ne donnera pas une bonne sensation lors du saut. On choisira donc le modèle de 30 m dont la longueur est suffisante et dont le point le plus bas atteint par le modèle est situé à 13 m du sol : distance supérieure aux 10 m fixée pour la sécurité du sauteur.

On choisira donc un modèle M de 30 m.

SUJET

6

Centres étrangers • Juin 2018

TECHNOLOGIE • 25 points

Gestion du barrage de Chatou

Les phénomènes de fortes précipitations ainsi que les périodes de sécheresse ont un impact important sur le niveau d'eau des fleuves et des rivières.

Les barrages de navigation servent à réguler le niveau d'eau des fleuves et des rivières permettant ainsi le transport fluvial tout en tenant compte des risques de crues.

Ils contribuent également à fiabiliser l'alimentation en eau potable des populations ainsi que les besoins des industries et de l'agriculture.

ph © HAMILTON/REA

Barrage de Chatou – VNF

DOCUMENT 1 **Fonctionnement du barrage à clapet**

Le système est composé d'un volet métallique appelé clapet ③ qui pivote sur une semelle en béton.

La position du clapet varie selon la mesure du niveau d'eau amont.

Lors des crues, le clapet est complètement couché afin de ne pas créer d'obstacle à l'écoulement de l'eau.

Dans la salle de commande du barrage, un voyant de couleur s'affiche sur l'écran de visualisation pour indiquer la position du clapet.

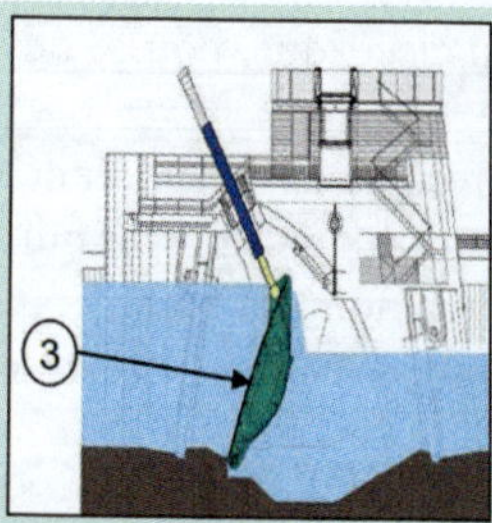

Position 1 du clapet
niveau d'eau bas
voyant orange

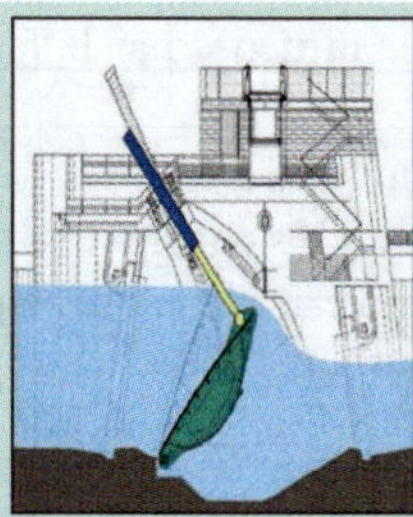

Position 2 du clapet
niveau d'eau normal
voyant vert

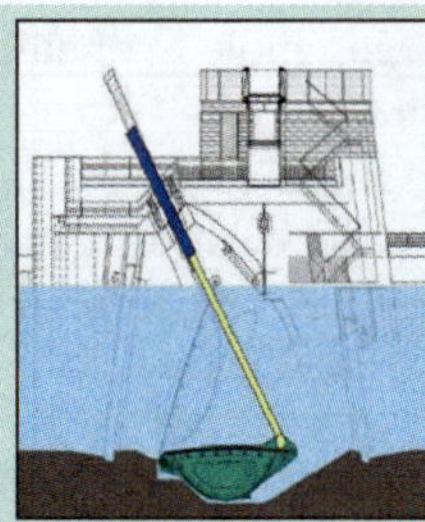

Position 3 du clapet
niveau d'eau haut
(crue)
voyant rouge

DOCUMENT 2 **Principe de fonctionnement d'un barrage à clapet**

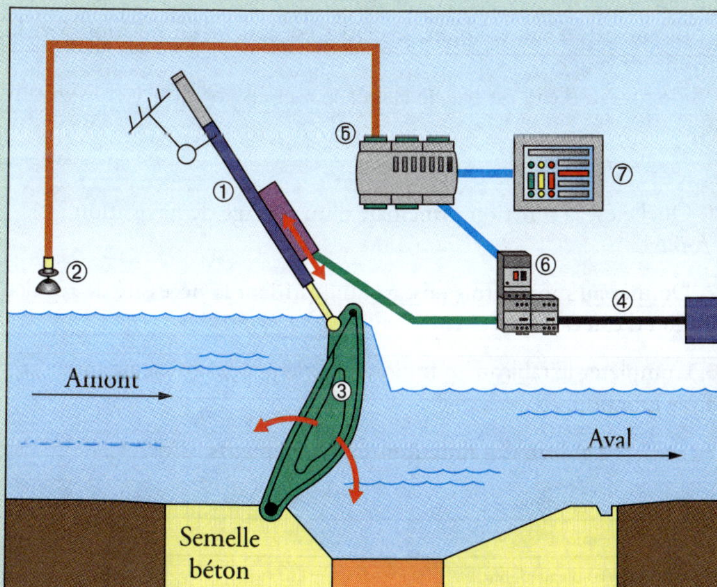

① Ensemble hydraulique
(moteur et pompe électriques + vérin)
② Capteur de niveau d'eau amont
③ Clapet
④ Réseau électrique 230 V
⑤ Automate de gestion
⑥ Relais électrique
de distribution
⑦ Écran de visualisation

L'ensemble hydraulique, alimenté par le réseau électrique, pousse ou tire le clapet.
L'automate de gestion analyse les informations reçues par le capteur de niveau d'eau afin de définir les consignes de position du clapet, ce qui permet de maintenir le niveau d'eau constant en amont du barrage.

DOCUMENT 3 **Le fonctionnement automatique d'un barrage à clapet**

Le niveau d'eau est maintenu automatiquement en fonction des paramètres de gestion du barrage.
Le programme est écrit en boucle, il se répète indéfiniment suivant la logique ci-après.
- Si le niveau d'eau est normal, le clapet est en position 2 et le voyant est vert.
- Si le niveau d'eau est haut, le clapet est couché en position 3 et le voyant est rouge.
- Si le niveau d'eau est bas, le clapet se met en position 1 et le voyant est orange.

▶ **1.** Quelle est la fonction principale d'un barrage de navigation ? *(2 points)*

▶ **2.** Donner au moins trois raisons qui justifient la nécessité de réguler le niveau d'eau des fleuves et des rivières. *(4 points)*

▶ **3.** Compléter le tableau en indiquant l'élément correspondant à chaque fonction. *(6 points)*

Tableau des fonctions et des éléments associés

Fonctions	Éléments du barrage à clapet
Retenir l'eau en amont	
Détecter le niveau d'eau amont	
Gérer la position du clapet	
Alimenter le barrage en électricité	
Afficher des informations	

▶ **4.** À l'aide du document 2, compléter les chaînes d'information et d'énergie du barrage à clapet. *(7 points)*

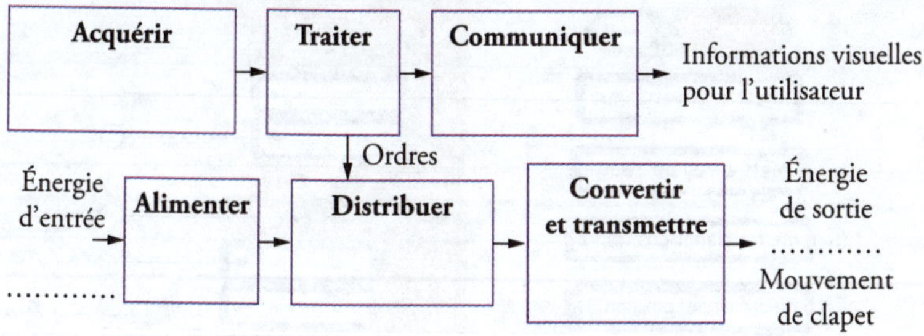

Chaînes d'information et d'énergie du barrage à clapet

▶ **5.** À l'aide des documents 1 et 3, compléter le logigramme et l'extrait du programme par blocs du barrage. *(6 points)*

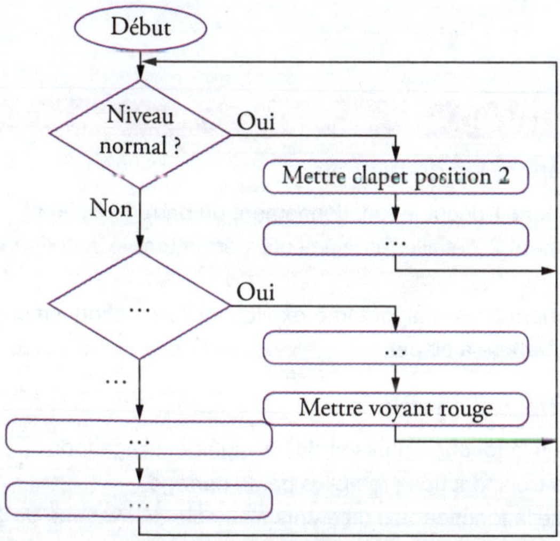

Programmation de la régulation du niveau de l'eau du barrage

Logigramme

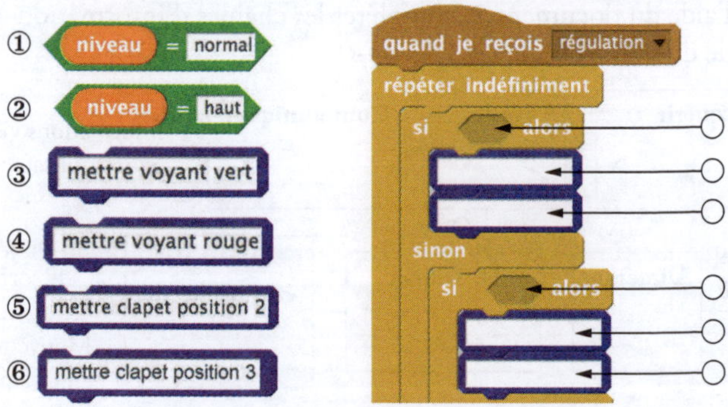

Extrait du programme par blocs décrivant le même fonctionnement

LES CLÉS DU SUJET

Comprendre les documents

• Le **document 1** décrit le fonctionnement du barrage à clapet.

• Le **document 2** détaille les éléments permettant le fonctionnement du barrage.

• Le **document 3** est l'algorithme expliquant le fonctionnement automatique d'un barrage à clapet.

Répondre aux questions

▶ **1.** Formule la fonction d'usage du barrage de navigation.

▶ **2.** Donne trois fonctions remplies par le barrage.

▶ **3.** Identifie la fonction des différents éléments du système de gestion du barrage à clapet.

▶ **4.** Identifie sur le document 2 les éléments de la chaîne d'énergie, et ceux de la chaîne d'information

▶ **5.** Traduis l'algorithme en programme.

CORRIGÉ 6

▶ **1.** La fonction principale d'un barrage de navigation est de contrôler le niveau de l'eau sur un cours d'eau (rivière, fleuve).

▶ **2.** La régulation du niveau d'eau des cours d'eau permet aux bateaux de naviguer sur le cours d'eau, même par temps de sécheresse.
Elle permet d'assurer l'alimentation en eau potable de la population, ainsi que de gérer les ressources en eau pour l'agriculture et l'industrie.

En cas d'inondation, cela permet de faciliter l'écoulement de l'eau pour limiter la durée de l'inondation.

▶ **3.**

Fonctions	Éléments du barrage à clapet
Retenir l'eau en amont	clapet
Détecter le niveau d'eau amont	capteur de niveau d'eau amont
Gérer la position du clapet	automate de gestion
Alimenter le barrage en électricité	réseau électrique 230V
Afficher des informations	écran de visualisation

▶ **4.**

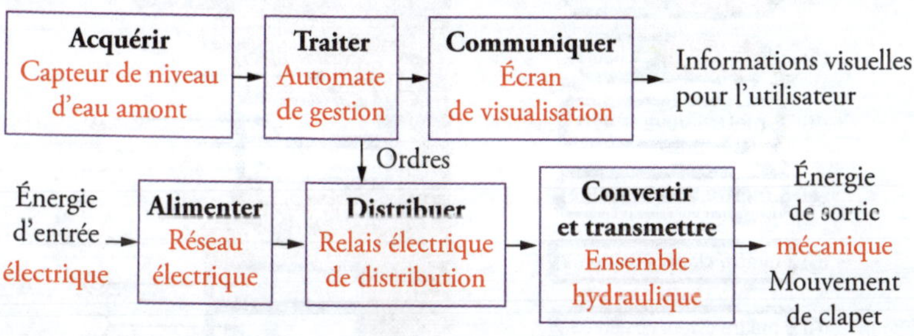

▶ **5.**

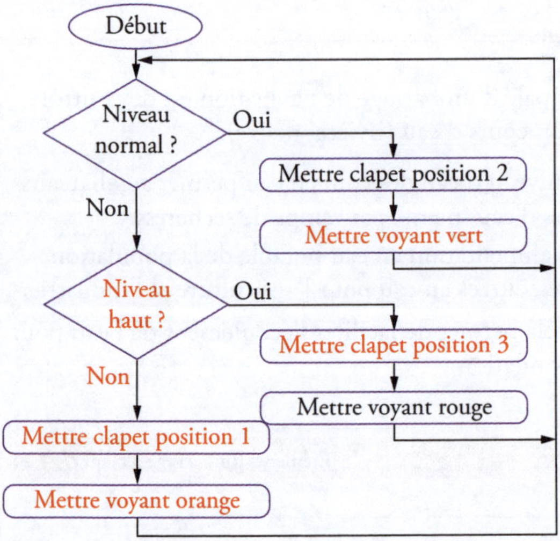

CONSEIL

Lis bien l'algorithme donné dans le document 3 et compare les deux programmes.

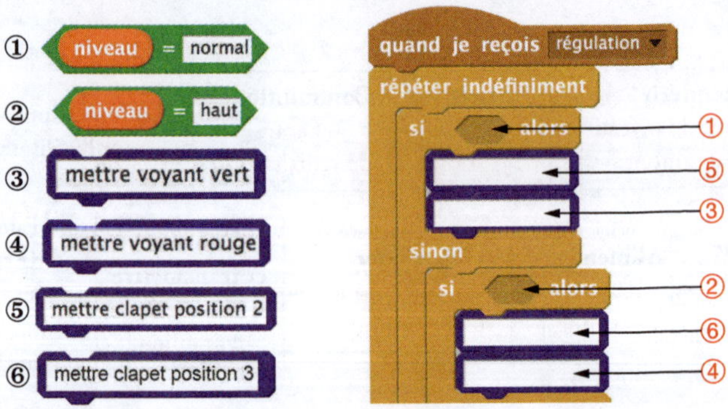

SUJET

7

Amérique du Nord • Juin 2018

SVT • 25 points

L'audition

Monsieur X, âgé de 60 ans, consulte le médecin du travail pour réaliser un bilan de son audition.

DOCUMENT 1 **Tests d'audition réalisés chez un individu témoin et chez monsieur X**

Le médecin réalise un audiogramme qui permet de mesurer une éventuelle perte d'audition. On mesure les pertes d'audition en décibels (dB) en fonction de la fréquence des sons, des sons graves (basses fréquences) aux sons aigus (hautes fréquences). Le résultat est présenté sur le graphique ci-dessous.
Si la perte d'audition est inférieure à 20 dB, l'audition est considérée comme normale.

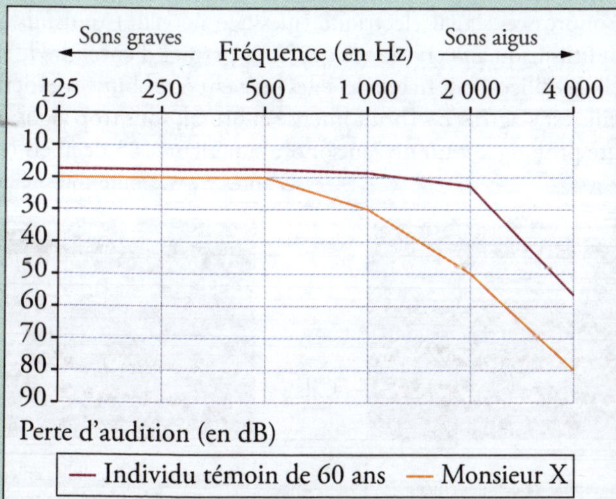

Graphique construit à partir des sources : www.cochlea.eu ; crdp.ac-amiens.fr ; www.uvmt.org ; campus.cerimes.fr

▶ **1.** À partir du document 1, cocher la bonne réponse :

a) Le graphique du document 1 représente :

❑ la perte d'audition en fonction du sexe de l'individu
❑ la perte d'audition en fonction de la fréquence des sons
❑ une mesure du volume sonore

b) Pour une fréquence de 1 000 Hz, un individu témoin de 60 ans a :

❑ une perte d'audition égale à environ 20 dB
❑ une perte d'audition égale à environ 5 dB
❑ une perte d'audition égale à environ 40 dB

c) À 60 ans, la perte d'audition chez un individu témoin est :

❑ plus importante pour les sons aigus que pour les sons graves
❑ plus importante pour les sons graves que pour les sons aigus
❑ constante quelle que soit la fréquence des sons

DOCUMENT 2 **La perception du son**

Monsieur X cherche des explications à ses troubles auditifs et se renseigne sur le fonctionnement de l'oreille.

Dans l'oreille interne, de nombreuses cellules ciliées interviennent dans la perception du son. Ces cellules ciliées transforment les vibrations sonores en signal électrique (message nerveux) transmis par le nerf auditif jusqu'au cerveau, ce qui nous permet d'entendre le son.

Ces cellules ciliées sont fragiles et elles peuvent être abîmées et détruites si l'oreille est « agressée » (bruit intense et brutal, sons trop aigus, durée d'écoute prolongée à un niveau sonore supérieur à 85 décibels (dB)).

D'après www.ecoute-ton-oreille.com

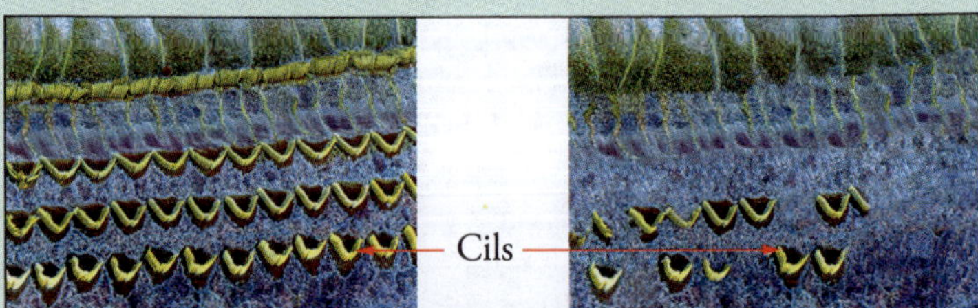

Ph © DEA / BSIP

Photographie de cellules ciliées d'un individu ayant une audition normale

Photographie de cellules ciliées d'un individu (de même type que monsieur X) atteint de troubles auditifs sévères

D'après http://cochlea.eu/

▶ **2.** Comparer la perte d'audition de monsieur X avec celle d'un individu témoin de même âge, pour des fréquences de 125 à 500 Hz, puis pour des fréquences de 500 à 4 000 Hz. Quelques valeurs numériques sont attendues pour la réponse.

DOCUMENT 3 **Différents niveaux sonores et leurs effets**

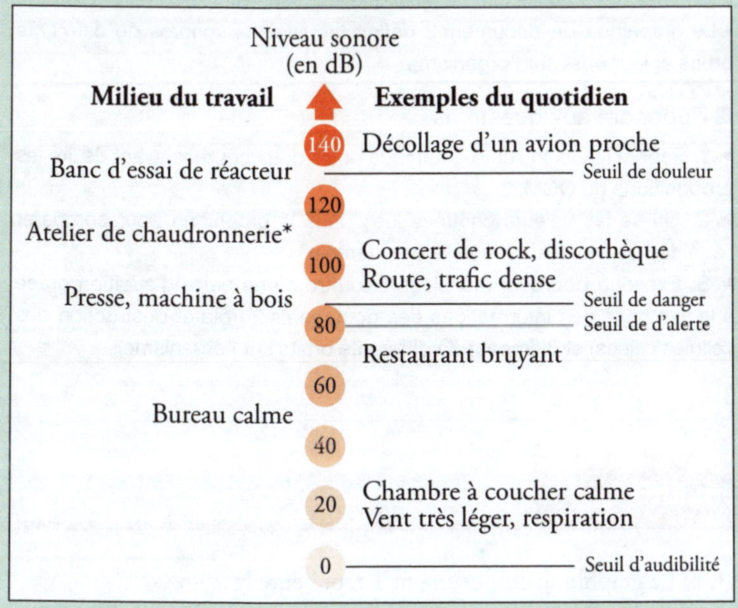

Source : INRS, ED 962

Les traumatismes sonores en milieu professionnel sont encore fréquents, surtout lorsque le port de casque anti-bruit n'a pas toujours été respecté. Les surdités professionnelles s'observent en milieu industriel bruyant. Pour un bruit dont l'intensité est supérieure à 85 dB, l'oreille est en danger. La dangerosité va dépendre aussi de la durée d'exposition.

* Chaudronnerie : industrie travaillant le métal.

▶ **3.** Utiliser les informations des documents 2 et 3 pour expliquer pourquoi monsieur X, travaillant dans une chaudronnerie sans avoir toujours porté son casque anti-bruit, a aujourd'hui une perte d'audition.

LES CLÉS DU SUJET

Comprendre les documents

• Le document 1 est un graphique représentant un audiogramme, soit la perte d'audition d'individus en fonction de la fréquence des sons écoutés.

• Le texte et les photographies du document 2 présentent le rôle des cellules ciliées de l'oreille interne ainsi que leur sensibilité à certains sons.

• Le graphique du document 3 définit les niveaux sonores de différents bruits et leur effet sur l'organisme.

Répondre aux questions

▶ **1.** Repère les axes sur le graphique et les deux courbes avant de lire les propositions du QCM.

▶ **2.** Utilise les valeurs chiffrées lues dans le graphique pour comparer l'audition de monsieur X à celle d'un témoin.

▶ **3.** Explique pourquoi monsieur X souffre d'une perte d'audition grâce à la synthèse des informations des documents 2 (rôle et destruction des cellules ciliées) et 3 (impact de différents bruits sur l'organisme).

CORRIGÉ 7

▶ **1. a)** Le graphique du document 1 représente la perte d'audition en fonction de la fréquence des sons.

b) Pour une fréquence de 1 000 Hz, un individu témoin de 60 ans a une perte d'audition égale à environ 20 dB.

> **REMARQUE**
> Attention à l'axe des ordonnées (perte de l'audition en dB) représenté à l'envers.

c) À 60 ans, la perte d'audition chez un individu témoin est plus importante pour les sons aigus que pour les sons graves.

▶ **2.** Pour les sons graves avec une fréquence de 125 à 500 Hz, les deux courbes sont similaires, monsieur X et le témoin du même âge ont des pertes d'audition de l'ordre de 20 dB.

De 500 Hz à 2 000 Hz, monsieur X a une perte importante jusqu'à 50 dB alors que celle du témoin ne varie pas nettement.

> **CONSEIL**
> Compare séparément les pertes d'audition de 125 à 500 Hz, puis pour des fréquences de 500 à 4 000 Hz.

Pour les sons aigus de 2 000 à 4 000 Hz, la perte d'audition de monsieur X atteint 80 dB et celle du témoin seulement 55 dB.

Monsieur X a une perte importante et anormale de l'audition des sons aigus, son audition pour les sons graves est normale pour son âge.

▶ **3.** Monsieur X, travaillant dans une chaudronnerie sans avoir toujours porté son casque anti-bruit, a aujourd'hui une perte d'audition des sons aigus.

> CONSEIL
> Note que monsieur X travaille dans une chaudronnerie afin de lire une information importante dans le document 3.

D'après le document 2, les cellules ciliées présentes dans l'oreille interne permettent la création de messages nerveux auditifs lorsqu'elles sont stimulées par des vibrations sonores. Ces cellules nerveuses sont très sensibles et peuvent être détruites par un bruit intense et brutal, des sons trop aigus, ou une durée d'écoute prolongée à un niveau sonore supérieur à 85 dB.

Une destruction des cellules ciliées sensibles aux sons aigus chez monsieur X peut expliquer sa perte d'audition.

Il est noté dans l'énoncé que monsieur X travaille dans une chaudronnerie et d'après le document 3, il y règne un bruit d'un niveau sonore de 100 dB ce qui est supérieur aux 85 dB pouvant entraîner une destruction des cellules ciliées.

Sans protection, telle qu'un casque anti-bruit, il a donc été exposé longuement à un niveau sonore trop important qui a détruit une partie de ses cellules ciliées.

Monsieur X souffre d'une surdité professionnelle. Il a été exposé à un niveau sonore trop élevé et prolongé dans son métier sans se protéger avec un casque anti-bruit, ses cellules ciliées ont été détruites et ne peuvent créer de message nerveux ce qui explique sa perte d'audition actuelle importante pour les sons aigus.

SUJET

8

Amérique du Nord • Juin 2018

PHYSIQUE-CHIMIE • 25 points

Conservation du lait

Source de calcium et de vitamines, le lait est un aliment complet, mais c'est un produit fragile. Dès la traite, on instaure une chaîne du froid pour le conserver.

Toute réponse, même incomplète, montrant la démarche de recherche du candidat sera prise en compte dans la notation.

1. ÉTUDE PHYSICO-CHIMIQUE D'UN LAIT

Le lait est un mélange (émulsion) de matières grasses (lipides) dans l'eau.

DOCUMENT 1 Caractéristiques du lait étudié

Les masses de constituants sont données pour 100 g de lait.

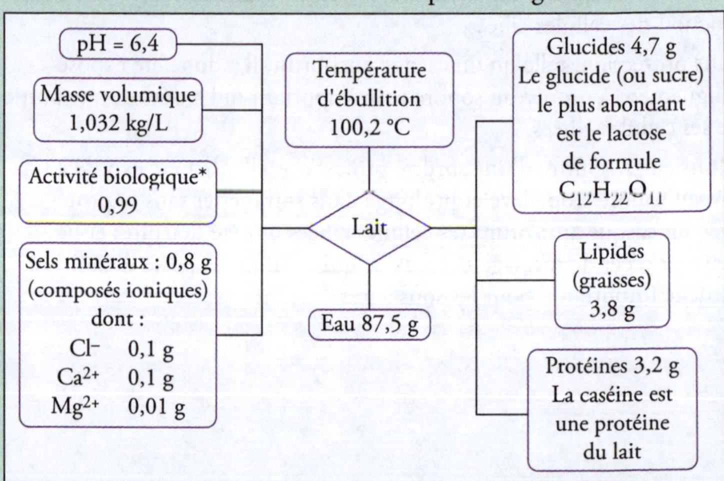

* Plus l'activité biologique est proche de 1, plus le risque de développement de micro-organismes est élevé.

▶ **1.** Indiquer la composition atomique de la molécule de lactose.

▶ **2.** D'après la réglementation sanitaire européenne, la conservation des produits alimentaires est autorisée à température ambiante quand l'une des trois conditions suivantes est vérifiée :
– activité biologique $< 0{,}91$;
– pH $< 4{,}5$;
– activité biologique $< 0{,}95$ et pH $< 5{,}2$.
Expliquer pourquoi le lait étudié doit être conservé au froid.

▶ **3.** La poudre de lait est fabriquée en évaporant totalement l'eau contenue dans le lait.

a) Déterminer la masse de poudre de lait qu'il est possible d'obtenir à partir d'un kilogramme du lait étudié.

b) On fabrique de la poudre de lait à partir d'un litre du lait étudié. Expliquer sans calcul si la masse de poudre de lait obtenue est inférieure, identique ou supérieure à la valeur trouvée à la question **3. a)**.

2. ANALYSE DU LACTOSÉRUM

L'une des méthodes les plus anciennes de conservation du lait est la fabrication de fromage. Le lait cru subit alors une chaîne de transformation (document 2). Il faut séparer la phase aqueuse du lait, appelée lactosérum, du caillé. Le caillé est ensuite traité séparément pour être transformé en fromage.

DOCUMENT 2 **Chaîne de transformation du lait cru**

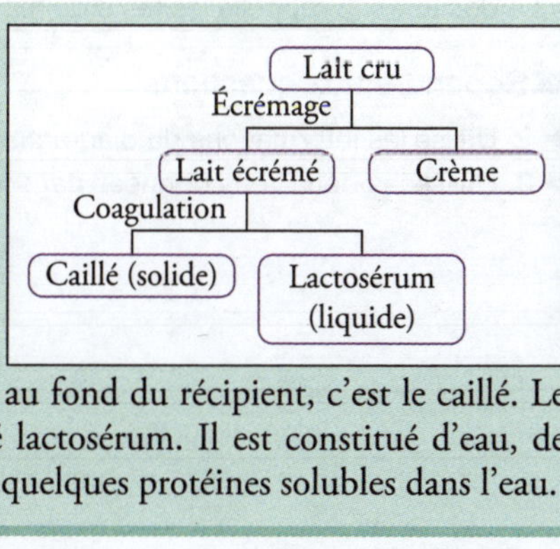

Écrémage : laissé au repos, le lait se sépare en deux couches. La crème remonte à la surface. Le liquide restant constitue le lait écrémé.
Coagulation : on amène le pH du lait écrémé à la valeur de 4,6. Un solide insoluble dans l'eau se dépose au fond du récipient, c'est le caillé. Le liquide qui surnage est appelé lactosérum. Il est constitué d'eau, de lactose, de sels minéraux et de quelques protéines solubles dans l'eau.

DOCUMENT 3 Quelques tests d'identification d'ions

Ion testé	Ion magnésium Mg^{2+}	Ion chlorure Cl^-	Ion Calcium Ca^{2+}
Réactif	Solution d'hydroxyde de sodium	Solution de nitrate d'argent	Solution d'oxalate de sodium
Couleur du solide (précipité) obtenu	Blanc	Blanc noircissant à la lumière	Blanc

▶ **3.** En exploitant le document 2, expliquer pourquoi on peut faire l'hypothèse que le lactosérum est acide.

▶ **4.** En utilisant le document 3, proposer un protocole expérimental permettant de prouver la présence d'ions chlorure dans le lactosérum. On pourra formuler la réponse sous forme de texte et/ou de schémas.

LES CLÉS DU SUJET

Comprendre les documents

- Le document 1 est un diagramme qui présente les constituants du lait, leurs masses dans 100 g de celui-ci et certaines de ses caractéristiques.
- Le document 2 présente une chaîne de transformation du lait cru en fromage. Ce document donne aussi deux définitions qui contiennent des informations importantes.
- Le document 3 rappelle les tests de reconnaissance de trois ions.

Répondre aux questions

▶ **2.** Utilise les informations du diagramme du document 1 pour répondre.

▶ **3.** Utilise les définitions données dans le document 2.

CORRIGÉ 8

1. ÉTUDE PHYSICO-CHIMIQUE D'UN LAIT

▶ **1.** La molécule de lactose est composée de 12 atomes de carbone, 22 atomes d'hydrogène et 11 atomes d'oxygène.

▶ **2.** Le lait étudié a une activité biologique de 0,99 et un pH = 6,4. On constate que son activité est supérieure aux deux valeurs données dans la question et plus cette l'activité est proche de 1, plus il y a de risque de développement de bactéries dans le lait. De même, son pH est plus élevé : 6,4 > 5,2 > 4,5.

Le lait n'est pas protégé par son acidité. Il doit donc être conservé au froid car il ne satisfait aucune des trois conditions autorisant sa conservation à température ambiante.

▶ **3. a)** D'après le document 1, dans 100 g de lait, il y 87,5 g d'eau. Cette quantité d'eau sera évaporée. Il restera donc :

100 – 87,5 = 12,5 g de poudre de lait.

> **GAGNE DES POINTS**
> Pose tes calculs clairement pour 100 g de lait avant de répondre.

Dans 1 kg de lait il y a 10 fois plus de lait et donc 10 fois plus de matière sèche donc : 10 × 12,5 = 125 g de poudre de lait.

b) D'après la masse volumique donnée dans le document 1, 1 L de lait a une masse *m* = 1 032 g.

On constate que *m* > 1 kg. La masse de poudre obtenue à partir d'une masse *m* de lait sera donc supérieure à 125 g.

> **INFO +**
> Utilise l'une des caractéristiques données dans le document 1.

2. ANALYSE DU LACTOSÉRUM

▶ **3.** Le lactosérum est le liquide qui surnage dans le lait écrémé acidifié. D'après le document 2, son pH est 4,6. Or toute solution dont le ph < 7 est acide. Le lactosérum est donc acide.

▶ **4.** Protocole : on verse 3 mL de lactosérum dans un tube à essais, on ajoute quelques gouttes de nitrate d'argent au contenu du tube à essais. Un précipité blanc apparaît, il noircit à la lumière. Ce test prouve la présence des ions chlorure dans le lactosérum.

> **REMARQUE**
> Un schéma clair et très complet peut remplacer un protocole écrit.

SUJET
9

Pondichéry • Mai 2018
SVT • 25 points

L'eau d'érable

Dans ce sujet on s'intéresse à la synthèse et au transport de matières organiques chez les végétaux.

DOCUMENT 1 **Production et transport de matière au sein d'une plante**

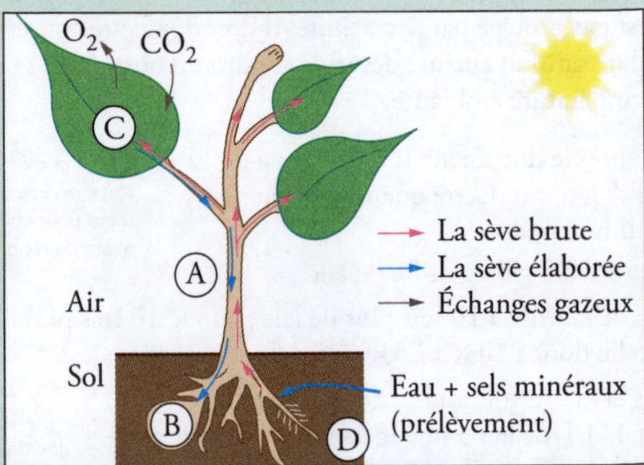

Schéma bilan de la production, du transport et du stockage de matière au sein d'une plante chlorophyllienne

Pour simplifier, la respiration du végétal n'est pas représentée.

Les plantes chlorophylliennes synthétisent dans leurs feuilles de la matière organique à partir de matières minérales (eau, sels minéraux et CO_2) en présence de lumière.

La matière organique produite au niveau des feuilles peut être utilisée immédiatement pour les besoins de la feuille ou transportée sous forme de saccharose puis stockée sous forme de réserves (amidon) dans différents organes (tronc, branches, organes souterrains).

La sève brute, constituée d'eau et de sels minéraux circule des racines vers l'ensemble des organes de la plante. La sève élaborée contenant de l'eau et du saccharose circule des feuilles vers les différents organes de la plante.

DOCUMENT 2 **Propriétés de quatre molécules organiques présentes chez les végétaux**

Nom de la molécule	Glucose	Fructose	Saccharose	Amidon
Schéma				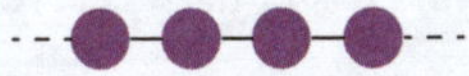
Taille	Petite taille			Grande taille
Propriété	Soluble dans l'eau			Insoluble dans l'eau

DOCUMENT 3 **Récolte de l'eau d'érable**

D'après fr.wikipedia.org/wiki/Sirop_derable

Les producteurs de sirop d'érable collectent l'eau d'érable au début du printemps.
Une entaille dans le tronc de l'arbre permet de récupérer l'eau d'érable qui contient 2 % à 3 % de saccharose.

DOCUMENT 4 **Composition des deux sèves et des lieux de stockage des sucres dans un érable en fonction des saisons**

Chez l'érable, au printemps, le gel et le dégel provoquent la transformation de l'amidon stocké dans le tronc en saccharose. Celui-ci peut alors passer dans la sève.

	Composition et mouvement des sèves		Matières et lieu de stockage des sucres
	Sève brute	Sève élaborée	
Été	Circulation d'eau et de sels minéraux	Circulation d'eau et de saccharose	Stockage d'amidon dans le tronc et les branches
Début du printemps	Circulation d'eau, de sels minéraux et de saccharose	Elle n'est pas produite jusqu'à l'apparition des feuilles	Transformation de l'amidon stocké dans le tronc en saccharose

▶ **1.** À partir du document 1, écrire sur votre copie la réponse aux questions suivantes : *(2,5 points)*

a) L'absorption de l'eau et des sels minéraux correspond-elle à la lettre A, B, C ou D ?

b) La synthèse de la matière organique à partir de matières minérales correspond-elle à la lettre A, B, C ou D ?

c) Le stockage de la matière organique dans un organe souterrain correspond-il à la lettre A, B, C ou D ?

d) Le transport de la matière organique sous forme de saccharose correspond-il à la lettre A, B, C ou D ?

▶ **2.** À partir des documents 1 et 2, expliquer pourquoi il ne peut pas y avoir d'amidon dans la sève élaborée d'un végétal. *(6,5 points)*

▶ **3.** À partir des documents 1 et 3, nommer la sève ayant la composition la plus proche de l'eau d'érable. Justifier votre réponse. *(7 points)*

▶ **4.** À partir des documents 3 et 4, expliquer que le saccharose de l'eau d'érable récoltée au début du printemps provient de la sève brute et non pas de la sève élaborée comme on pourrait le penser. Vous expliquerez l'origine du saccharose dans la sève brute seulement au début du printemps. *(9 points)*

LES CLÉS DU SUJET

Comprendre les documents

• Le **document 1** regroupe un texte et un schéma à compléter expliquant où et comment est produite la matière organique ainsi que son devenir dans un végétal.

• Le tableau du **document 2** indique les propriétés telles que la taille et la solubilité de quatre molécules organiques présentes chez les végétaux.

• Le **document 3** décrit la méthode et les conditions de récolte de l'eau d'érable.

• Le **document 4** présente la composition des deux sèves et les lieux de stockage de la matière organique de l'érable en été et en début de printemps.

Répondre aux questions

▶ **1.** Compare le texte et le schéma afin de localiser les différentes étapes sur celui-ci.

▶ **2.** Prélève les informations sur les sèves dans le document 1 et celles sur l'amidon dans le document 2 afin de trouver la caractéristique qui l'empêche d'être dans la sève élaborée.

▶ **3.** Compare la composition de l'eau d'érable du document 3 à celle des deux types de sève du document 1.

▶ **4.** L'énoncé te donne l'information de départ : l'eau d'érable récoltée au début du printemps provient de la sève brute. Cherche dans les documents 3 et 4 les éléments permettant d'expliquer la présence de saccharose dans la sève brute au début du printemps.

CORRIGÉ 9

▶ **1. a)** L'absorption de l'eau et des sels minéraux correspond à la lettre D, elle se fait au niveau des racines.

b) La synthèse de la matière organique à partir de matières minérales correspond à la lettre C, elle se fait au niveau des feuilles.

c) Le stockage de la matière organique dans un organe souterrain correspond à la lettre B, il se fait au niveau des racines.

> **CONSEIL**
> Légende le schéma avec les notions demandées : absorption de l'eau, synthèse de matière organique, stockage, transport de la matière organique. Tu n'auras plus qu'à relever les lettres correspondantes.

d) Le transport de la matière organique sous forme de saccharose correspond à la lettre A, il se fait au niveau des tiges.

▶ **2.** L'amidon est une molécule organique de grande taille et non soluble dans l'eau d'après le tableau du document 2. La sève élaborée est constituée principalement d'eau et de matière dissoute telle que le saccharose. Pour être présente dans la sève, une molécule doit être soluble dans l'eau. L'amidon étant insoluble, il ne peut être présent dans la sève élaborée.

▶ **3.** L'eau d'érable contient 2 à 3 % de saccharose, sa composition est donc plus proche de celle de la sève élaborée qui contient aussi du saccharose alors que la sève brute en est dépourvue.

▶ **4.** La récolte de l'eau d'érable au début du printemps se fait à partir de la sève brute. Cependant, en temps normal, la sève brute ne contient pas de saccharose mais seulement de l'eau et des sels minéraux. Que se passe-t-il de particulier à cette époque de l'année ?

> CONSEIL
> Pose la problématique, puis argumente pour expliquer la présence de saccharose dans la sève brute seulement au début du printemps.

Il est noté dans le texte qu'au printemps le gel et le dégel dans le tronc de l'érable provoquent la transformation de l'amidon (stocké dans le tronc) en saccharose, et que celui-ci peut passer dans la sève.

Le tableau nous indique que la sève élaborée n'est pas encore produite à cette époque, la seule sève produite est la sève brute, le saccharose peut donc y circuler.

Le saccharose de la sève brute provient de la transformation de l'amidon du tronc, ceci n'est possible qu'au début du printemps.

Analyse ADN

L'analyse de l'acide désoxyribonucléique (ADN) est utilisée dans de nombreuses situations (détection de maladies génétiques, identification de lien de parenté), notamment par la police scientifique lors de recherches de preuves. Les laboratoires en charge de ces analyses sont équipés de systèmes automatisés permettant un traitement d'échantillons en grande quantité.

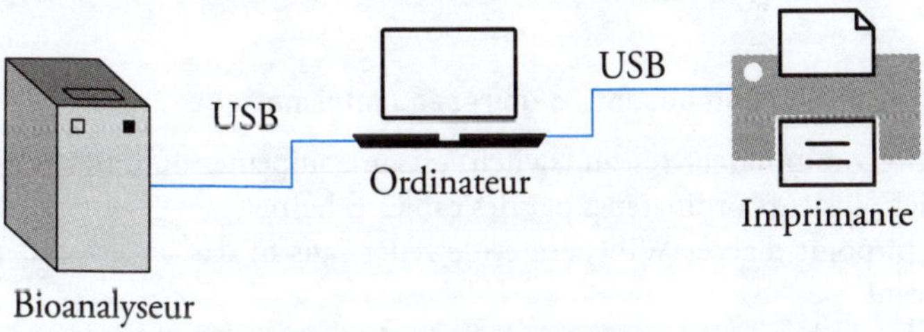

Description du système automatisé existant

Le système est constitué d'un bioanalyseur, d'un ordinateur portable et d'une imprimante autonome. L'ordinateur est connecté *via* un câble *Universal Serial Bus* (USB) à un bioanalyseur qui réalise l'analyse de l'ADN. L'ordinateur pilote l'analyseur et archive les données sur son disque dur. Il est également relié à une imprimante permettant l'impression de certaines données pour le client.
Le constructeur du bioanalyseur souhaite faire évoluer le système pour s'adapter aux nouvelles exigences des utilisateurs dans les laboratoires.

L'étude porte sur les solutions techniques qui répondent aux améliorations souhaitées, notamment la réalisation d'un réseau informatique intégrant tous les éléments de l'analyse et une interface homme-machine.

DOCUMENT 1 **Améliorations souhaitées pour le système**

Le service marketing a rassemblé les améliorations souhaitées par les utilisateurs :

- Besoin 1 : permettre le pilotage, la visualisation et le suivi de l'avancement de l'analyse depuis n'importe quel emplacement du laboratoire sans rester à côté de l'analyseur.
- Besoin 2 : imprimer les résultats sur l'imprimante connectée au réseau informatique du laboratoire.
- Besoin 3 : garantir la sauvegarde des résultats d'analyse de façon sécurisée sur le réseau.
- Besoin 4 : transmettre de manière sécurisée les résultats des analyses à des clients *via* Internet.

DOCUMENT 2 **Composants d'un réseau informatique**

- Un commutateur réseau (switch) est un équipement qui permet de relier plusieurs ordinateurs par des câbles Ethernet.
- Un point d'accès Wifi permet de relier sans fil des ordinateurs au réseau.
- Un modem routeur assure la liaison entre un réseau et Internet.

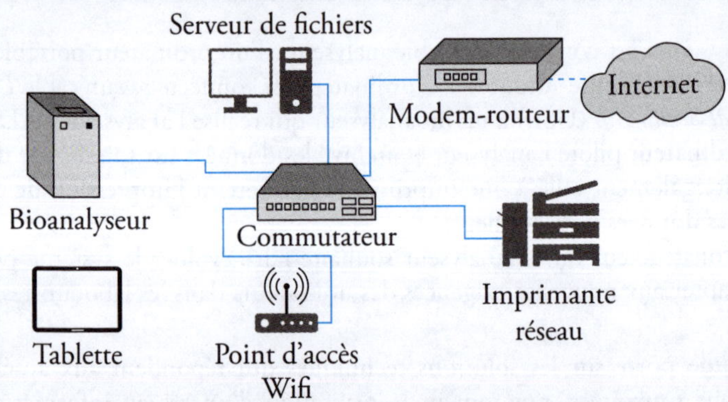

Schéma du réseau informatique du laboratoire

DOCUMENT 3 **Diagramme d'activité de la zone de texte « Affichage état »**

La tablette reçoit des informations provenant du bioanalyseur et les stocke dans une variable nommée « État ». Certaines d'entre elles indiquent l'état de son fonctionnement par 3 caractères distinctifs :
– prêt à fonctionner (caractère = P) ;
– incapable de fonctionner (caractère = E) ;
– en cours d'analyse (caractère = A).

L'écran de la tablette affiche une zone de message qui traduit l'état de fonctionnement du bioanalyseur par un texte évocateur :
– caractère P → Prêt ;
– caractère E → Erreur ;
– caractère A → Analyse.

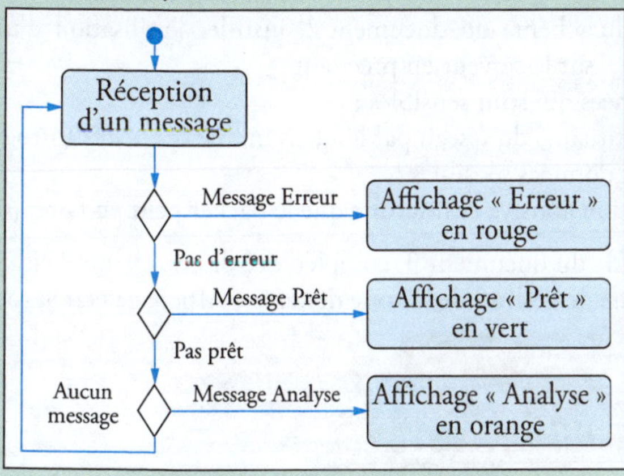

▶ **1.** Afin de répondre aux améliorations souhaitées décrites dans le document 1, sélectionnez dans la liste ci-dessous les solutions techniques à envisager. *(6 points)*

a) Ajouter un modem-routeur au réseau informatique.

b) Ajouter une imprimante réseau au réseau informatique.

c) Acheter une tablette et créer une application de pilotage du bioanalyseur pour tablette.

d) Ajouter un point d'accès Wifi au réseau.

e) Ajouter une carte réseau au bioanalyseur pour le relier au réseau informatique du laboratoire par un câble Ethernet.

f) Ajouter un écran tactile sur le bioanalyseur.

g) Ajouter un serveur de fichier sécurisé sur le réseau.

▶ **2.** Parmi les solutions techniques retenues, le constructeur valide l'intégration d'une tablette numérique pour réaliser l'interface entre utilisateur et l'analyseur. La tablette permet de piloter le bioanalyseur et d'accéder aux résultats d'analyse stockés au sein du serveur de fichiers du réseau informatique.
À l'aide du document 2, représenter sur le schéma du réseau le trajet du flux d'informations entre la tablette et le bioanalyseur lorsque l'utilisateur pilote le démarrage de l'analyse. Le trajet est représenté par un symbole :
)))) si la liaison est réalisée sans fil ;
→→→ si la liaison est réalisée par câble. *(5 points)*

▶ **3.** Le serveur de fichiers contient un logiciel qui protège les données contre le piratage d'un réseau informatique. Ce logiciel est nommé « pare-feu ».
À l'aide du schéma du document 2, justifier l'utilisation d'un logiciel « pare-feu » sur le serveur en précisant :
– les données qui sont sensibles ;
– les constituants du réseau par lesquels un hacker peut s'introduire pour pirater les données sensibles ;
– l'utilisation abusive et interdite que le hacker peut en faire. *(6 points)*

▶ **4.** À l'aide du document 3, compléter ci-dessous la modélisation du programme de gestion de la zone de texte « Affichage état ». *(8 points)*

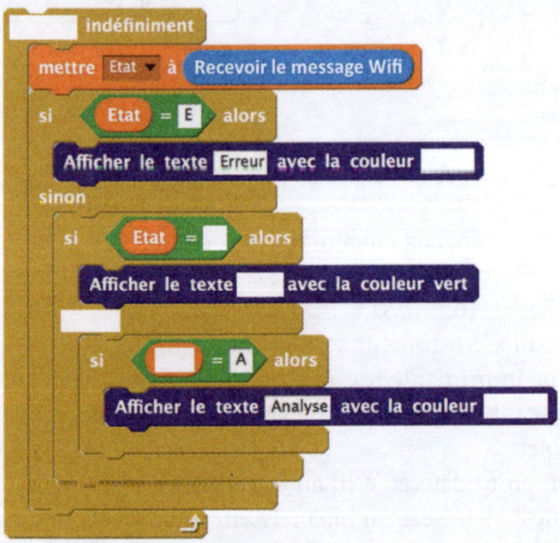

LES CLÉS DU SUJET

Comprendre les documents

• Le **document 1** est un cahier des charges. Le **document 2** définit le rôle de quelques composants d'un réseau informatique. Le **document 3** est l'algorigramme expliquant le fonctionnement de l'affichage.

• Attention ! Lis bien les intitulés des questions, ils contiennent également des informations utiles.

Répondre aux questions

▶ **1.** Veille à bien répondre à toutes les attentes du cahier des charges.

▶ **2.** Trace le chemin de l'information en utilisant les symboles proposés.

▶ **3.** Réponds à chaque point puis conclus quant à la nécessité du pare-feu.

▶ **4.** Traduis l'algorigramme en programme Scratch.

CORRIGÉ 10

▶ **1.** Les solutions techniques envisagées sont les suivantes :

a), **b)**, **c)**, **d)**, **e)** et **g)**.

REMARQUE

Le modem-routeur répond au besoin 4, l'imprimante réseau au besoin 2, la tablette et le point d'accès Wifi au besoin 1, la carte réseau sur le bioanalyseur et le serveur de fichier au besoin 3.

▶ **2.**

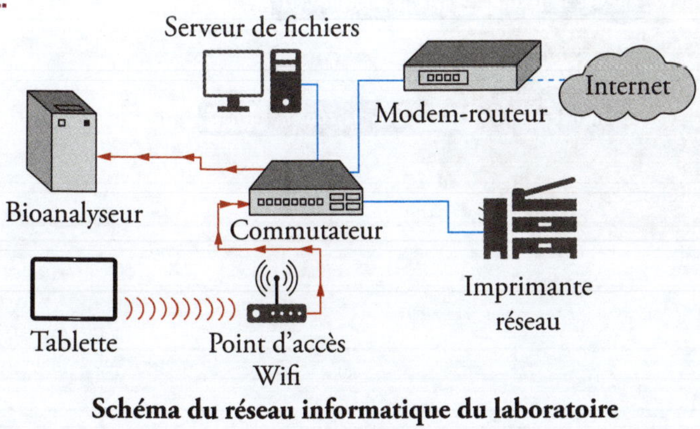

Schéma du réseau informatique du laboratoire

▶ **3.** Le laboratoire analyse l'ADN dans le cadre de recherche de lien de parenté, de détection de maladie ou dans le cadre d'enquêtes policières. Des fuites d'information pourraient porter préjudice à des personnes ou à des enquêtes.

INFO +
Aide-toi de l'introduction du sujet pour répondre.

De plus, pour pouvoir contacter les personnes ayant demandé les analyses, leurs coordonnées doivent être stockées sur le serveur de fichiers.

Un hacker peut s'introduire sur le réseau par Internet *via* le modem-routeur ou *via* le point d'accès Wifi. Il accédera alors au serveur de fichier en passant par le commutateur.

Si le hacker accède aux données, il pourrait :
– les diffuser et révéler des liens de parentés ou des maladies rares non divulguées ;
– les modifier afin de rendre une personne coupable ou innocente dans des affaires policières.

Le pare-feu est utilisé pour éviter l'intrusion de personnes non autorisées sur le réseau afin d'éviter les fuites de données sensibles.

▶ **4.**

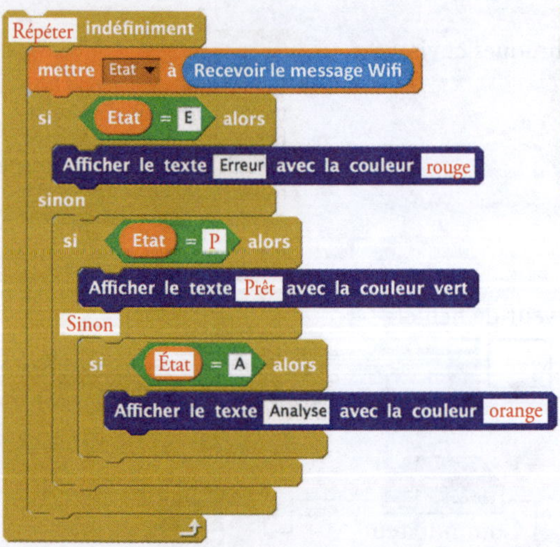

CONSEIL
Repère les trois conditions dans le document 3 et replace les caractères associés aux messages.

Amérique du Sud • Novembre 2017

PHYSIQUE-CHIMIE • 25 points

Énergie et vie quotidienne

Pour chauffer de l'eau, on peut utiliser différents appareils : un thermoplongeur, un réchaud à gaz, un réchaud électrique, un réchaud à alcool.

Thermoplongeur	Réchaud à gaz
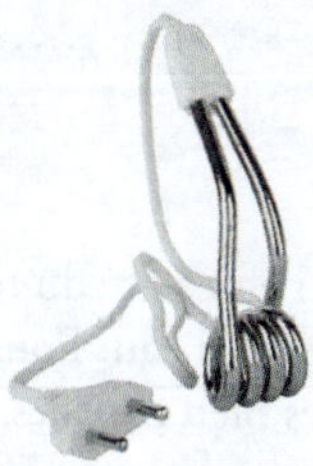 ph © Sergiy Kuzmin/Shutterstock	 ph © Full image/stock.adobe.com

Réchaud électrique	Réchaud à alcool
 ph © Vladimir Konjuskenko/Stock.adobe.com	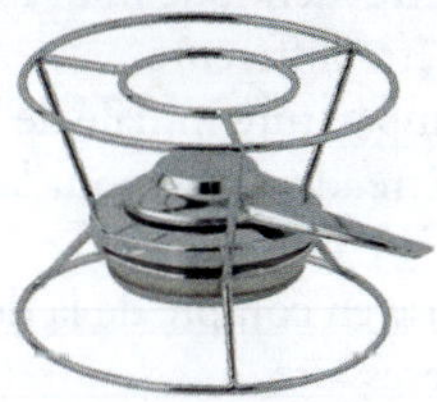 ph © Roger Orlève/DR

DOCUMENT Plaques signalétiques de deux appareils électriques

Thermoplongeur	Réchaud électrique
Type : / 758 CE 230 V~ 50 HZ 240 W Serie Nr. Z1239 /05/653	Type : / 56 CE 230 V~ 50 HZ 1500 W Serie Nr H 5 / 2039/ FR

▶ **1.** Donner la valeur de la puissance électrique du thermoplongeur. Justifier la réponse.

▶ **2.** On utilise le thermoplongeur pour chauffer de l'eau pendant deux minutes.
Calculer, en joules, l'énergie électrique consommée par le thermoplongeur.

▶ **3.** Les quatre appareils sont des convertisseurs d'énergie. Sur le schéma de conversion suivant, compléter les pointillés pour décrire la conversion d'énergie effectuée par le thermoplongeur. Faire de même pour le réchaud à alcool.

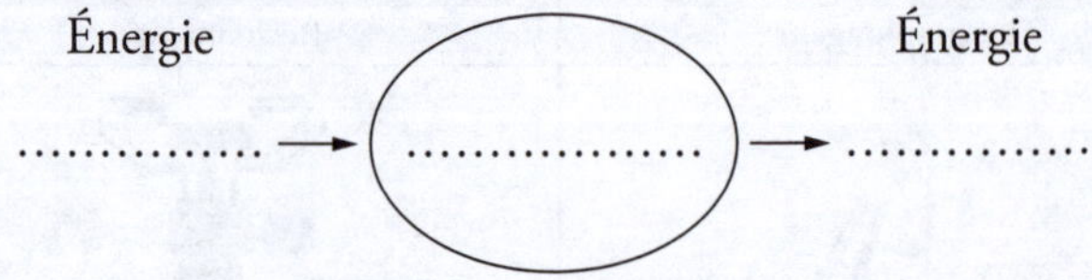

▶ **4.** On souhaite comparer expérimentalement l'efficacité du réchaud à gaz et celle du réchaud électrique pour chauffer de l'eau. Pour cela, il faut se placer dans des conditions expérimentales bien choisies. Parmi les propositions suivantes, identifier celles qui satisfont aux conditions expérimentales à privilégier. Cocher la bonne réponse.

a) La quantité d'eau à chauffer :
❑ doit être identique pour les deux réchauds.
❑ peut être différente.

b) La température initiale de l'eau à chauffer :
❑ doit être identique pour les deux réchauds.
❑ peut être différente.

c) La prise en compte de la durée du chauffage :
❑ est nécessaire.
❑ n'est pas nécessaire.

d) Le récipient contenant de l'eau :
❑ doit être le même pour les deux réchauds.
❑ peut être différent.

▶ **5.** Rédiger un protocole expérimental permettant de comparer l'efficacité d'un réchaud à gaz et celle d'un réchaud électrique. On pourra s'aider d'un schéma légendé.

LES CLÉS DU SUJET

■ Comprendre les documents

Le document montre les caractéristiques du thermoplongeur et celles du réchaud électrique.

■ Répondre aux questions

▶ **1.** Utilise tes connaissances et justifie ta réponse à l'aide des unités.

▶ **5.** Un protocole doit être le plus précis possible. Un schéma rend le protocole bien plus clair.

CORRIGÉ 11

▶ **1.** La puissance électrique s'exprime en watts (W). La puissance du thermoplongeur est donc : $P = 240$ W.

▶ **2.** L'énergie électrique est donnée par la formule :
$E = P \times t = 240 \times (2 \times 60) = 28\,800 \text{ J} = 2{,}88 \times 10^4 \text{ J}$.

> REMARQUE
> Pour trouver l'énergie en joules, il faut convertir le temps en secondes.

▶ **3.** Pour le thermoplongeur :

Pour le réchaud à alcool :

▶ **4.** Les conditions expérimentales à privilégier sont donc les suivantes.

a) La quantité d'eau à chauffer doit être identique pour les deux réchauds.

b) La température initiale de l'eau à chauffer doit être identique pour les deux réchauds.

> INFO +
> Pour comparer deux systèmes, il faut les placer dans des conditions identiques.

c) La prise en compte de la durée du chauffage est nécessaire.

d) Le récipient contenant de l'eau doit être le même pour les deux réchauds.

▶ **5.** Pour comparer l'efficacité d'un réchaud à gaz à celle d'un réchaud électrique :

- On verse 300 mL d'eau dans deux béchers identiques qui supportent le chauffage.
- On plonge un thermomètre dans chaque bécher et on s'assure que la température des liquides est identique.
- On place les béchers sur chaque réchaud que l'on met en marche simultanément.
- On mélange les deux liquides à l'aide d'agitateurs, puis on arrête le chauffage par les deux réchauds simultanément.
- On lit sur les thermomètres les températures atteintes par les liquides dans les deux béchers : le réchaud qui permet d'atteindre la température la plus élevée est le plus efficace.

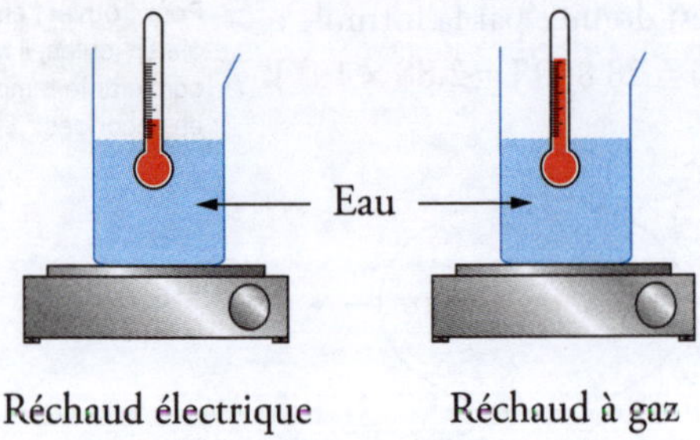

Schéma d'expérience pour comparer l'efficacité de deux réchauds

> **CONSEIL**
> Simplifie au maximum les réchauds : il suffit de dessiner des rectangles et de les annoter.

Asie • Juin 2017

PHYSIQUE-CHIMIE • 25 points

Sécurité dans l'habitat

Pour prévenir les intoxications domestiques, l'État encourage l'installation de détecteurs dans les habitations.

1. DÉTECTION DE FUMÉE

Les détecteurs de fumée à principe optique (document 1) sont très utilisés. Un signal d'alarme s'enclenche lorsque la photodiode présente dans la chambre optique reçoit de la lumière. Une photodiode est un composant électrique ayant la capacité de détecter une lumière et de la convertir en courant électrique.

DOCUMENT 1 **Schéma en coupe et principe de fonctionnement d'un détecteur de fumée à principe optique**

En l'absence de fumée	En présence de fumée
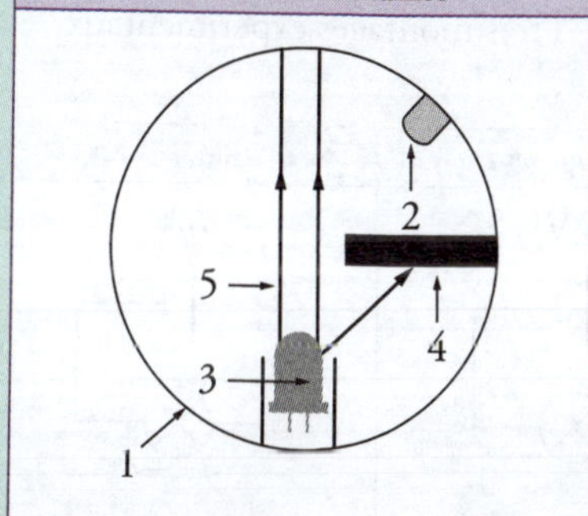	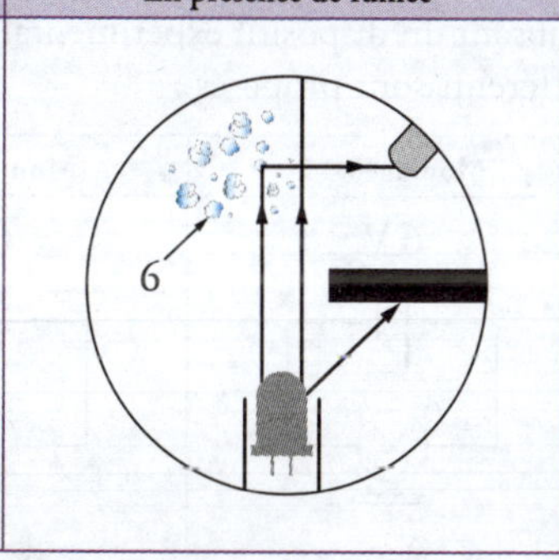
1. Chambre optique 2. Photodiode 3. Diode électroluminescente (LED)	4. Cache opaque 5. Rayon de lumière 6. Particules de fumée

▶ **1.** Nommer la source primaire de lumière contenue dans un détecteur de fumée optique.

▶ **2.** Expliquer pourquoi la photodiode détecte de la lumière en présence de fumée.

2. DÉTECTION DE MONOXYDE DE CARBONE

Les chaudières à gaz des habitations fonctionnent grâce à la combustion du gaz de ville, composé essentiellement de méthane de formule chimique CH_4. Au cours de leur fonctionnement, ces chaudières peuvent s'encrasser. Cela provoque une combustion incomplète du méthane. Des fumées et des gaz nocifs sont alors produits, notamment le monoxyde de carbone. Ce gaz transparent, inodore et toxique est responsable chaque année d'une centaine de décès en France.

▶ **1.** Parmi les propositions suivantes, entourer celle qui modélise la transformation chimique à l'origine de la formation de monoxyde de carbone dans une chaudière à gaz :

Proposition 1 : $CH_4 + 2\ O_2 \rightarrow CO_2 + 2\ H_2O$

Proposition 2 : $2\ C + O_2 \rightarrow 2\ CO$

Proposition 3 : $2\ CH_4 + 3\ O_2 \rightarrow 4\ H_2O + 2\ CO$

▶ **2.** Pour prévenir le risque d'intoxication au monoxyde de carbone, on peut utiliser un détecteur spécifique. Il comporte un disque recouvert d'un gel. En présence de monoxyde de carbone, le gel s'assombrit et limite alors le passage de la lumière. L'alarme s'enclenche du fait de la diminution de l'éclairement.

On souhaite modéliser le fonctionnement d'un tel détecteur, en réalisant un dispositif expérimental. Trois montages expérimentaux différents sont proposés :

Montage n° 1	Montage n° 2	Montage n° 3
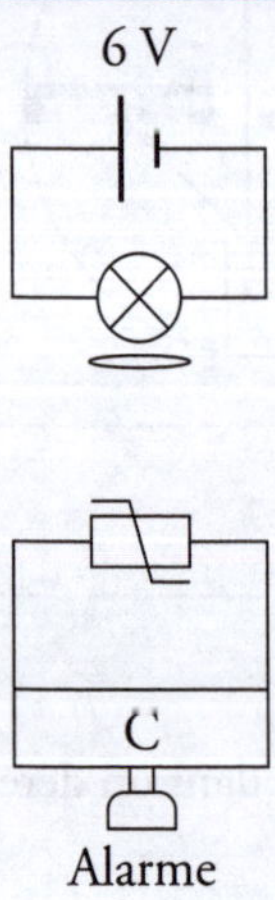	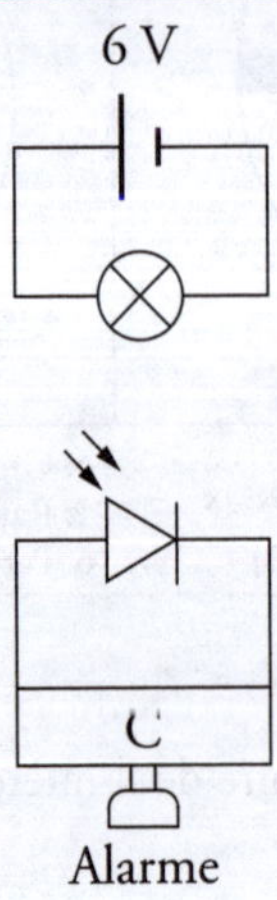	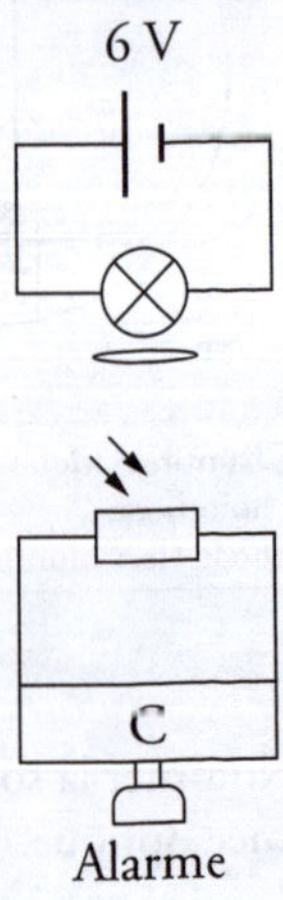

L'alarme s'active lorsque le « circuit de contrôle » C détecte une diminution importante de l'intensité électrique dans le circuit.
Choisir parmi les trois montages expérimentaux celui qui correspond le mieux au fonctionnement d'un détecteur à monoxyde de carbone à disque.
Argumenter la réponse en exploitant les documents 2, 3 et 4.

DOCUMENT 2 Symbole des composants

Lampe	Photodiode	Thermistance	Photo-résistance	Disque recouvert de gel
	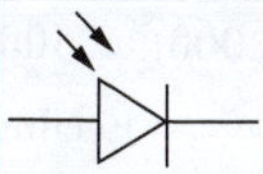	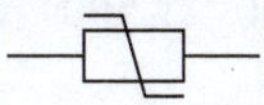	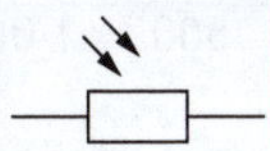	

DOCUMENT 3 Évolution de la résistance de la thermistance en fonction de la température

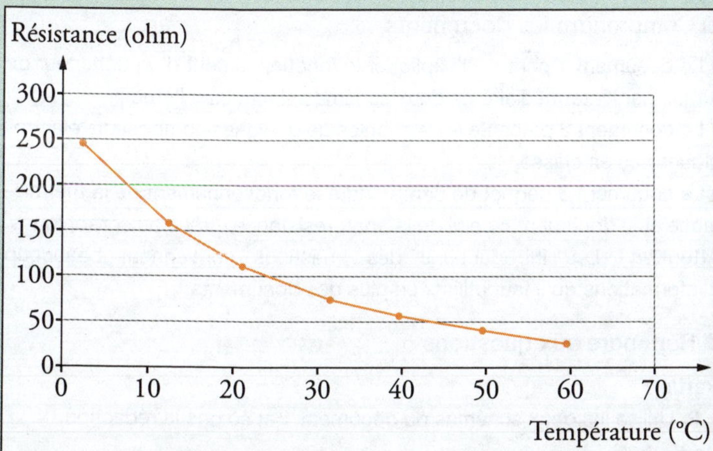

DOCUMENT 4 **Évolution de la résistance d'une photorésistance en fonction de l'éclairement**

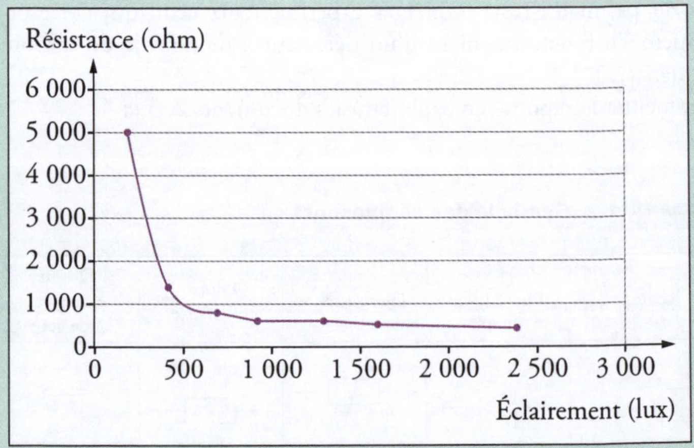

LES CLÉS DU SUJET

Comprendre les documents

• Le document 1 permet d'expliquer le fonctionnement d'un détecteur de fumée par l'intermédiaire de deux schémas. Il faut bien l'étudier.

• Le document 2 présente les symboles de quelques composants électroniques vus en classe.

• Le document 3 permet de comprendre le fonctionnement de la thermistance et le document 4 celui de la photorésistance, grâce aux graphiques.

Attention ! Les introductions des questions contiennent beaucoup d'informations qu'il faut utiliser en plus des documents.

Répondre aux questions

Partie 1

▶ **2.** Utilise les deux schémas du document 1 et soigne la rédaction.

Partie 2

▶ **1.** Fais attention à la formulation de la question.

▶ **4.** Relie les informations des documents 2, 3 et 4 et regarde les montages proposés. On te demande d'argumenter ta réponse : explique comment fonctionne le montage choisi.

CORRIGÉ 12

1. DÉTECTION DE FUMÉE

▶ **1.** La source primaire de lumière dans le détecteur de fumée est la LED.

▶ **2.** D'après les schémas du document 1, lorsqu'il n'y a pas de fumée, la lumière émise par la LED se propage en ligne droite et, à cause du cache opaque, elle n'atteint pas la photodiode. Or en présence de la fumée, les particules dévient la lumière de la LED vers la photodiode qui la détecte et la convertit en courant électrique pour déclencher l'alarme.

2. DÉTECTION DE MONOXYDE DE CARBONE

▶ **1.** La transformation chimique à l'origine de la formation de CO à partir de la combustion de CH_4 est la proposition 3 :
$2\ CH_4 + 3\ O_2 \rightarrow 4\ H_2O + 2\ CO$.

> INFO +
> Utilise l'introduction du document 1 pour donner une réponse complète.

▶ **2.** C'est le montage 3 qui correspond le mieux au fonctionnement du détecteur de CO. En effet le processus s'effectue en quatre étapes :

> CONSEIL
> Souligne dans l'énoncé de la question tout ce qui est important : avant et après les montages.

- lorsque le monoxyde de carbone apparaît, il assombrit le gel du disque placé devant la lampe ;
- la luminosité diminue ;
- d'après le graphique du document 4, lorsque l'éclairement diminue, la résistance de la photorésistance augmente ;
- d'après la loi d'Ohm ($U = R \times I$), si R augmente, l'intensité I du courant diminue dans le circuit de contrôle C et l'alarme s'active.

PHYSIQUE-CHIMIE

SUJET
13

France métropolitaine • Juin 2017

PHYSIQUE-CHIMIE • 25 points

Étude de deux centrales

L'exploitation des ressources énergétiques est liée à l'augmentation de la population mondiale et de ses nouveaux besoins.
La production d'électricité à partir des centrales thermiques à flamme est le mode le plus répandu dans le monde et bénéficie des abondantes – mais épuisables – ressources en charbon, pétrole et gaz de la planète.
Certains pays se lancent dans le développement de centrales géothermiques. On veut ici comprendre ce choix.

DOCUMENT 1 **Principe de fonctionnement d'une centrale géothermique**

Une centrale géothermique produit de l'électricité, sans qu'il y ait de combustion, grâce à la chaleur de la Terre qui transforme l'eau contenue dans les nappes souterraines en vapeur. Le mouvement de la vapeur d'eau sous pression permet de faire tourner une turbine entraînant un alternateur, qui produit alors un courant alternatif.

Centrale géothermique de Waikarei en Nouvelle-Zélande

PHYSIQUE-CHIMIE

DOCUMENT 2 **Principe de fonctionnement d'une centrale thermique à flamme**

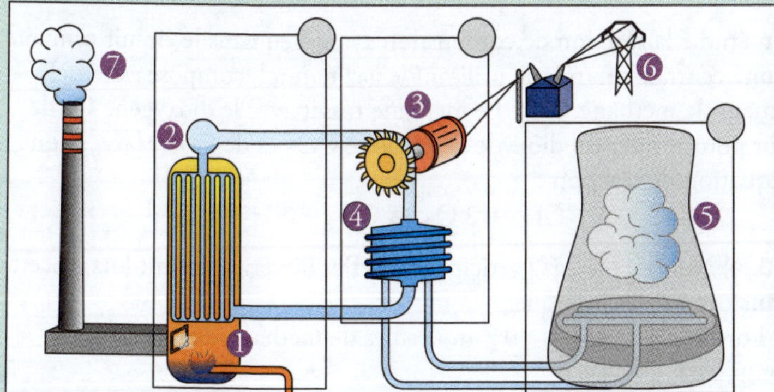

❶ Combustion du charbon, du pétrole ou du gaz
❷ Vapeur d'eau ❸ Turbine et alternateur
❹ Condenseur (transforme la vapeur en eau liquide)
❺ Dans ces tours, l'eau de refroidissement de la centrale est elle-même refroidie en circulant au contact de l'air, ce qui explique le dégagement de vapeur d'eau
❻ Réseau électrique
❼ Cheminée libérant gaz et fumées produits lors de la combustion

D'après *Physique-chimie 3e*, collection « Microméga », © Hatier, 2008

▶ **1.** Compléter le tableau suivant en exploitant les documents 1 et 2.

Nom de la centrale	Source(s) d'énergie utilisée	Source d'énergie renouvelable ou non ?	Dégage ou ne dégage pas de fumées lors de son utilisation ?
Thermique à flamme			
Géothermique			

▶ **2.** Il s'agit de repérer sur le dessin de la centrale thermique à flamme (document 2) les 3 circuits distincts A, B et C décrits ci-dessous.

• A : circuit de refroidissement ;

• B : circuit primaire ou lieu de transformation d'énergie chimique en énergie thermique ;

• C : circuit secondaire ou lieu de transformation de l'énergie mécanique en énergie électrique.

Pour répondre à la question, écrire A, B ou C à l'intérieur des cercles grisés du document 2.

On étudie la réaction de combustion ayant lieu dans le circuit primaire d'une centrale thermique utilisant le gaz naturel, composé essentiellement de méthane CH_4. Le méthane réagit avec le dioxygène O_2 de l'air pour former du dioxyde de carbone CO_2 et de l'eau H_2O, selon l'équation de réaction :

$$CH_4 + 2\,O_2 \rightarrow CO_2 + 2\,H_2O$$

▶ **3. a)** Nommer le gaz participant à l'effet de serre produit lors de cette transformation chimique.

b) Lorsqu'on brûle 6×10^{22} molécules de méthane de manière complète :

• Combien de molécules de dioxygène sont nécessaires ? Expliquer.

• Combien de molécules de dioxyde de carbone sont formées ? Expliquer.

Un réacteur de centrale thermique à flamme produit une puissance d'environ 1 100 MW. Un réacteur de centrale géothermique peut délivrer une énergie de 7 500 000 MWh par an, en fonctionnant 6 820 heures.

▶ **4. a)** Montrer par un calcul que la puissance électrique du réacteur de centrale géothermique est équivalente à celle du réacteur de centrale thermique à flamme.

b) En faisant référence aux réponses précédentes, donner deux arguments expliquant pourquoi certains pays ont opté pour des centrales géothermiques.

LES CLÉS DU SUJET

■ Comprendre les documents

• Le document 1 explique le principe de fonctionnement d'une centrale géothermique. Souligne ce qui est important dans ce document.

• Le document 2 présente le principe de fonctionnement d'une centrale thermique à flamme qui utilise la combustion.

■ Répondre aux questions

▶ **1.** Utilise le texte du **document 1** et les parties numérotées du **document 2** pour remplir le tableau et rappelle-toi que la vapeur d'eau n'est pas une « fumée ».

▶ **2.** Utilise les définitions de chaque circuit données dans l'énoncé de la question **2.**

▶ **3. b)** L'équation de la réaction est donnée. N'oublie pas que les proportions des réactifs et des produits apparaissent dans cette équation.

▶ **4. b)** Utilise le résultat du calcul précédent et tes connaissances pour répondre à cette question.

CORRIGÉ 13

▶ **1.**

Nom de la centrale	Source(s) d'énergie utilisée	Source d'énergie renouvelable ou non ?	Dégage ou ne dégage pas de fumées lors de son utilisation ?
Thermique à flamme	Combustible fossile : charbon, pétrole ou gaz	Source non renouvelable	Dégage de la fumée
Géothermique	Chaleur de la Terre	Source renouvelable	Ne dégage pas de fumée

▶ **2.**

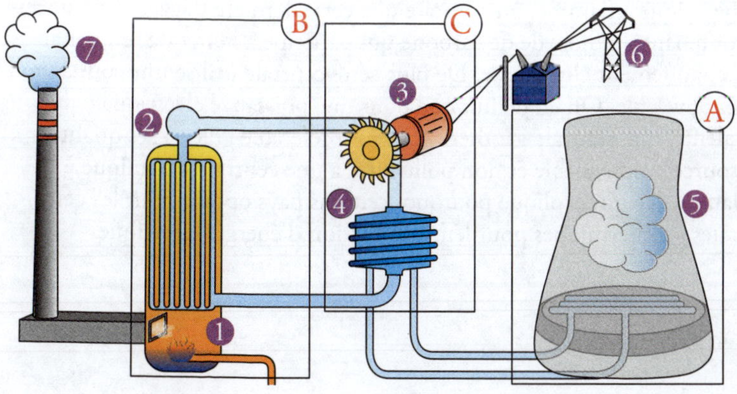

▶ **3. a)** L'équation montre que deux gaz apparaissent à l'issue de la combustion : la vapeur d'eau et le dioxyde de carbone. C'est le dioxyde de carbone CO_2 qui participe à l'effet de serre.

b) D'après l'équation, une molécule de méthane CH_4 réagit avec 2 molécules de dioxygène O_2. Par proportionnalité, 6×10^{22} molécules de CH_4 réagiront avec le double de ce nombre de molécules de O_2 :
$2 \times 6 \times 10^{22} = 12 \times 10^{22}$.

Le nombre de molécules de dioxygène nécessaire est de 12×10^{22}.

• D'après l'équation de la réaction, on constate à nouveau qu'une molécule de méthane produit une molécule de dioxyde de carbone CO_2. Par proportionnalité, lors de la combustion de 6×10^{22} molécules de CH_4, il se forme autant de molécules de CO_2, donc 6×10^{22} molécules de CO_2.

▶ **4. a)** Il faut calculer la puissance électrique de la centrale géothermique à l'aide de la formule : $E = P \times t$.

Avec $E = 7\ 500\ 000$ MWh et $t = 6\ 820$ h, on obtient donc :

$$P_{\text{géo}} = \frac{E}{t} = \frac{7\ 500\ 000}{6\ 820} = 1\ 099{,}7 \text{ MW} \approx 1\ 100 \text{ MW}.$$

Conseil
Utilise la formule de l'énergie et donne l'expression de *P* avant de faire tes calculs. Tu n'as pas de conversion à faire.

On constate que la puissance électrique produite par la centrale géothermique est pratiquement égale à celle produite par une centrale à flamme qui est aussi de 1 100 MW.

b) Quand on compare une centrale géothermique à une centrale thermique à flamme, on constate que cette dernière dégage des fumées contenant du dioxyde de carbone qui participe à l'effet de serre et au réchauffement climatique. De plus cette centrale utilise une source non renouvelable. On en déduit que pour une puissance électrique équivalente, une centrale géothermique est préférable grâce à ses qualités (source renouvelable et non polluante) à une centrale thermique à flamme, ce qui explique pourquoi certains pays optent pour les centrales géothermiques pour leur production d'énergie électrique.

Centres étrangers • Juin 2017

PHYSIQUE-CHIMIE • 25 points

Le poêle à bois

ph © XLLphoto/iStock

Les cheminées à foyer ouvert, dans lesquelles on voyait les flammes en direct, disparaissent peu à peu des habitations. Au-delà de l'effet de mode, les nouveaux systèmes de chauffage au bois permettent une meilleure performance. Le problème se pose de choisir la meilleure essence de bois qu'il convient de brûler dans de tels systèmes.

▶ **1. Combustion du bois** *(9,5 points)*

À la base de tous ces systèmes de chauffage, il y a une réaction de combustion. Pour simplifier, on considère que le bois n'est constitué que de cellulose. L'équation simplifiée de la réaction de combustion de la cellulose grâce au dioxygène O_2 est donnée ci-dessous :

$$C_6H_{10}O_5 + 6\,O_2 \rightarrow 6\,CO_2 + 5\,H_2O$$

a) Recopier les phrases ci-dessous en choisissant à chaque double proposition « .../... » le terme adapté.

> Dans l'équation de la réaction, $C_6H_{10}O_5$ et O_2 sont les formules chimiques des « réactifs/produits ».
> « La molécule/L'atome » O_2 est composé(e) de deux « molécules/atomes » d'oxygène.

b) À l'aide de l'équation simplifiée de la réaction de combustion de la cellulose, expliquer pourquoi l'utilisation d'un poêle à bois dans une maison nécessite un apport d'air constant.

▶ **2. Puissance du poêle à bois et durée de fonctionnement** *(4,5 points)*

Pour chauffer l'habitation, le poêle à bois fournit de l'énergie thermique grâce à la combustion du bois. En moyenne, pour une maison, la consommation annuelle d'énergie, notée E, est égale à 13 000 kWh. Calculer la durée de fonctionnement du poêle, d'une puissance notée P égale à 10 kW, pour garantir cet apport d'énergie E. La réponse attendue sera exprimée en heures.

Rappel : 1 kilowattheure (kWh) est l'énergie consommée par un appareil d'une puissance de 1 kW pendant une heure.

▶ 3. Choix de l'essence de bois *(8,5 points)*

Dans un catalogue, on trouve différents types de bois, feuillus ou résineux, appelés essence de bois de chauffage. Le taux d'humidité est précisé en pourcentage.

Extrait du catalogue
- Bois de chêne fraîchement coupé : 60 % d'humidité
- Bois de parquet de charme **traité** : 20 % d'humidité
- Bois de sapin : 20 % d'humidité

a) À l'aide du document 1, expliquer comment évolue l'énergie libérée par la combustion d'une masse de 1 kg de bois en fonction de l'humidité présente dans le bois.

b) À l'aide des documents 2 et 3 et des réponses précédentes, expliquer quelle serait l'essence de bois, parmi les trois essences de bois citées dans le catalogue, qui permettrait de restituer par combustion le plus d'énergie sans risque supplémentaire. Apporter des arguments précis pour justifier le choix.

DOCUMENT 1 **Énergie libérée lors de la combustion de 1 kilogramme de bois en fonction du taux d'humidité exprimé en pourcentage**

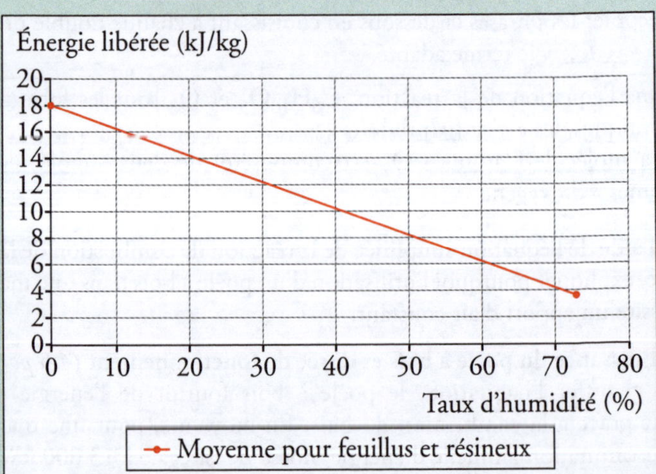

DOCUMENT 2 **Insecticide**

Le bois de charme du catalogue provient d'un parquet qui a été traité notamment par un insecticide. Pour cet insecticide, on trouve le pictogramme et la phrase de risque suivants.

S – 23 Ne pas respirer les vapeurs

Nocif

DOCUMENT 3 **Caractéristiques des différentes essences de bois à 20 % d'humidité**

Essence de bois	Énergie libérée	Caractéristiques
1 kg de chêne séché	15 020 kJ	Brûle lentement. Feuillus
1 kg de charme	15 000 kJ	Brûle lentement. Feuillus
1 kg de sapin	12 720 kJ	Brûle rapidement. Faible braise. Résineux

LES CLÉS DU SUJET

Comprendre les documents

• L'introduction de la question 1 donne l'équation de la réaction de combustion de la cellulose.

• L'introduction de la question 3 contient un extrait de catalogue fournissant le taux d'humidité dans différents bois.

• Le document 1 donne la courbe de l'énergie libérée lors de la combustion d'1 kg de bois en fonction du taux d'humidité qu'il contient.

Répondre aux questions

▶ **2.** Utilise la formule liant l'énergie *E* à la puissance *P*.

▶ **3. b)** Attention ! pour répondre le plus logiquement possible, il faut tenir compte non seulement des **documents 2 et 3** mais aussi de la réponse donnée dans la question **3. a)** et surtout choisir l'essence du bois dans l'extrait du catalogue de l'introduction de la question et non pas dans le **document 3**.

CORRIGÉ 14

▶ **1. a)** Dans l'équation de la réaction, $C_6H_{10}O_5$ et O_2 sont les formules chimiques des réactifs. La molécule O_2 est composée de deux atomes d'oxygènes.

b) On constate, d'après cette équation, que l'un des réactifs nécessaire à la combustion de la cellulose est le dioxygène. Si on utilise donc de la cellulose dans le poêle il faut un apport d'air car ce dernier contient du dioxygène.

▶ **2.** La durée t s'obtient de la relation liant la puissance et l'énergie :

$$E = P \times t.$$

D'où $t = \frac{E}{P} = \frac{13\,000}{10} = 1\,300$ h.

La durée du fonctionnement du poêle est donc de 1 300 heures.

> **Conseil**
> Tire l'inconnue, c'est-à-dire la durée t, de la formule avant de faire les calculs.

▶ **3. a)** D'après le document 1, l'énergie libérée par la combustion d'1 kg de bois diminue lorsque le taux d'humidité qu'il contient augmente. Autrement dit, plus un bois est humide et moins il libère de l'énergie en brûlant.

b) D'après le document 3, à taux égal d'humidité (20 %), les bois de chêne et de charme donnent plus d'énergie par kg par combustion que le sapin. Mais, d'après le document 2, le bois de charme du catalogue est traité par un insecticide qui libère des vapeurs nocives lors de la combustion ; ces vapeurs ne doivent pas être respirées.

Le bois de chêne, lorsqu'il est à 20 % d'humidité, restituerait donc plus d'énergie. Néanmoins, le bois de chêne proposé dans le catalogue contient plus d'humidité (60 % et non pas 20 %). L'énergie libérée par sa combustion ne serait plus de 15 020 kJ mais bien moins, probablement inférieure à celle libérée par un bois de sapin bien plus sec.

Il faut donc choisir le bois de sapin à 20 % d'humidité de ce catalogue.

Malgré tout, notre choix pourrait se porter vers l'essence de bois de chêne si on a le temps de le laisser sécher. En effet, le sapin est à combustion rapide et à faible braise (il faut recharger régulièrement le poêle), et c'est un résineux (il encrasse davantage le poêle).

SUJET 15

Polynésie française • Juin 2017
PHYSIQUE-CHIMIE • 25 points

Voyage à bord d'un voilier écologique

Le propriétaire d'un voilier écologique a fait le choix d'utiliser un hydrogénérateur pour alimenter son bateau en électricité.
Cet hydrogénérateur permet d'alimenter : le dessalinisateur, le système de navigation, l'ensemble des éclairages du bateau.

▶ **1. Le dessalinisateur** *(7,5 points)*

À bord, le dessalinisateur permet de transformer l'eau de mer en eau douce. L'eau de mer contient les espèces chimiques de formule Na^+ et Cl^-.

a) Indiquer la nature des espèces chimiques de formule Na^+ et Cl^-, en choisissant parmi les termes suivants : atome, ion, molécule.

DOCUMENT 1 **Tests de reconnaissance de quelques espèces chimiques**

Détecteur (réactif)	Formule de l'espèce chimique testée	Observation
Hydroxyde de sodium	Cu^{2+}	Formation d'un précipité bleu
Hydroxyde de sodium	Fe^{2+}	Formation d'un précipité verdâtre
Hydroxyde de sodium	Zn^{2+}	Formation d'un précipité blanc
Nitrate d'argent	Cl^-	Formation d'un précipité blanc qui noircit à la lumière

b) À l'aide du document 1, décrire la mise en œuvre d'un test simple permettant de détecter la présence de l'espèce chimique Cl^- dans l'eau de mer et indiquer le résultat attendu. Il est possible de faire un schéma.

▶ **2. L'hydrogénérateur** *(10 points)*

L'hydrogénérateur est constitué d'une hélice reliée à un alternateur.
L'hélice est mise en mouvement par le déplacement d'eau et elle entraîne un alternateur grâce auquel les circuits électriques du voilier sont alimentés.

© Doc. www.ecosailingproject.com

a) Le diagramme de conversion d'énergie ci-dessous concerne l'alternateur. Sans recopier le diagramme sur la copie, nommer les différentes formes d'énergie correspondant aux numéros 1, 2 et 3 en choisissant parmi les suivantes : *chimiques, électrique, thermique, cinétique.*

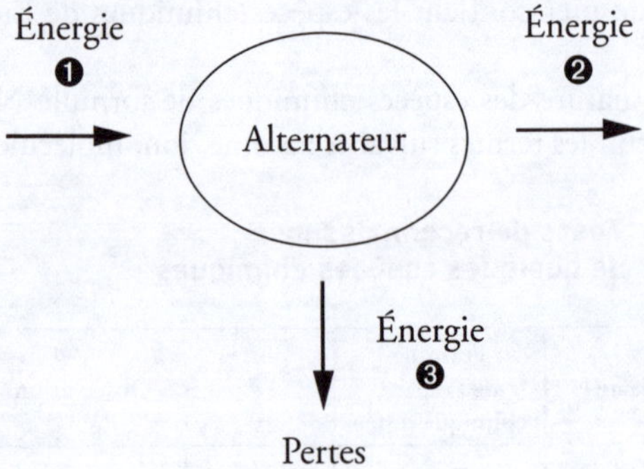

b) L'énergie électrique produite par l'hydrogénérateur dépend de la vitesse de navigation du voilier.
À l'aide du document 2, indiquer à partir de quelle vitesse de navigation du voilier, en nœuds, l'hydrogénérateur produit de l'énergie électrique.

DOCUMENT 2 **Production d'énergie électrique par un hydrogénérateur, pendant 24 h, en fonction de la vitesse du voilier**

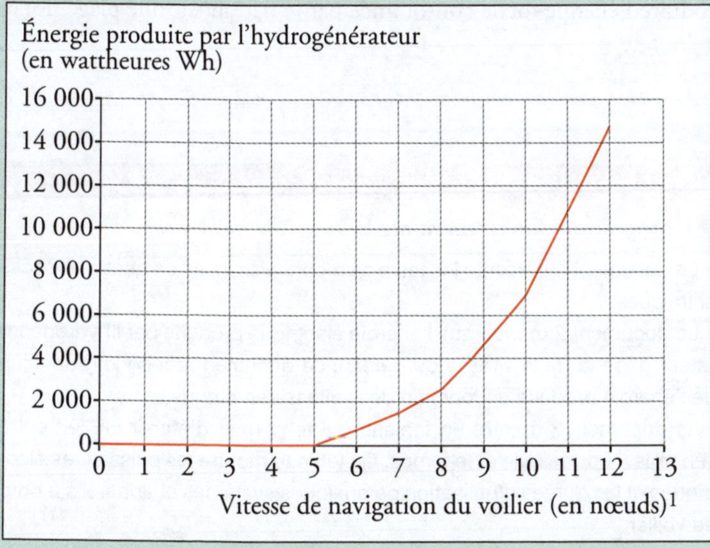

1. Le nœud est une unité de vitesse couramment utilisée en marine. 1 nœud = 1 852 m/h.

c) L'énergie électrique consommée dépend de la puissance des appareils et de leur durée d'utilisation.
Montrer que l'énergie E_1 consommée par l'éclairage du bateau sur une plage horaire de 24 h est de 240 Wh.

DOCUMENT 3 **Tableau récapitulatif des puissances et des durées d'utilisation des appareils électriques à bord du voilier sur une plage horaire de 24 h**

Nom de l'appareil électrique	Puissance de l'appareil (en watts W)	Durée d'utilisation de l'appareil sur 24 h (en heures h)	Consommation énergétique de l'appareil sur 24 h (en wattheures Wh)[1]
Système de navigation	110	20	2 200
Dessalinisateur	60	1	60
Éclairage	20	12	E_1

1. 1 wattheure (Wh) est l'énergie consommée par un appareil d'une puissance de 1 W pendant une heure.

▶ **3. Autonomie énergétique** *(5 points)*
À l'aide des documents 2 et 3 et du résultat de la question **2. b)**, déterminer la vitesse en nœuds à partir de laquelle le voilier doit naviguer pour produire l'énergie totale consommée par le bateau sur une plage horaire de 24 h.

LES CLÉS DU SUJET

Comprendre les documents

• Le document 1 présente les tests de reconnaissances de quatre espèces chimiques.

• Le document 2 montre que l'énergie électrique produite par l'hydrogénérateur dépend de la vitesse du bateau, ce document donne le graphique de l'énergie produite en fonction de la vitesse en nœuds.

• Le document 3 montre un tableau qui te permet d'établir un lien entre l'énergie, la puissance et le temps. Ce tableau montre les puissances électriques et les durées d'utilisation de quelques systèmes et appareils à bord du voilier.

Répondre aux questions

▶ **1. b)** Utilise le tableau du **document 1** pour élaborer ton protocole. Sois précis : cite la verrerie à utiliser et indique les quantités.

▶ **2. c)** Tu cherches à calculer une énergie électrique. Les données du tableau doivent te servir.

▶ **3.** Il s'agit à nouveau d'obtenir l'énergie totale utilisée lors du voyage dans ce bateau. Cette énergie te permettra à partir du **document 2** d'obtenir la vitesse à laquelle le bateau doit se déplacer pour l'engendrer.

CORRIGÉ 15

▶ **1. a)** Na^+ et Cl^- sont des ions.

b) Test de reconnaissance de l'ion Cl^- dans l'eau de mer.

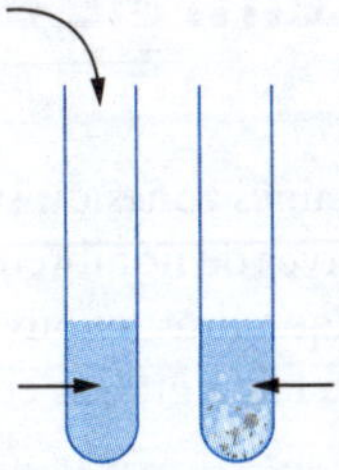

On verse 3 millilitres d'eau de mer dans un tube à essais, puis on y ajoute quelques gouttes de solution de nitrate d'argent. On constate la formation d'un précipité blanc qui noircit à la lumière. Cela montre que l'eau de mer contient des ions Cl^-.

▶ **2. a)** ❶ : énergie cinétique ; ❷ : énergie électriquc ; ❸ : énergie thermique.

b) L'hydrogénérateur produit de l'énergie à partir de 5 nœuds.

c) L'énergie E_1 est donnée par la formule : $E_1 = P \times t$, avec $P = 20$ W et $t = 12$ h.

D'où $E_1 = P \times t = 20 \times 12 = 240$ Wh.

L'énergie E_1 consommée par l'éclairage est bien égale à 240 Wh.

> **Remarque**
> Utilise le texte d'introduction de l'exercice pour comprendre le fonctionnement de l'alternateur.

> **Conseil**
> Utilise la formule que tu connais bien qui lie l'énergie, le temps et la puissance. Tu n'as pas de conversion à faire.

▶ **3.** Plusieurs systèmes et appareils fonctionnent dans ce bateau. Le tableau du document 3 et la réponse à la question précédente nous donnent l'énergie totale consommée par ces systèmes :

$E = 2\,200 + 60 + 240 = 2\,500$ Wh.

D'après le tableau du document 2, la vitesse à laquelle le bateau doit se déplacer pour produire 2 500 Wh doit être supérieure à 8 nœuds. On peut donc dire que si $V = 8{,}5$ nœuds, toute l'énergie consommée par le voilier pourra être produite par l'hydrogénérateur.

SUJET **16**

Pondichéry • Mai 2017

PHYSIQUE-CHIMIE • 25 points

Une centrale éolienne

Dans certaines zones du sud de la France particulièrement venteuses, on peut observer de nombreux champs d'éoliennes qui produisent une énergie électrique dite renouvelable. Nous allons voir ici pourquoi ce choix n'a pas été fait à grande échelle.

▶ **1.** Dans l'image ci-dessous, on recense différents types d'énergies renouvelables.
Les nommer et associer à chacun une source d'énergie.

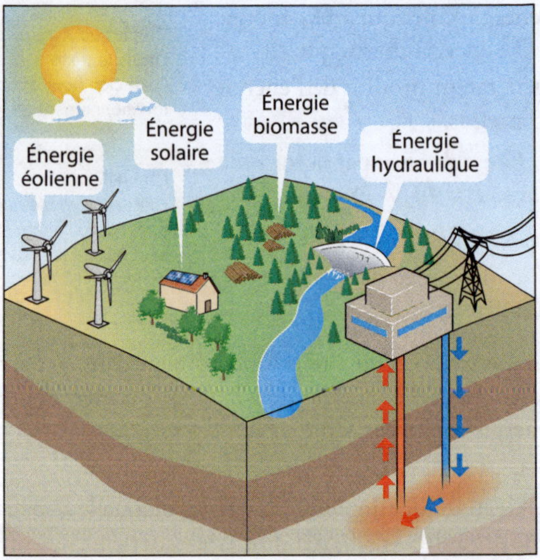

▶ **2.** On s'intéresse au fonctionnement d'une centrale éolienne.
Sous l'action du vent, les pales de l'éolienne entraînent l'alternateur en rotation, qui produit alors un courant alternatif.
Les éléments en mouvement subissent un échauffement, ainsi, une partie de l'énergie mécanique est transformée en énergie thermique dite « perdue », car elle n'est pas utilisée.

Reproduire et compléter la chaîne énergétique suivante en choisissant parmi ces mots ou groupes de mots (utilisables plusieurs fois) : *énergie cinétique* • *énergie électrique* • *énergie mécanique* • *énergie potentielle* • *énergie thermique* • *énergie lumineuse* • *alternateur* • *eau* • *vent*

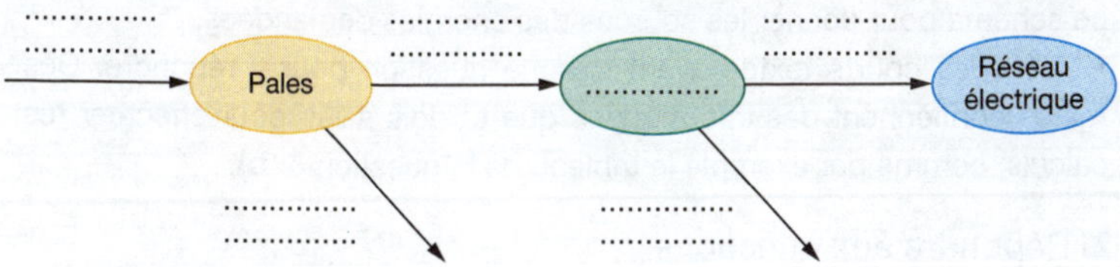

▶ **3. a)** On considère une masse d'air de 1 kg, dont la vitesse passe de la valeur 3 m/s à 9 m/s.
En s'appuyant sur un calcul, dire si l'énergie cinétique de la masse d'air :
A. reste la même.
B. est multipliée par 3.
C. est multipliée par 9.
b) Le physicien allemand Albert Betz affirme que 60 % seulement de l'énergie cinétique du vent est transformée en énergie mécanique au niveau des pales. On donne dans le tableau ci-dessous la valeur annuelle, en mégawattheures (MWh), des énergies intervenant dans la chaîne énergétique d'une éolienne.
Vérifier par un calcul l'affirmation du physicien allemand Betz.

Énergie cinétique du vent (en MWh)	Énergie mécanique produite (en MWh)	Énergie électrique produite (en MWh)
17 530	10 510	4 030

▶ **4. a)** La consommation électrique française annuelle est égale à 478 200 GWh.
Sachant que la production électrique annuelle d'une éolienne est de 4 030 MWh et que la surface minimale nécessaire à son installation est de 24 hectares, évaluer par un calcul la surface qu'occuperait un parc éolien répondant aux besoins de la consommation française.
Donnée : 1 gigawattheure (GWh) = 1 000 MWh.
b) Expliciter, en apportant au moins deux arguments, pourquoi l'énergie éolienne ne peut pas être le seul choix pour répondre aux besoins croissants en électricité.
Donnée : valeur moyenne de la surface d'un département
$S = 2\ 850\ 000$ hectares.

LES CLÉS DU SUJET

■ Comprendre les documents

• Il n'y a pas de document à proprement parler dans cet exercice. Le schéma de la question **1.** indique les énergies à énumérer. Inspire-toi de ce schéma pour donner les sources des énergies demandées.

• Utilise les courts textes avant chaque question pour y répondre. Ces textes contiennent des informations que tu dois saisir pour effectuer tes calculs, comme par exemple le tableau de la question **3. b)**.

■ Répondre aux questions

▶ **1.** Tu peux faire un tableau pour répondre à cette question. Ne cite qu'une seule source pour chaque énergie.

▶ **2.** Rappelle-toi ton cours, il y a toujours des pertes.

▶ **3. a)** Utilise la formule de l'énergie cinétique.

b) Il s'agit d'effectuer un calcul de pourcentage. Utilise les valeurs données dans le tableau.

▶ **4. a)** Il te faut calculer le nombre des éoliennes : utilise les énergies.

b) Compare la surface trouvée en **4. a)** avec *S*, c'est l'un des arguments. Pour le second, souviens-toi de ton cours ou utilise la question **3. b)**.

CORRIGÉ 16

▶ **1.** Les énergies renouvelables citées dans le document et les sources associées sont :

Énergie	Biomasse	Éolienne	Solaire	Géothermique	Hydraulique
Source	Résidus organiques (bois)	Vent	Soleil	Chaleur des sous-sols	Eau

▶ **2.** La chaîne énergétique :

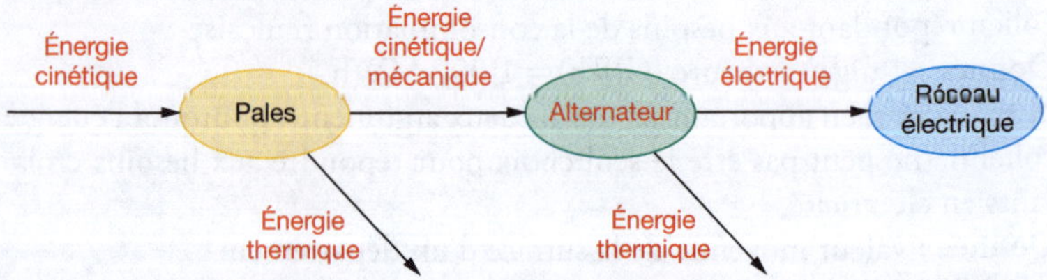

▶ **3. a)** Réponse C. L'énergie cinétique est donnée par la relation : $E = \frac{1}{2} \cdot m \cdot v^2$.

• Pour $v = 3$ m/s : $E_1 = \frac{1}{2} \times 1 \times 3^2 = 4{,}5$ J.

• Pour $v = 9$ m/s : $E_1 = \frac{1}{2} \times 1 \times 9^2 = 40{,}5$ J.

D'autre part : $\frac{E_2}{E_1} = \frac{40{,}5}{4{,}5} = 9$.

Remarque
Tu peux aussi dire que 9 m/s = 3 × 3 m/s, donc l'énergie cinétique est multipliée par $3^2 = 9$ d'après la formule.

On peut donc confirmer que l'énergie cinétique du vent est multipliée par 9 lorsque la vitesse du vent passe de 3 m/s à 9 m/s.

b) On calcule la valeur correspondant à 60 % de l'énergie cinétique du vent :

$$60\ \% \times E_c = \frac{60}{100} \times 17\ 530 = 10\ 518 \text{ MWh.}$$

On constate que cette valeur correspond en effet à celle de l'énergie mécanique au niveau des pales. L'affirmation du physicien allemand est donc correcte.

▶ **4. a)** Chaque éolienne produit 4 030 MWh. En divisant la consommation énergétique annuelle française par cette valeur on trouve le nombre d'éoliennes N nécessaires à la produire :

Conseil
Explique ce que tu calcules ou utilise des formules très simples pour le faire.

$$N = \frac{E_{\text{France}}}{E_{\text{éolienne}}} = \frac{478\ 200 \times 10^3}{4\ 030} = 118\ 660 \text{ éoliennes.}$$

La surface nécessaire à chaque éolienne est de 24 hectares, la surface totale du parc éolien sera donc :

$$S_{\text{parc}} = 118\ 660 \times 24 = 2\ 847\ 840 \text{ hectares.}$$

b) L'énergie éolienne ne peut pas répondre à elle seule aux besoins énergétiques en France car d'après le calcul précédent, un parc éolien occuperait presque la totalité de la surface d'un département entier ($S = 2\ 850\ 000$ hectares), ce qui est inenvisageable. D'autre part cette énergie est intermittente, c'est-à-dire que sa source (le vent) n'est pas disponible en permanence.

SUJET 17

Sujet inédit
PHYSIQUE-CHIMIE • 25 points

La lampe à LED

Les lampes à LED sont constituées de plusieurs LED par ampoule, parfois plus de 100 !

DOCUMENT 1 **Une lampe à LED**

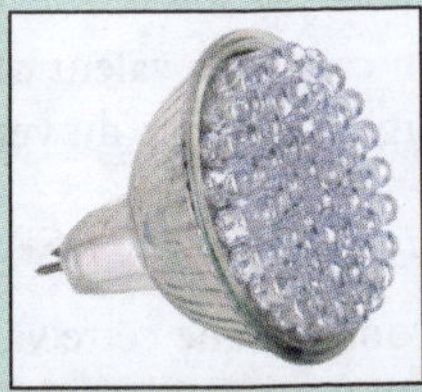
ph© Igor Dolgov/ Dreamstime.com

Les lampes à diode électroluminescentes produisent de la lumière en transformant l'électricité en lumière en dissipant très peu de chaleur. Les lampes à LED sont utilisées en tant que source de lumière, sachant qu'elles offrent alors une longue liste d'avantages. Ainsi une lampe à LED propose une durée de vie prolongée qui peut aller jusqu'à 100 000 heures. Une LED ne fonctionne qu'en courant continu, toutes ces lampes nécessitent donc l'usage d'un transformateur ou un circuit interne qui diminue la tension et la transforme.

DOCUMENT 2 **Une lampe à 16 LED**

Le schéma du circuit suivant montre l'intérieur d'une lampe à 16 LED toutes identiques. Les éléments nommés C_1 et D_{17} servent à transformer la tension du secteur : ainsi il s'établit une tension continue de $U_{AB} = 15$ V entre les points A et B. L'intensité totale du courant est $I = 40$ mA.

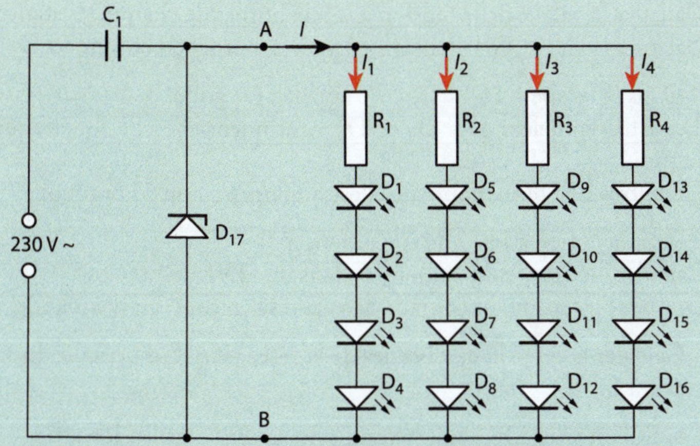

Les 4 résistances sont identiques et ont pour valeur $R_1 = R_2 = R_3 = R_4 = 100\ \Omega$. Leur rôle est de protéger les LED.

DOCUMENT 3 **Une lampe à LED de moindre qualité**

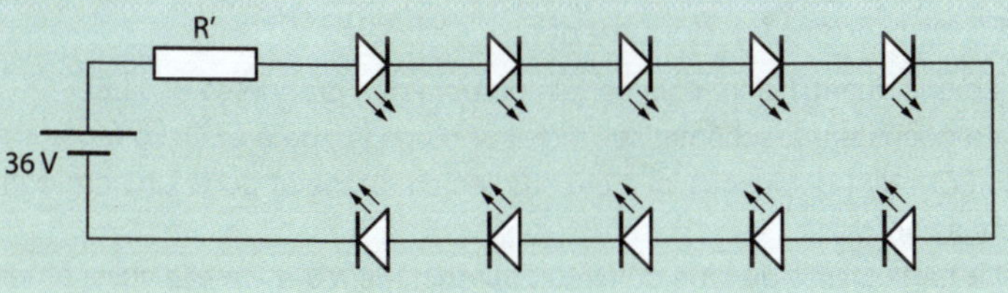

Le circuit ci-dessus représente une autre lampe à 10 LED identiques. Chaque LED fonctionne à $U_D = 3{,}3$ V et sa puissance nominale est de $P = 66$ mW. Cette lampe nécessite une tension continue de $U' = 36$ V pour fonctionner.

▶ **1.** Dessiner le diagramme d'énergie d'une lampe à LED à l'aide du document 1.

▶ **2.** Calculer la valeur des intensités des courants I_1, I_2, I_3 et I_4 dans chaque branche du circuit du document 2.

▶ **3.** Pour la lampe à LED du document 2 :

a) Quelle est la valeur de la tension aux bornes de chaque branche en dérivation contenant une résistance et quatre LED ?

b) Calculer la valeur de la tension U_R aux bornes de chaque résistance.
c) Calculer la valeur de la tension U_{LED} aux bornes de chaque LED.

▶ **4.** Dans la lampe à 16 LED, celle appelée D_1 grille.
a) Les LED appelées D_2, D_3 et D_4 continuent-elles de fonctionner ? Pourquoi ?
b) Les autres LED fonctionnent-elles toujours ou non ? Pourquoi ?

▶ **5.** Pour la lampe à LED du document 3 :
a) Calculer l'intensité du courant I' dans une LED.
b) Donner l'intensité du courant dans la résistance R′ en justifiant.

▶ **6.** Calculer la tension aux bornes de la résistance R′ du circuit du document 3.

▶ **7. a)** Si l'une des LED du circuit du document 3 grille, les autres LED continuent-elles de fonctionner ? Pourquoi ?
b) Pourquoi cette lampe est-elle qualifiée de « moindre qualité » par rapport à celle à 16 LED ?

LES CLÉS DU SUJET

Comprendre les documents

- Le document 1 donne un certain nombre des propriétés des LED.
- Le document 2 schématise l'intérieur d'une lampe à LED. La façon dont les LED sont disposées ici a été étudiée en classe et porte un nom dont il faut se souvenir.
- La particularité du type de circuit du document 3 a été elle aussi étudiée en classe.

Répondre aux questions

▶ **2. et 3.** La forme particulière de ce circuit régit la loi des intensités et celle des tensions. Utilise la formule qui lie *R*, *U* et *I* vue en cours.
▶ **4.** Cette question porte sur les circuits lorsqu'il y a une panne. Il faut déterminer d'abord si la branche dont il est question est ouverte ou fermée.
▶ **5.** Souviens-toi des lois des intensités et des tensions.
▶ **7. b)** Quel est le défaut, en cas de panne, des circuits à une boucle ?

CORRIGÉ 17

▶ **1.** Voici le diagramme de la lampe à LED :

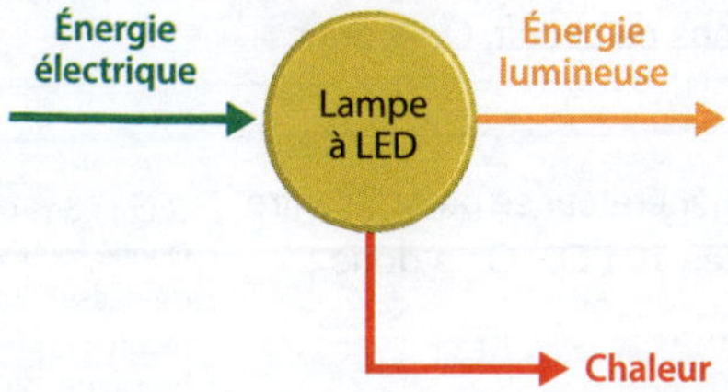

▶ **2.** L'intensité I se partage entre les branches dérivées d'après la loi :

$I = I_1 + I_2 + I_3 + I_4$.

D'autre part $I_1 = I_2 = I_3 = I_4$ car les dipôles branchés dans ces branches sont identiques (une résistance R et 4 LED identiques). D'où :

$$I_1 = I_2 = I_3 = I_4 = \frac{I}{4} = \frac{40}{4} = 10 \text{ mA}.$$

Remarque
Ton raisonnement concerne la partie du circuit qui se trouve à droite des points A et B. C'est un circuit en dérivation.

▶ **3. a)** La tension est la même aux bornes des branches en dérivation ; elle est égale à $U_{AB} = 15$ V.

b) On applique la loi d'Ohm aux bornes de chaque résistance :

$U_R = R \times I_1 = 100 \times 0{,}010 = 1$ V.

c) Dans chaque branche, la résistance R se trouve en série avec 4 LED identiques. La tension U_{AB} se partage entre ces dipôles en série :

$U_{AB} = U_R + (4 \times U_{LED})$

$4 \times U_{LED} = U_{AB} - U_R = 15 - 1 = 14$ V.

D'où finalement $U_{LED} = \dfrac{14}{4} = 3{,}5$ V.

Remarque
Les LED sont identiques, la tension est la même aux bornes de chaque LED.

▶ **4. a)** Si D_1 grille, les dipôles en série dans cette branche, donc R, D_2, D_3 et D_4 s'arrêtent de fonctionner car le courant ne circulera plus dans cette branche désormais ouverte : $I_1 = 0$.

b) Toutes les autres LED continueront de fonctionner car les intensités des courants I_2, I_3, et I_4 ne seront pas nulles.

▶ **5. a)** Pour chaque LED du circuit du document 3 :

$P = U_D \times I'$.

D'où $I' = \frac{P}{U_D} = \frac{0,066}{3,3} = 0,020$ A.

b) Le circuit du document 3 est un circuit en série. L'intensité du courant est partout la même dans ce circuit. On a donc :

$I_{R'} = I' = 0,020$ A.

▶ **6.** La tension du générateur se partage entre la résistance R′ et les 10 LED. On a donc :

$U' = U_{R'} + (10 \times U_D)$.

D'où $U_{R'} = U' - (10 \times U_D)$, soit :

$U_{R'} = 36 - (10 \times 3,3) = 36 - 33 = 3$ V.

Gagne des points
Donne toutes les formules avant de passer aux calculs. De cette façon, si l'un de tes calculs n'est pas juste, on t'attribuera des points pour ton raisonnement.

▶ **7. a)** Si l'une des LED de ce circuit grille, le circuit sera ouvert. Les autres LED ne fonctionneront plus.

b) Dans le cas de dysfonctionnement d'une seule LED, la lampe à LED en série s'arrête de fonctionner tandis que celle du document 2 où les LED sont dans 4 branches en dérivation, continuera de fonctionner partiellement. C'est pourquoi la lampe du document 3 est d'une qualité inférieure à celle du document 2.

SUJET
18

Polynésie française • Septembre 2017

PHYSIQUE-CHIMIE • 25 points

Saut à ski

ph © technotr/iStockphoto

L'épreuve du saut à ski consiste à se laisser glisser le long d'un tremplin puis à progresser dans l'air. Atterrir le plus loin possible dépend de nombreux paramètres : énergie, vitesse, poids… sans oublier la réglementation !

1. MOUVEMENT ET ÉNERGIE — 12,5 POINTS

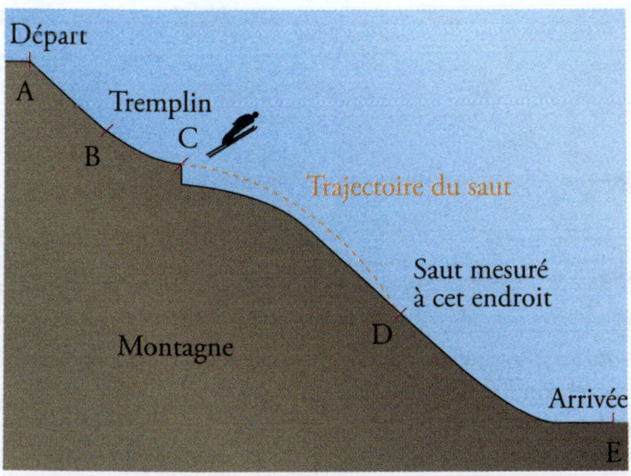

▶ **1.** En utilisant les repères A, B, C, D et E, indiquer la portion de trajectoire sur laquelle le mouvement est rectiligne.

▶ **2.** Au départ, le sauteur est immobile. Entre les points A et C, sa vitesse augmente.
a) Justifier que l'énergie cinétique du skieur est nulle au départ.
b) Expliquer sans calcul l'évolution de l'énergie potentielle du skieur entre le point A et le point C.

▶ **3.** La valeur de la vitesse en bas du tremplin, au point C, est une donnée importante. Elle peut atteindre la valeur de 25 m/s.

DOCUMENT 1 **Conversion m/s ⇔ km/h**

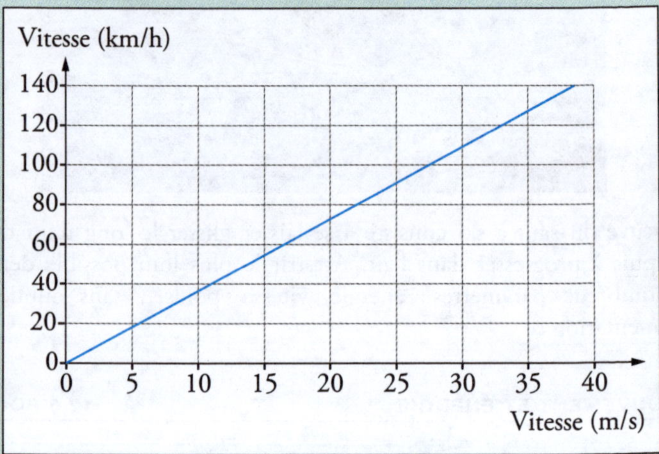

DOCUMENT 2 **Quelques vitesses caractéristiques**

La marche : 6 km/h
Le scooter : 45 km/h
La voiture : 90 km/h
Le train : 250 km/h

En utilisant les documents 1 et 2, indiquer à quel autre mode de déplacement correspond cette valeur de la vitesse.
Expliquer la démarche en quelques phrases.

2. ÊTRE PRÊT POUR LE JOUR J 3 POINTS

Après des mois d'entraînement, Arthur et Louis, deux jeunes espoirs du saut à ski français, sont prêts à concourir pour la future Coupe du monde.
L'absorption de sucres est importante lors de la préparation des sportifs. Le sucre commercial a pour formule $C_{12}H_{22}O_{11}$. L'organisme le transforme en glucose de formule $C_6H_{12}O_6$.
Indiquer, en apportant un argument, si la transformation dans l'organisme est de nature chimique ou physique.

3. LA RÉGLEMENTATION SUR LE POIDS MINIMAL 7 POINTS

Afin de préserver la santé des sauteurs, tentés d'être toujours plus légers, la Fédération internationale de ski (FIS) a introduit en septembre 2004 une nouvelle réglementation dont un extrait figure sur le document 3.
En application de cette réglementation, les juges ont interdit à l'un des deux jeunes espoirs français de participer à la première épreuve.
À l'aide des documents 3 et 4, identifier le sauteur pénalisé. Préciser la démarche.
Pour mémoire, un objet de masse 1 kg a un poids de 9,8 N.

DOCUMENT 3 Extrait de la réglementation de la FIS

Valeur minimale du poids du skieur à respecter en fonction de sa taille.

Taille du sauteur (cm)	Poids minimal du sauteur (*P* en newtons)
160	529
170	598
180	666
190	745

DOCUMENT 4 Résultats des mesures effectuées par les juges avant l'épreuve

Sauteur	Taille (cm)	Masse (*m* en kg)
Louis	180	68,1
Arthur	170	60,8

LES CLÉS DU SUJET

Comprendre les documents

- Le document 1 est un graphique qui permet de convertir les vitesses : on peut passer des m/s aux km/h.
- Le document 2 présente quelques vitesses caractéristiques.
- Le document 3 donne des valeurs minimales des poids que les skieurs peuvent avoir en fonction de leur taille. Il faut y trouver ceux de Louis et d'Arthur.
- Le document 4 donne les tailles et les masses des deux skieurs qui participent à la Coupe du monde.

Répondre aux questions

Partie 1

▶ **2. a)** Utilise la formule apprise en classe pour répondre.

b) L'énergie potentielle dépend de trois paramètres. Exploite tes connaissances pour répondre.

Partie 2

Tu dois connaître la définition d'une transformation chimique vue en classe et te servir des deux formules données dans l'énoncé.

Partie 3

Applique les formules bien connues pour calculer d'abord les poids des deux skieurs. Utilise ensuite le document 3 pour répondre.

CORRIGÉ 18

1. MOUVEMENT ET ÉNERGIE

▶ **1.** Le mouvement sera rectiligne de A à B car le parcours AB est une ligne droite.

▶ **2. a)** Au départ le skieur est immobile, sa vitesse est alors nulle : $V = 0$.
L'énergie cinétique est nulle car elle est donnée par :

$$E_c = \frac{1}{2} \times m \times V^2 = \frac{1}{2} \times m \times 0 = 0.$$

b) Entre les points A et C le skieur descend la pente, la hauteur de sa position *h* diminue donc par rapport au point d'arrivée E.

L'énergie potentielle est $Ep = m \times g \times h$, par conséquent si *h* diminue, *Ep* diminue également.

GAGNE DES POINTS
Donne la formule de l'énergie potentielle. On voit clairement la dépendance de E_p à la hauteur *h*.

▶ **3.** La vitesse du skieur au point C est $V = 25$ m/s. En utilisant le document 1, on trouve à combien de km/h correspond cette vitesse : $V = 25$ m/s $= 90$ km/h.

On cherche ensuite à quel mode de déplacement correspond la vitesse *V*. Le document 2 indique que 90 km/h correspond à la vitesse d'une voiture. Un skieur qui s'apprête à sauter sur une telle piste va à la vitesse d'une voiture !

PHYSIQUE-CHIMIE

2. ÊTRE PRÊT POUR LE JOUR J

Le sucre de formule $C_{12}H_{22}O_{11}$ se transforme dans l'organisme en glucose : $C_6H_{12}O_6$.

On constate que le glucose est une molécule différente du sucre.

Une transformation chimique a donc eu lieu lors de laquelle une molécule s'est transformée en une autre.

3. LA RÉGLEMENTATION SUR LE POIDS MINIMAL

On calcule le poids des deux skieurs donnés par la formule $P = m \times g$. Leurs masses sont données dans le tableau du document 4.

$P_{Louis} = 68{,}1 \times 9{,}8 = 667$ N

$P_{Arthur} = 60{,}8 \times 9{,}8 = 596$ N

REMARQUE
L'indication « 1 kg a un poids de 9,8 N » te permet de trouver la valeur de la constante de gravité *g* qui est dans la formule du poids.

En comparant les valeurs de ces poids à celles minimales indiquées dans le document 3, on constate qu'Arthur a un poids inférieur à la valeur autorisée pour sa taille (596 N < 598 N) : il est donc trop léger. C'est pourquoi les juges ont interdit sa participation à la première épreuve.

SUJET

19

Sujet zéro

PHYSIQUE-CHIMIE • 25 points

Distance d'arrêt et distance de sécurité d'un véhicule

La sécurité sur les routes dépend notamment du respect des distances de sécurité, de la capacité des conducteurs à réagir rapidement lorsqu'ils aperçoivent un obstacle sur la route et de la performance du système de freinage du véhicule.

DOCUMENT 1

La connaissance de la distance d'arrêt d'un véhicule est importante pour la sécurité routière. La figure ci-dessous fait apparaître trois distances caractéristiques.

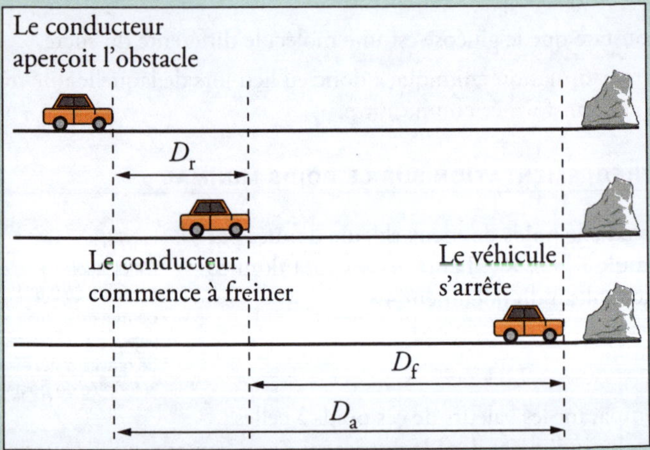

- D_r est la distance de réaction. C'est la distance parcourue par le véhicule entre le moment où le conducteur aperçoit l'obstacle et le moment où il commence à freiner. Elle dépend de la durée de réaction du conducteur.
- D_f est la distance de freinage. C'est la distance parcourue par le véhicule entre le moment où le conducteur commence à freiner et le moment où le véhicule s'arrête.

• D_a est la distance d'arrêt. C'est la distance parcourue par le véhicule entre le moment où le conducteur aperçoit un obstacle et l'arrêt du véhicule.

DOCUMENT 2

Le tableau suivant présente, pour différentes vitesses, la distance de réaction et la distance de freinage sur route sèche d'un véhicule correctement entretenu.

Vitesse (km/h)	0	30	50	90	100	110	130
Vitesse (m/s)	0	8	14	25	28	31	36
D_r (m)	0	8	14	25	28	31	36
D_f (m)	0	6	16	50	62	75	104

▶ **1. Distance d'arrêt.** Au voisinage d'un collège, un véhicule roule à 30 km/h, vitesse maximale autorisée. Donner la valeur de la distance de réaction D_r, de la distance de freinage D_f et calculer la valeur de la distance d'arrêt D_a. Commenter la valeur de la distance d'arrêt obtenue en la comparant à celle d'une autre longueur ou distance que vous choisirez.

▶ **2. Énergie cinétique.** Rappeler l'expression de l'énergie cinétique d'un objet en fonction de sa masse *m* et de sa vitesse *V*. Calculer l'énergie cinétique d'un véhicule de masse $m = 1\,000$ kg roulant à 50 km/h. Lors du freinage, l'énergie cinétique du véhicule diminue jusqu'à s'annuler. Décrire ce que devient cette énergie.

▶ **3. Code de la route et distance de sécurité.**

DOCUMENT 3

Le code de la route définit la distance de sécurité entre deux véhicules : « Lorsque deux véhicules se suivent, le conducteur du second doit maintenir une distance de sécurité suffisante pour pouvoir éviter une collision en cas de ralentissement brusque ou d'arrêt subit du véhicule qui le précède. Cette distance est d'autant plus grande que la vitesse est plus élevée. **Elle correspond à la distance parcourue par le véhicule pendant une durée d'au moins deux secondes.** » (Article R412-12 du code de la route.)

PHYSIQUE-CHIMIE

DOCUMENT 4

Sur autoroute, les panneaux ci-dessous expliquent aux conducteurs comment respecter la distance de sécurité.
L'automobiliste doit veiller à ce que le véhicule qui le précède soit séparé de lui d'au moins deux traits blancs sur le côté droit de la route.

© Sécurité routière

Le schéma ci-dessous représente les traits blancs et donne leurs longueurs exprimées en mètres.

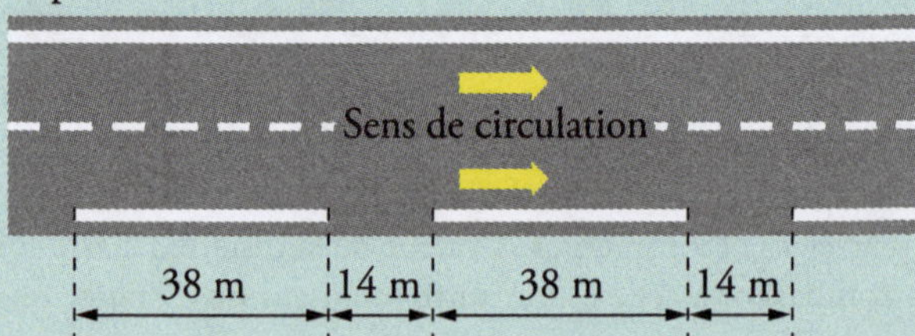

Sur autoroute et par temps sec, la vitesse des véhicules est limitée à 130 km/h.

Question : à l'aide de calculs simples, expliquer pourquoi, sur autoroute, la règle « un automobiliste doit veiller à ce que le véhicule qui le précède soit séparé de lui d'au moins deux traits blancs » permet d'avoir une distance de sécurité suffisante.

LES CLÉS DU SUJET

Comprendre les documents

- Le document 1 explique que la distance d'arrêt d'un véhicule lorsqu'il freine se décompose en distance de réaction et en distance de freinage.
- Le document 2 détaille les distances de réaction et de freinage, en fonction de la vitesse du véhicule.
- Le document 3 donne la définition de la distance de sécurité selon le code de la route.

• Le document 4 reproduit un panneau montrant une façon simple de déterminer la distance de sécurité entre deux voitures. Le schéma qui l'accompagne permet de calculer cette distance.

Répondre aux questions

▶ **1.** Le document 2 permet de calculer la distance d'arrêt demandée. Pour commenter cette distance, il est plus simple de calculer une autre distance d'arrêt d'après ce tableau et de la comparer avec celle d'une voiture allant à 30 km/h.

▶ **2.** Pour calculer l'énergie cinétique, utilise les vitesses en m/s du document 2. N'oublie pas qu'aucune énergie ne peut se « perdre » !

▶ **3.** Utilise les documents 3 et 4 pour faire tes calculs, sans perdre de vue que deux traits blancs correspondent bien à une distance.

CORRIGÉ 19

▶ **1.** La distance de réaction est $D_r = 8$ m.

La distance de freinage est $D_f = 6$ m.

La distance d'arrêt est donnée par $D_a = D_r + D_f = 8 + 6 = 14$ m.

La distance d'arrêt est donc de 14 mètres lorsqu'un véhicule roule à 30 km/h.

On peut calculer la distance d'arrêt d'un véhicule allant à 50 km/h, d'après le tableau, de la même façon. On trouve $D'_a = 30$ m. Si on compare D'_a avec D_a, on constate qu'une voiture allant à 50 km/h a besoin de plus du double de distance pour s'arrêter que si elle allait à 30 km/h, ce qui ferait courir bien plus de danger aux collégiens qui croiseraient sa route. Il est donc normal que la vitesse soit limitée à 30 km/h devant un collège plutôt qu'à 50 km/h.

▶ **2.** L'énergie cinétique d'un objet de masse m, allant à une vitesse V est $E_c = \frac{1}{2} \times m \times V^2$.

D'après le tableau, on peut écrire $V = 50$ km/h $= 14$ m/s.

D'où $E_c = \frac{1}{2} \times m \times V^2 = \frac{1}{2} \times 1\,000 \times (14)^2 = \boxed{9{,}8 \times 10^4 \text{ J}}$.

L'énergie cinétique acquise par ce véhicule diminue lorsque la vitesse diminue mais cette énergie ne peut pas disparaître, elle ne peut que se transformer en une autre forme d'énergie. Elle se transforme en énergie thermique (en chaleur) au niveau des freins.

▶ **3.** Un véhicule roule à la vitesse maximale autorisée, c'est-à-dire à $V = 130$ km/h = 36 m/s. La distance de sécurité doit correspondre à celle parcourue pendant $t = 2$ s. On calcule cette distance d pour une voiture allant à 130 km/h :

$d = V \times t = 36 \times 2 = \boxed{72\ \text{m}}$.

Or la distance correspondant à 2 traits est $d_{2T} = (2 \times 38) + 14 = \boxed{90\ \text{m}}$. On constate en effet qu'en allant à la vitesse maximale autorisée, le véhicule a besoin de 72 m pour s'arrêter mais dispose de 90 m. S'il roule à 2 traits de distance par rapport au véhicule qui le précède, il dispose d'une distance suffisante pour s'arrêter. Les 2 traits permettent donc une distance de sécurité suffisante entre deux véhicules roulant l'un derrière l'autre.

Sujet inédit

PHYSIQUE-CHIMIE • 25 points

Jouer du hockey sur une patinoire

Le 81e championnat du monde de hockey sur glace se disputera en France et en Allemagne en mai 2017 dans les villes de Cologne (Allemagne) et Paris. L'équipe de France de hockey sur glace est constituée des meilleurs joueurs français de hockey sur glace. Elle pointe à la 12e position du classement international.

DOCUMENT 1 **Découvrir les règles du jeu et l'équipement**

Le hockey sur glace est un sport qui se pratique à six contre six, avec un gardien et cinq joueurs de champ par équipe.

L'objectif du jeu est de marquer un maximum de buts en envoyant un disque en caoutchouc appelé palet (ou rondelle), dans le but adverse. Pour manipuler le palet, les joueurs utilisent une crosse de hockey. Le palet est un disque en caoutchouc vulcanisé, c'est à dire chauffé avec du soufre pour le rendre plus élastique. Il pèse entre 156 et 170 grammes.

Le hockey sur glace est le seul sport où les joueurs peuvent se déplacer derrière les buts ! Le terrain de jeu, appelé patinoire, mesure 60 mètres de long sur 30 mètres de large. Il est entouré par des balustrades atteignant parfois 3 mètres de hauteur.

Source : hockeyfrance.com

DOCUMENT 2 **La patinoire et la formation de la glace**

Une patinoire est une surface d'eau gelée (glace), ou couverte d'un matériau synthétique, sur laquelle on peut faire du patinage ou du hockey sur glace. La patinoire classique est dotée d'un « groupe de production de froid », d'un réseau constituant le « tapis glacier », d'un ballon et de pompes de circulation. Le matériau liquide parcourant le tapis glacier est souvent composé d'eau et de glycol (un liquide permettant à l'eau d'être refroidie jusqu'à – 12 °C). Ce liquide est refroidi dans le groupe de production du froid et circule en boucle fermée dans le tapis glacier. À l'aide d'une lance à eau, on pulvérise la première couche d'eau sur les tuyaux du tapis glacier : l'eau cristallise instantanément. L'opération est répétée plusieurs fois et, peu à peu, la couche de glace se forme. L'épaisseur idéale d'une piste de glace se situe entre 6 et 8 cm. Le « groupe de production de froid », quant à lui, contient en général de l'ammoniac liquide sous pression qui passe dans un « évaporateur » où il change d'état et absorbe une très grande quantité de chaleur au liquide circulant dans le tapis glacier.

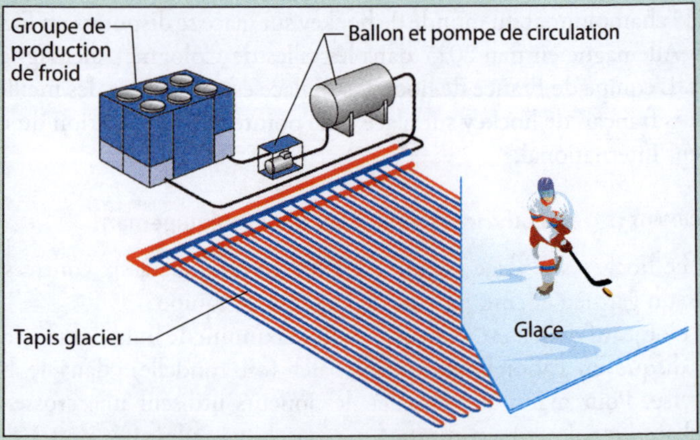

▶ **1.** Donner l'expression de l'énergie cinétique E_C d'un objet de masse m qui se déplace à la vitesse v et préciser les unités de ces trois grandeurs.

▶ **2.** La vitesse du palet peut atteindre des valeurs très grandes. Au cours d'un match, on mesure une vitesse v de 156 km/h.

a) Donner cette vitesse en m/s.

b) Combien de temps le palet mettra-t-il pour parcourir toute la longueur de la patinoire ? On considère que la vitesse reste constante sur la glace pendant tout le parcours.

▶ **3.** Calculer l'énergie cinétique d'un palet de 170 g qui se déplace à la vitesse v donnée dans la question précédente.

▶ **4.** Un objet de masse m (en kg) placé à une hauteur h (en m) par rapport au sol possède une énergie que l'on appelle l'énergie potentielle de pesanteur E_P (en J). L'expression de cette énergie est donnée par :

$$E_P = m \times g \times h.$$

Où g désigne la constante de gravité sur Terre : $g = 9{,}81$ N/kg.

On cherche à comparer l'énergie cinétique du palet avec d'autres formes et d'autres valeurs d'énergies.

a) Calculer l'énergie potentielle de pesanteur d'une pierre de 1 kg lorsqu'elle tombe d'une hauteur de 10 mètres.
b) Comparer cette énergie avec l'énergie cinétique du palet et dire pourquoi la patinoire citée dans le document 1 est entourée par des balustrades.

▶ **5. a)** Quelle est la température de congélation de l'eau ?
b) D'après le document 2, le liquide qui parcourt le tapis glacier contient de l'eau. Expliquer comment il peut être encore liquide à –12 °C.
c) D'après le document 2, « l'eau cristallise » au contact des tuyaux du tapis glacier. De quel changement d'état s'agit-il ? Donner son nom.

▶ **6. a)** Quelle est la différence entre un changement d'état et une transformation chimique ?
b) En vous aidant de la réponse à la question précédente, indiquer si l'ammoniac du groupe de production de froid subit un changement d'état ou une transformation chimique. Nommer ce changement ou cette transformation en justifiant votre réponse.
c) Expliquer, à l'aide du document 2 et du schéma, comment le liquide à l'intérieur du tapis glacier est refroidi.

PHYSIQUE-CHIMIE

LES CLÉS DU SUJET

■ Comprendre les documents

- Le document 1 présente des généralités sur l'équipement et les règles du jeu.
- Le document 2 donne des informations sur le fonctionnement du groupe de production de froid et les liquides utilisés.

■ Répondre aux questions

▶ **2. a)** Aucune justification ne t'est demandée. Tu dois donc simplement appliquer les conversions étudiées en classe.
▶ **4. a)** et **b)** On te demande de comparer les valeurs de E_C et E_P. Elles seront donc à priori soit très semblables, soit assez différentes. N'oublie pas de conclure.
▶ **6.** Fais appel à tes connaissances, et relis bien le document 2.
c) Rappelle-toi que pour s'évaporer, un liquide doit absorber de la chaleur.

CORRIGÉ 20

▶ **1.** L'énergie cinétique est donnée par $E_C = \frac{1}{2} \times m \times v^2$.

▶ **2. a)** $v = \frac{156}{3,6} = 43,3$ m/s.

b) La patinoire fait 60 m de long. $v = \frac{d}{t} \Leftrightarrow t = \frac{d}{v}$, donc $t = \frac{60}{43,3} = 1,4$ s.

▶ **3.** $E_C = \frac{1}{2} \times m \times v^2 = \frac{1}{2} \times 0,170 \times 43,3^2 = 159$ J.

> **Conseil**
> Pour calculer E_C, il faut prendre la valeur de v en m/s et la masse m en kg.

▶ **4. a)** $E_P = m \times g \times h = 1 \times 9,81 \times 10 = 98,1$ J.

b) On constate qu'une pierre de 1 kg qui tombe de 10 m de hauteur possède moins d'énergie que le palet qui est bien moins lourd mais qui se déplace à une vitesse extrêmement élevée. Le palet peut donc représenter un danger pour le public. C'est pourquoi des balustrades très hautes séparent les joueurs du public.

▶ **5. a)** La température de solidification de l'eau pure est 0 °C.

b) Le liquide du tapis glacier contient certes de l'eau mais aussi du glycol. L'eau n'est donc pas pure dans ce circuit et sa température de solidification n'est plus de 0 °C comme celle de l'eau pure. Ce liquide peut donc être encore à l'état liquide à –12 °C contrairement à l'eau pure qui aurait été solide à cette température.

> **Remarque**
> Le terme « liquide » ne contient pas la notion de pureté. Il faut être vigilant lors de la lecture des documents car trois liquides interviennent dans le fonctionnement de la patinoire.

c) Il s'agit de la solidification de l'eau.

▶ **6. a)** Lors d'un changement d'état, une espèce chimique ou un mélange passe d'un état à un autre sans se transformer : ses molécules restent intactes. Tandis que lors d'une transformation chimique, les molécules des réactifs sont détruites et de nouvelles molécules apparaissent.

b) L'ammoniac subit un changement d'état car il passe de l'état liquide à l'état gazeux sans que ses molécules changent. C'est une évaporation.

c) D'après le document 2, ce liquide traverse le groupe de production du froid par l'action de la pompe de circulation après s'être réchauffé au contact de la surface du patinage. C'est dans ce groupe que le liquide entre en contact avec l'ammoniac liquide qui absorbe la chaleur du liquide du tapis glacier pour le refroidir. L'ammoniac quant à lui, s'évapore car il a absorbé de la chaleur.

SUJET 21

Amérique du Nord • Juin 2017

PHYSIQUE-CHIMIE • 25 points

L'aspirine

L'acide acétylsalicylique est plus connu sous le nom d'aspirine. C'est la substance active de nombreux médicaments utilisés dans les traitements de la douleur (antalgique), de la fièvre (antipyrétique) et des inflammations (anti-inflammatoire). En France, plus de 200 médicaments commercialisés contiennent de l'aspirine.

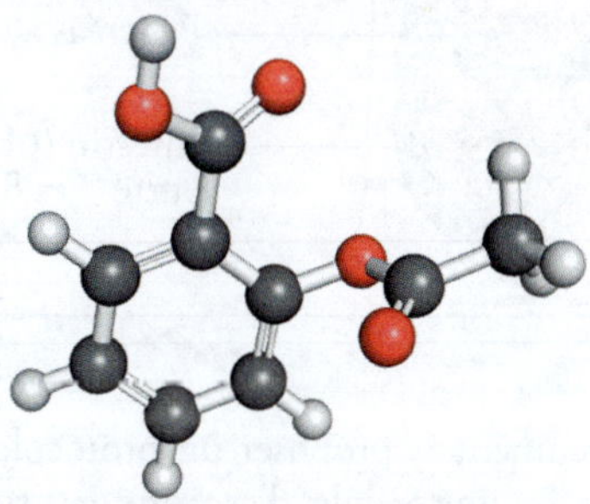

Formule de l'aspirine : $C_9H_8O_4$

▶ **1.** Indiquer le nombre d'atomes d'oxygène présents dans la molécule d'aspirine.

▶ **2.** Pour certains traitements médicaux particuliers, le médecin prescrit des gélules d'aspirine gastrorésistantes afin que l'absorption de la substance active se fasse au niveau de l'intestin plutôt qu'au niveau de l'estomac. Comme leur nom l'indique, les gélules gastrorésistantes résistent à l'acidité de l'estomac, dite acidité gastrique, grâce à la pellicule spécifique dont elles sont enrobées.

DOCUMENT 1 **Système digestif**

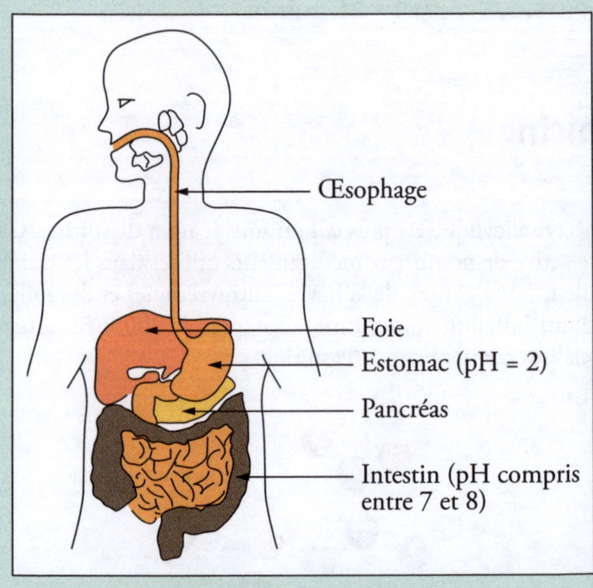

En exploitant le document 1, proposer un protocole expérimental permettant de prouver qu'une gélule d'aspirine gastrorésistante résiste à l'acidité gastrique. On pourra formuler la réponse sous forme de texte et/ou de schémas.

▶ **3.** En cas de fièvre, il est recommandé d'ingérer 500 mg d'aspirine, sous la forme d'un comprimé à dissoudre au préalable dans un grand verre d'eau.
Exploiter le document 2 afin de déterminer le volume d'eau minimal nécessaire à la dissolution du comprimé. Commenter le résultat.
On rappelle que la dissolution est le processus par lequel une substance solide ou gazeuse mise au contact d'un liquide passe en solution. Par exemple, la dissolution du sel dans l'eau permet d'obtenir de l'eau salée.

DOCUMENT 2 **Solubilité de l'aspirine**

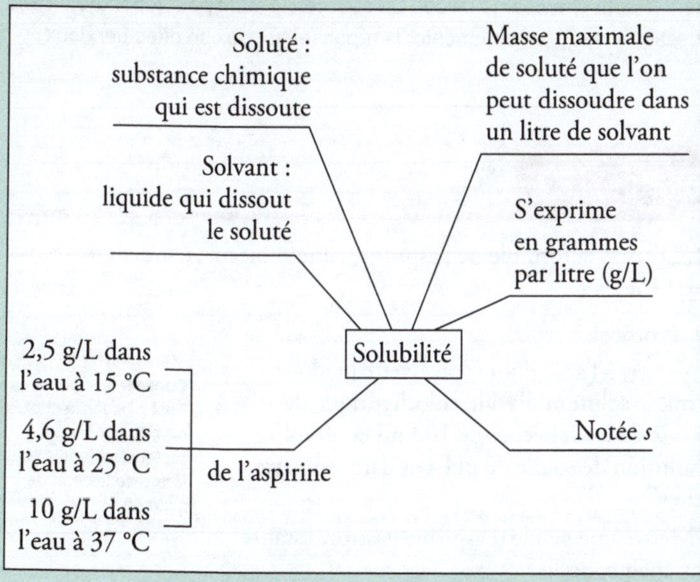

LES CLÉS DU SUJET

Comprendre les documents

- L'introduction donne la molécule active de l'aspirine, l'acide acétylsalicylique et sa formule.
- Le **document 1** présente le système digestif et indique le pH des différentes parties de ce système.
- Le **document 2** donne des indications sur les étapes de la mise en solution et la solubilité de l'aspirine. : la masse de l'aspirine qui peut être dissoute dans 1 L d'eau à des températures différentes.

Répondre aux questions

▶ **1.** Utilise la formule de l'aspirine.

▶ **2.** Relis la question pour bien cerner ce qu'est une gélule « gastrorésistante » et recherche dans le **document 1** les indications sur l'acidité des différentes parties du système digestif. Relie ces informations pour élaborer un protocole expérimental.

▶ **3.** Utilise les définitions et les valeurs de la solubilité en g/L du **document 2** pour effectuer le calcul. Un seul calcul suffit pour répondre à cette question mais, pour commenter la réponse, tu peux en effectuer deux.

CORRIGÉ 21

▶ **1.** D'après la formule de l'aspirine, cette molécule contient 4 atomes d'oxygène.

▶ **2.** Protocole :

❶ Verser, à l'aide d'une éprouvette graduée, 50 ml de solution d'acide chlorhydrique de pH = 2 dans un bécher de 100 ml et 50 ml de solution de soude de pH = 8 dans un autre bécher.

❷ Mettre une gélule d'aspirine gastrorésistante dans chaque bécher.

❸ Mélanger à l'aide d'un agitateur en verre.

Conseil
Il est plus facile et plus clair de donner un protocole à la fois sous forme de texte et de schéma.

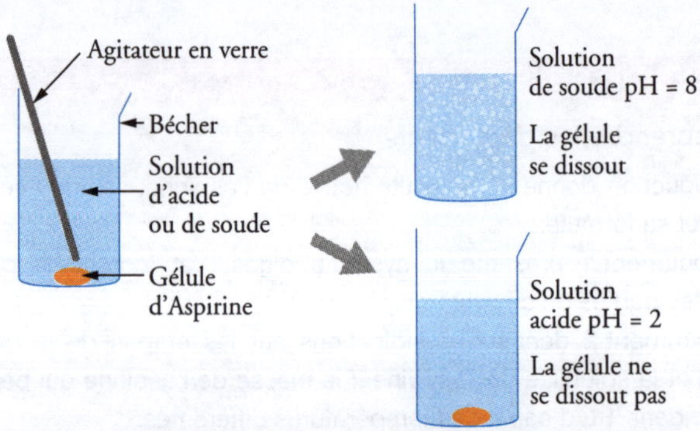

Schéma de la mise en solution de la gélule d'aspirine et le résultat après le mélange

On doit constater que la gélule ne se dissout pas dans la solution d'acide chlorhydrique de pH = 2, ce qui montre qu'elle résiste à l'acidité gastrique.

▶ **3.** Le volume minimal d'eau pour dissoudre $m = 500$ mg d'aspirine s'obtient par la formule de la solubilité : $s = \frac{m}{v}$. Trois solubilités sont données, on peut effectuer deux calculs par exemple.

Dans l'eau à 15 °C on donne $s_1 = 2{,}5$ g/L, donc :

$$V_1 = \frac{m}{s_1} = \frac{0{,}500}{2{,}5} = 0{,}20 \text{ L.}$$

Remarque
N'oublie pas de convertir $m = 500$ mg en g.

Dans l'eau à 37 °C on donne $s_2 = 10$ g/L, donc :

$$V_2 = \frac{m}{s_2} = \frac{0{,}500}{10} = 0{,}050 \text{ L.}$$

Le volume d'eau minimal nécessaire à la dissolution est 50 mL d'eau à 37 °C.

On remarque qu'il faut plus d'eau froide (200 ml correspondent à un grand verre) pour dissoudre la gélule que d'eau chaude (50 ml $= \frac{200}{4}$ correspond à $\frac{1}{4}$ du même verre). La solubilité augment donc avec la température du solvant.

PHYSIQUE-CHIMIE

SUJET
22
Sujet inédit
PHYSIQUE-CHIMIE • 25 points

La structure de l'univers

En 5 ans de mission, le télescope spatial Kepler a découvert quelque 900 planètes potentielles en scrutant des milliers d'étoiles. Mais la découverte d'une nouvelle exoplanète pourrait représenter un pas majeur pour les astronomes. Nommée Kepler-186f, elle se trouve dans la constellation du Cygne à environ 500 années-lumière de nous. Sa particularité ? Elle présenterait une taille similaire à celle de la Terre et serait située dans la zone habitable de son étoile.

DOCUMENT 1 **Les étoiles et les galaxies**

Dans l'Univers, les galaxies sont regroupées en paquets par dizaines (voire bien plus), constituant ce qu'on appelle des « amas de galaxies ». Ces amas sont eux-mêmes reliés par un réseau de filaments qui, lorsqu'ils se rencontrent, forment des « superamas » : les plus grandes structures de l'Univers. Ces ensembles vertigineux contiennent la quasi-totalité de la matière : celle qui forme les atomes constituant les planètes et les étoiles, mais également la très mystérieuse matière noire…

Notre superamas, baptisé Laniakea, un terme hawaïen qui signifie « horizon céleste immense », contient environ 100 000 grosses galaxies et près d'un million plus petites.

Source : sciencesetavenir.fr

DOCUMENT 2 **La gravité de surface sur Kepler-186f**

La détection de Kepler-186f, une exoplanète pratiquement de la taille de la Terre, est un pas de plus vers la découverte d'une exoplanète semblable à la Terre. La prochaine étape, ce sera de connaître sa masse, la composition de son atmosphère et la température de sa surface. La gravité de la planète dépend de sa masse, l'existence de l'atmosphère dépend lui du champ magnétique de la planète.

Dans l'état actuel de nos connaissances, Kepler-186f serait une planète rocheuse avec une gravité de surface comparable à celle de la Terre, de l'ordre donc de $g_K = 10$ N/kg ce qui rendrait les mouvements possibles et agréables. À titre de rappel, la gravité sur notre Lune ($g_L = 1{,}6$ N/kg) rendait les mouvements très lents et les travaux d'installation difficiles à nos astronautes.

▶ **1.** Cocher la ou les bonnes réponses à l'aide de vos connaissances et des deux documents.

a) Comment se groupent les amas de galaxies ?
- ❑ en galaxies
- ❑ en millions d'étoiles
- ❑ en superamas de galaxies

b) De quoi sont constituées les planètes et étoiles ?
- ❑ de matière noire
- ❑ de noyau d'atomes
- ❑ d'atomes

c) Quels sont les constituants de l'atome ?
- ❑ les nucléons
- ❑ un noyau et des électrons
- ❑ des nucléons et des électrons

d) L'atome de carbone contient 6 électrons. Son noyau est constitué de :
- ❑ 3 protons et 3 neutrons
- ❑ 6 protons et 6 neutrons
- ❑ 6 nucléons

e) La gravité à la surface d'une planète dépend :
- ❑ de sa masse
- ❑ de l'existence de l'atmosphère
- ❑ du champ magnétique

▶ **2.** Kepler-186 se trouve à environ 500 années-lumière de nous. L'année-lumière est la distance parcourue par la lumière en une année.

a) Combien d'années met la lumière de l'étoile Kepler-186 pour nous parvenir ?

b) Démontrez par calcul qu'une année-lumière fait $9{,}5 \times 10^{12}$ km, sachant qu'une année contient 365 jours et que la vitesse de la lumière est $c = 300\,000$ km/s.

c) Donner la distance qui nous sépare de Kepler-186 en km.

PHYSIQUE-CHIMIE

▶ **3.** À l'aide du document 2, comparons les poids sur la planète Kepler-186f et sur la Lune d'un astronaute de masse $m = 70$ kg.

a) Calculer le poids de l'astronaute sur Kepler-186f.

b) Calculer son poids sur la Lune et comparer au poids sur Kepler-186f.

c) Un astronaute « flotte » sans toucher le sol dans la station spatiale en orbite autour de la Terre. Comment qualifie-t-on cet état où l'astronaute ne sent pas son poids ?

LES CLÉS DU SUJET

Comprendre les documents

• Le document 1 décrit la structure des amas et superamas de galaxies et donne la constitution de la matière de ces structures géantes.

• Le document 2 nous informe sur les propriétés des planètes : masse, température, gravité à la surface. C'est dans ce document que tu trouveras les constantes de gravité qui te permettront de calculer les poids.

Répondre aux questions

▶ **1.** Relis le document 1 et le début du 2. En ce qui concerne l'atome, il s'agit de questions de cours que tu dois bien connaître.

▶ **2. a)** Aucun calcul n'est nécessaire pour répondre à cette question. Lis bien la définition de l'année-lumière qui est donnée.

b) Utilise la définition de l'année-lumière et la formule qui lie la vitesse à la distance et au temps pour convertir une année-lumière en kilomètres.

▶ **3. a)** et **b)** Applique la relation entre le poids et la masse pour ces calculs.

c) Que se passe-t-il lorsqu'il n'y a pas de pesanteur ?

CORRIGÉ 22

▶ **1. a)** Les galaxies se groupent en superamas de galaxies.

b) Les planètes et étoiles sont constitués d'atomes.

c) L'atome est constitué d'un noyau et d'électrons mais aussi de nucléons et d'électrons car le noyau est constitué de nucléons.

d) Le noyau de carbone contient 6 protons et 6 neutrons.

e) La gravité sur une planète dépend de sa masse (voir document 2).

▶ **2. a)** La lumière de cette étoile met 500 années à nous parvenir.

b) La vitesse de la lumière c, la distance $d = 1$ al et le temps $t = 1$ an sont liés par $c = \frac{d}{t}$ avec $c = 300\,000$ km/s et $t = 1$ an $= 365$ jours $= 365 \times 24$ h $= 365 \times 24 \times 3\,600$ s.

D'où $t = 31\,536\,000$ s $= 3{,}2 \times 10^7$ s.

D'autre part $d = 1$ al $= c \times t = 300\,000 \times 3{,}2 \times 10^7 = 9{,}5 \times 10^{12}$ km.

Conseil
Il s'agit d'une conversion, certes, mais il faut faire un calcul. Utilise la formule $v = \frac{d}{t}$ et sois rigoureux. N'oublie pas non plus de convertir une année en secondes.

c) La distance qui nous sépare de Kepler-186 est $d = 500$ al, ce qui donne :
$d = 500 \times 9{,}5 \times 10^{12} = 4{,}7 \times 10^{15}$ km.

▶ **3. a)** Le poids est donnée par la relation $P = m \times g$.
Sur Kepler-186f : $P_K = m \times g_K = 70 \times 10 = 700$ N.

b) Sur la Lune : $P_L = m \times g_L = 70 \times 1{,}6 = 112$ N.

Le poids sur la Lune est en effet environ 7 fois plus faible que sur Kepler-186f.

Remarque
La masse reste inchangée sur tous les astres, elle vaut ici $m = 70$ kg.

c) Dans la station spatiale l'astronaute est en impesanteur.

PHYSIQUE-CHIMIE

SUJET
23

Sujet inédit

PHYSIQUE-CHIMIE • 25 points

La composition du lait maternel

DOCUMENT 1 **L'acidité du lait maternel**

Le lait contient une espèce chimique aux propriétés acides qui est l'acide lactique de formule chimique $C_3H_6O_3$. Chez certaines femmes, en fonction de leur alimentation, l'acide lactique est présent en quantité telle que le pH du lait est égal à 6,0 ce qui en fait un lait impropre à la consommation pour les bébés.

DOCUMENT 2 **La conservation du lait maternel**

Dans de bonnes conditions de congélation, et si la chaîne du froid est bien respectée, le lait humain peut être conservé jusqu'à six mois. Il faut respecter quelques précautions :
– congeler de petites doses dans des cubes de glaçon ou des sachets spéciaux ;
– ne jamais recongeler ;
– contrôler souvent la température à l'intérieur du congélateur.

▶ **1.** Donner la composition de la molécule d'acide lactique.

▶ **2.** Compléter le tableau suivant avec les mots « acide », « neutre » et « basique » :

Valeurs du pH	pH < 7	pH = 7	pH > 7
Solution			

▶ **3.** Trouve-t-on plus d'ions hydrogène H^+ ou d'ions hydroxyde HO^- dans le lait maternel ?

▶ **4.** Quel est le nom du changement d'état qui s'opère dans le congélateur ? La masse et le volume des cubes de lait maternel ont-ils varié ?

▶ **5.** Sachant que la température du lait varie au cours de la congélation, indiquer si le lait est un corps pur ou un mélange.

▶ **6.** La masse volumique ρ du lait maternel est égale à 1 030 g/L. Calculer la masse *m* de lait contenue dans un biberon de volume égal à 180 mL.

LES CLÉS DU SUJET

■ Comprendre les documents

- Le document 1 présente la molécule d'acide lactique. On donne sa formule chimique ainsi que la valeur du pH du lait maternel lorsqu'il contient trop d'acide lactique.
- Le document 2 donne les règles de conservation du lait maternel.

■ Répondre aux questions

▶ **3.** Le document 1 t'aidera à trouver le pH du lait maternel.

▶ **4.** Utilise les lois de conservation au cours d'un changement d'état.

▶ **6.** Pense à convertir le volume en litres.

PHYSIQUE-CHIMIE

CORRIGÉ 23

▶ **1.** L'acide lactique est composé de 3 atomes de carbone, 6 atomes d'hydrogène et 3 atomes d'oxygène.

▶ **2.**

Valeurs du pH	pH < 7	pH = 7	pH > 7
Solution	acide	neutre	basique

▶ **3.** D'après le document 1, le lait maternel contient de l'acide lactique, c'est une solution acide (pH < 7), donc il contient davantage d'ions hydrogène que d'ions hydroxyde.

▶ **4.** Lors de la congélation, le lait subit une solidification. La masse de lait maternel ne change pas (le nombre de molécules n'est pas modifié), mais le volume varie (l'organisation des molécules change).

▶ **5.** Le lait est un mélange, ou bien il y aurait eu un palier de température lors du changement d'état.

▶ **6.** Calcul de la masse *m* d'un volume $V = 180$ mL de lait maternel :

$m = \rho \times V = 1030 \times 0{,}180 = 185$ g.

Méthode
Dans la formule, la masse est en grammes (g), le volume est en litres (L) et la masse volumique est en grammes par litre (g/L).

SUJET 24

Sujet inédit

PHYSIQUE-CHIMIE • 25 points

Les solutions acides et basiques

DOCUMENT 1 **Un médicament contre les brûlures d'estomac**

Les brûlures d'estomac sont provoquées par le reflux gastro-œsophagien : des remontées d'acide chlorhydrique depuis l'estomac vers l'œsophage. Le bicarbonate de soude (également dit bicarbonate de sodium) neutralise l'acide chlorhydrique en le transformant en chlorure de sodium. Le soulagement est immédiat et dure une trentaine de minutes environ. Petit inconvénient de la réaction : elle produit également du gaz carbonique : CO_2.

Source : www.e-sante.fr

DOCUMENT 2 **Trois médicaments contre la douleur**

L'ibuprofène, ou acide alpha-méthyl propanoique, fait partie des médicaments dits anti-inflammatoires non stéroïdiens. Son mode d'action passe par le blocage de certaines enzymes, les cyclo-oxygénases, ce qui entraîne les propriétés anti-douleur et une diminution de la fièvre. C'est également l'effet de l'aspirine (de son nom pharmaceutique : acide acétylsalicylique).

Le paracétamol ou N-(4-hydroxyphényl) éthanamide est le principe actif d'une famille de médicaments antipyrétiques (traitement de la fièvre) et analgésiques (traitement de la douleur).

Source : d'après www.doctissimo.fr

▶ **1. a)** Définir ce qu'est le pH d'une solution.

b) Les trois enzymes du document 2 de la partie SVT ont une activité optimale dans des milieux de pH différents. Dire pour chacune de ces enzymes si ce milieu est acide, neutre ou basique. Justifier.

c) Le pH d'un verre de boisson à base de jus de citron est 4. Son pH sera-t-il plus grand ou plus petit que 4 si on y ajoute de l'eau ? Justifier.

d) Le pH d'un vinaigre est de 3. Un jus d'agrumes a un pH égal à 4. Laquelle de ces deux solutions possède le plus d'ions H^+ ? Pourquoi ?

▶ **2.** Une personne souffrant de fréquentes brûlures à l'estomac veut calmer un mal de tête. Elle dispose de cachets d'ibuprofène, d'aspirine et de paracétamol. Le ou lesquels de ces trois médicaments peut-elle prendre sans risquer de déclencher des brûlures dans son estomac ? Justifier la réponse.

▶ **3.** Le document 1 mentionne que le bicarbonate de sodium « neutralise » l'acide chlorhydrique.

a) De quel type de réaction s'agit-il ?

b) Écrire en toutes lettres l'équation de la réaction entre l'acide chlorhydrique et le bicarbonate de sodium sachant qu'il se forme de l'eau en plus des produits cités dans le document 1.

c) L'expression « neutraliser » est-elle bien employée ici ? Justifier.

LES CLÉS DU SUJET

■ Comprendre les documents

- Le document 1 informe sur la réaction chimique qui a lieu lors de la prise d'un remède contre les brûlures d'estomac.
- Le document 2 donne des informations sur trois médicaments contre la douleur.

■ Répondre aux questions

▶ **1.** Pour répondre à cette question tu dois bien connaître l'échelle des pH. Rappelle-toi aussi le rapport entre l'acidité et le taux des ions H^+.

▶ **2.** Les informations utiles se trouvent dans le document 2.

▶ **3.** Les réponses aux trois questions résident dans les propriétés du bicarbonate de sodium et du chlorure de sodium (le sel).

CORRIGÉ 24

▶ **1. a)** Le pH est un nombre sans unité donnant l'acidité et/ou la basicité d'une solution. L'échelle des pH s'étend de 0 à 14.

b) Pour la pepsine, le milieu est acide car son pH est inférieur à 7 comme toutes les solutions acides dont le pH s'étend de 0 à 7 (7 non inclus).

Pour l'amylase le milieu est neutre car son pH est 7. Cette valeur de pH correspond aux solutions neutres comme l'eau pure.
La trypsine est active en milieu basique car son pH est supérieur à 7 comme toutes les solutions basiques dont le pH s'étend d'un peu plus de 7 à 14.

c) Cette boisson est acide. En y ajoutant de l'eau (neutre), on la dilue et on la rend moins acide, ce qui augmentera son pH. Le pH de la boisson sera donc plus grand que 4.

d) Le vinaigre est plus acide que le jus d'agrumes car son pH est inférieur à celui du jus de fruit ($3 < 4$) et plus le pH est faible, plus la solution est acide. D'autre part, plus une solution est acide et plus elle contient des ions H^+. Nous pouvons en déduire que le vinaigre possède plus d'ions H^+ que le jus de citron.

▶ **2.** L'ibuprofène et l'aspirine sont des acides comme leurs noms pharmaceutiques l'indiquent. Par contre, le paracétamol ne contient pas l'indication « acide ». Une personne qui souffre de brûlures d'estomac ne doit pas ajouter à l'acidité de son milieu gastrique et ne doit pas prendre un médicament acide. Elle doit donc prendre le paracétamol pour calmer ses maux de tête.

Remarque
Le nom d'une espèce chimique peut donner beaucoup d'informations sur celle-ci.

▶ **3. a)** La réaction chimique entre le bicarbonate de soude et l'acide chlorhydrique est une réaction acido-basique.

b) L'équation de cette réaction chimique est :

acide chlorhydrique + bicarbonate de sodium
→ dioxyde de carbone + eau + chlorure de sodium

Conseil
Souligne dans le document 1 les réactifs et les produits de la réaction, sans oublier l'eau.

c) Les produits de la réaction entre l'acide chlorhydrique et le bicarbonate de sodium ne contiennent pas d'acide ni de base (CO_2, eau et chlorure de sodium). On peut donc dire que le bicarbonate de soude neutralise l'acide si sa quantité suffit à transformer tous les ions H^+ apportés par l'acide chlorhydrique.

SUJET

25

Sujet inédit

PHYSIQUE-CHIMIE • 25 points

Les constituants de la prothèse Cheetah

L'athlète sud-africain Oscar Pistorius est le premier amputé des membres inférieurs à participer en 2012 aux Jeux olympiques en compagnie d'athlètes non handicapés.

Pour cela, Oscar Pistorius utilise des prothèses Cheetah (nom inspiré de l'animal le plus rapide de la planète : le guépard) développées par la société islandaise Össur.

DOCUMENT 1 Les performances d'Oscar Pistorius

Troisième au 100 mètres aux Jeux paralympiques de 2004, Oscar Pistorius remporte la finale du 200 mètres, avec un temps de 21 s 97. Ses prothèses d'un coût supérieur à 20 000 € lui font perdre du temps lors du départ. Il a aussi des difficultés à négocier les virages.

DOCUMENT 2 Les Cheetah

Les *Cheetah* sont constitués de feuilles de fibre de carbone imprégnées de résine et collées les unes aux autres (30 à 90 feuilles selon la corpulence du porteur). Le tout est ensuite pressé contre le moule d'une jambe afin d'en épouser la silhouette. La prothèse est ensuite chauffée pour faire fondre la résine, celle-ci permettant d'évacuer les bulles d'air, cause de cassures.

Source : www.sciencesetavenir.fr

DOCUMENT 3 **Les fibres de carbone**

Les fibres de carbone sont constituées essentiellement d'atomes de carbone C. Avec un diamètre compris entre 5 et 7 micromètres et une masse volumique de l'ordre de 1,8 g/cm^3, ces fibres sont groupées sous forme de fils contenant de 1 000 à 48 000 fibres ou plus. Ce matériau est caractérisé par sa faible densité (1,7 à 1,9), sa résistance élevée à la traction et à la compression, sa flexibilité, sa bonne conductivité électrique et thermique, sa tenue en température et son inertie chimique. Plus solide que l'acier, plus léger que l'aluminium, ces fibres ne rouillent donc pas comme le fer et résistent à la chaleur.

DOCUMENT 4 **L'acier et l'aluminium**

La rouille (hématite Fe_2O_3) de couleur brun-rouge est produite par la corrosion du fer ou des matériaux contenant du fer comme l'acier. L'acier a une masse volumique $\rho_{acier} = 7{,}8$ g/cm^3 tandis que l'aluminium a une masse volumique $\rho_{Al} = 2{,}7$ g/cm^3.

▶ **1.** Calculer la vitesse d'Oscar Pistorius lors des Jeux paralympiques de 2004 en m/s et en km/h.

▶ **2.** Dans le document 3, il est dit que les fibres de carbone sont plus légères que l'aluminium. Démontrer cette affirmation à l'aide des documents 3 et 4.

▶ **3. a)** Donner les noms des deux constituants d'un noyau atomique.
b) Le fer $_{26}$Fe contient 56 nucléons. Donner le nombre des constituants du noyau ainsi que le nombre des électrons de l'atome de fer. Justifier.
c) La rouille résulte de la réaction chimique entre le fer et l'un des composants de l'air, lequel ?

▶ **4.** On considère que les différentes parties de la prothèse Cheetah nécessitent environ 300 cm^3 de fibres de carbone.
a) Calculer la masse d'une prothèse en fibres de carbone.
b) Calculer la masse de cette prothèse si elle était en acier. Donner la réponse en kg, comparer les masses trouvées dans la question **4.** et conclure sur la raison de l'utilisation des fibres de carbone dans les prothèses Cheetah.

LES CLÉS DU SUJET

Comprendre les documents

• Les quatre documents contiennent des données numériques qu'il faut utiliser dans les différentes questions. Mais attention, toutes ces données ne seront pas exploitées pour effectuer des calculs.

• Le document 1 donne les chiffres de la performance de Oscar Pistorius aux Jeux paralympiques de 2004. Le document 2 contient des généralités sur la prothèse, le document 3, donne surtout des informations sur les fibres de carbone. Le document 4 servira à comparer ces fibres avec deux métaux.

Répondre aux questions

▶ **2.** Relis attentivement le document 4 car c'est celui qui contient l'information dont tu as besoin.

▶ **3. a)** et **b)** Cette question porte sur le cours sur les atomes et leurs constituants que tu dois bien connaître.

c) Le document 4 te donne une indication, mais c'est une information que tu doit connaître.

▶ **4.** Utilise les données numériques des documents 3 et 4 pour ces calculs.

CORRIGÉ 25

▶ **1.** La vitesse v est donnée par $v = \frac{d}{t}$,
avec $d = 200$ m et $t = 21{,}97$ s. On a donc :
$v = \frac{d}{t} = \frac{200}{21{,}97} = 9{,}10$ m/s.

On convertit en km/h : $v = 9{,}10 \times 3{,}6 = 33$ km/h.

Conseil
Écris correctement la durée du parcours pour faire le calcul.

▶ **2.** Ces deux documents nous donnent les masses volumiques de l'aluminium $\rho_{Al} = 2{,}7$ g/cm^3 et des fibres de carbone $\rho_{fibres} = 1{,}8$ g/cm^3. En comparant ces deux grandeurs physiques on constate qu'un cm^3 d'aluminium a une masse de 2,7 g qui est bien plus élevée que le même volume de fibres de carbone réunies qui ne pèsent que 1,8 g. L'affirmation du texte est donc exacte, le même volume de fibres de carbone est plus léger que l'aluminium, un métal pourtant très léger.

▶ **3. a)** Le noyau atomique est constitué de protons et de neutrons.

b) Pour le fer, $Z = 26$, le noyau de fer contient donc 26 protons.

Le nombre N des neutrons est donné par $N = 56 - 26 = 30$ neutrons.

L'atome est neutre, il contient donc autant d'électrons (de charge négative) que de protons (de charge positive). Le nombre d'électrons est donc 26.

c) L'air est constitué de dioxygène et de diazote. Le fer réagit avec le dioxygène lorsqu'il rouille. Cette transformation s'appelle l'oxydation du fer.

▶ **4. a)** La masse volumique est donnée par la relation $\rho = \frac{m}{V}$ où m est la masse et V le volume.

Nous pouvons écrire $\rho_{fibres} = \frac{m_{fibres}}{V}$, d'où :

$m_{fibres} = \rho_{fibres} \times V = 1{,}8 \times 300 = 540$ g.

La masse de la prothèse est donc 540 g.

Remarque
Il faut calculer deux masses différentes dans cet exercice pour le même volume $V = 300$ cm^3. Donne des noms différents à ces masses.

b) On utilise la même formule $\rho_{acier} = \frac{m_{acier}}{V}$, d'où :

$m_{acier} = \rho_{acier} \times V = 7{,}8 \times 300 = 2\,340$ g $= 2{,}34$ kg.

En comparant les valeurs de m_{fibres} et m_{acier}, on constate en effet que la prothèse en fibres de carbone est bien plus légère que si on la construisait en acier. Ces fibres offrent d'autres qualités, d'après le document 3, qui les rendent tout à fait comparables aux métaux du point de vue de la dureté mais pour une masse bien plus faible et donc plus faciles à utiliser.

Nouvelle-Calédonie • Décembre 2017

PHYSIQUE-CHIMIE • 25 points

L'électrocardiogramme

L'électrocardiogramme (ECG) est un examen indolore pratiqué dans le cadre du dépistage ou du diagnostic de différentes cardiopathies (maladies du cœur). Lors de cet examen, des électrodes sont posées sur la poitrine, les poignets et les chevilles. Elles permettent d'enregistrer l'activité électrique du cœur.

Voici l'enregistrement de l'activité électrique du cœur d'un patient :

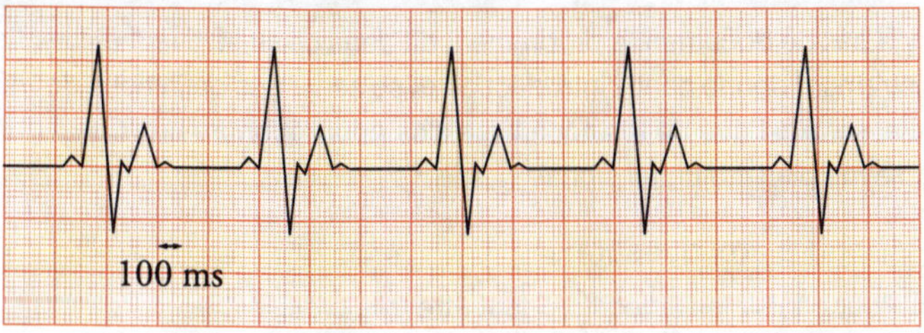

▶ **1.** Choisir parmi les adjectifs suivants ceux qui correspondent à ce signal en les justifiant :
continu – alternatif – variable – périodique – sinusoïdal – triangulaire.

▶ **2.** Définir la période d'un phénomène périodique.

▶ **3.** Repasser en couleur sur l'enregistrement un motif élémentaire du signal.

▶ **4.** En travaillant sur le graphique, montrer à l'aide de l'échelle que la période T de cet enregistrement vaut environ 700 ms.

▶ **5.** Sachant que la fréquence f en hertz d'un signal se calcule à partir de la période T selon la formule : $f = \frac{1}{T}$ avec T en secondes (s).
Calculer la fréquence du cœur du patient (arrondir le résultat au centième de hertz).

▶ **6.** La fréquence f d'un signal correspond au nombre de motifs par seconde.
Sachant que le rythme cardiaque d'un patient correspond au nombre de battements par minute, calculer le rythme cardiaque du patient.

▶ **7.** Le patient souhaite se présenter aux sélections internationales des spationautes. Une visite médicale est obligatoire au cours de laquelle l'électrocardiogramme ci-dessus est réalisé.
À l'issue de cette première phase, seuls les candidats ayant un cœur qui, au repos, bat entre 60 et 90 pulsations par minute pourront continuer la suite des tests.
Le patient passera-t-il la première phase de test ? Justifier.

▶ **8.** Donner un exemple de phénomène périodique dans la vie de tous les jours avec sa période.

LES CLÉS DU SUJET

Comprendre les documents

Il n'y a pas de document à proprement dit dans ce sujet. Il faut utiliser l'enregistrement donné dans l'introduction et se servir des définitions données en classe, ainsi que de tes connaissances pour répondre aux questions. Il faut savoir bien lire un tel signal.

Répondre aux questions

▶ **1.** Pour choisir les adjectifs, il faut être très précis.

▶ **5.** N'oublie pas de convertir la période en secondes.

▶ **6.** Il faut savoir que le nombre de motifs est le nombre de battements sur le graphique donné pour calculer ce qui est demandé.

CORRIGÉ 26

▶ **1.** Les adjectifs correspondant au signal sont :

• alternatif, car cette tension prend des valeurs positives et négatives alternativement ;

• variable, car la valeur de la tension n'est pas constante au cours du temps ;

• périodique, car la tension ou la forme de la tension se répète identiquement à elle-même au bout d'intervalles de temps égaux.

▶ **2.** La période est la durée minimale au bout de laquelle un phénomène périodique se reproduit identiquement à lui-même.

▶ **3.**

INFO +
Un motif élémentaire est la forme qui se répète.

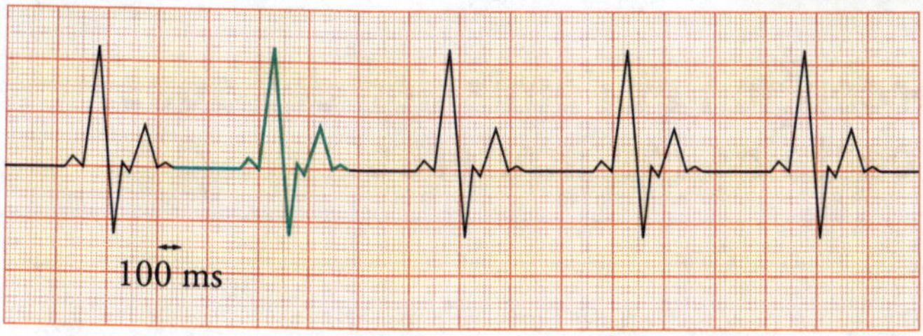

▶ **4.** La période s'obtient en utilisant l'échelle donnée sur le graphique.

$T = 7 \times 100$ ms $= 700$ ms.

CONSEIL
Il est plus facile de lire la période de « pic à pic » : partez du deuxième grand pic jusqu'au troisième.

▶ **5.** La fréquence se calcule avec :

$f = \frac{1}{T} = \frac{1}{0,7} = 1,43$ Hz.

▶ **6.** Il y a donc 1,43 motif par seconde.
Chaque motif correspond à un battement.
Dans une minute il y a 60 secondes, il faut donc multiplier f par 60.
Rythme cardiaque : $1,43 \times 60 = 86$ battements/min.

▶ **7.** Le cœur du patient bat à 86 battements/min ce qui est compris entre 60 et 90 battements/min. Il passera donc la première phase de test.

▶ **8.** Un exemple de phénomène périodique est la rotation des aiguilles d'une montre. La période de la grande aiguille (celle des minutes) est d'une heure.

REMARQUE
Il ne suffit pas que le phénomène se répète, il faut aussi qu'il se répète au bout de durées identiques pour être considéré comme périodique.

PHYSIQUE-CHIMIE

SUJET

27

Sujet inédit

PHYSIQUE-CHIMIE • 25 points

La perception et l'émission des sons chez certains mammifères

DOCUMENT 1 **La perception de sons par les chats**

Le chat est l'un des animaux dont l'ouïe est la plus fine. Il est capable de percevoir des sons de fréquence jusqu'à 64 000 Hz.

DOCUMENT 2 **L'émission de sons par certains mammifères**

Il y a au moins deux mécanismes de production de sons par les « cordes » vocales des mammifères :

– le mécanisme classique qui produit, à chaque expiration, des sons intervenant dans la communication entre individus de la même espèce (parole et chant de l'Homme : 20 à 20 000 Hz, miaulement du chat : 45 à 64 000 Hz, etc.) ;

– le ronronnement, la production des sons est causée par une modulation périodique du flux respiratoire. Ce mécanisme est bien connu chez les différentes espèces de chats (surtout entre 25 et 50 Hz). Le ronronnement est limité à certains félidés (chats, guépard, puma…).

D'après *Larynx et infrasons chez l'éléphant d'Afrique* par André Beaumont.

DOCUMENT 3 **La vitesse de propagation du son**

La vitesse de propagation du son dans l'air est $v = 340 \text{ m} \cdot \text{s}^{-1}$.

▶ **1.** Quelle catégorie de sons les chats sont-ils capables d'entendre que les Hommes ne perçoivent pas ?

▶ **2.** À quelle catégorie de sons appartiennent les ronronnements des chats ?

▶ **3.** Un chat placé derrière un meuble miaule car il n'arrive pas à sortir de sa cachette. Le son met $1{,}5 \times 10^{-2}$ s pour arriver aux oreilles de son maître.

a) Déterminer la distance séparant le chat de son maître.

b) Identifier l'émetteur, le transmetteur et le récepteur du miaulement.

LES CLÉS DU SUJET

Comprendre les documents

- Les documents 1 et 2 précisent les valeurs des fréquences des sons audibles ou pouvant être émis par certains mammifères.
- Le document 3 donne la valeur numérique de la vitesse du son dans l'air.

Répondre aux questions

▶ **1.** et **2.** Tu dois connaître les différentes catégories de sons en fonction de leurs fréquences.

▶ **3. a)** Applique la formule permettant de déterminer une distance à partir de la durée et de la vitesse de propagation : $d = v \times t$.

PHYSIQUE-CHIMIE

CORRIGÉ 27

▶ **1.** À la différence de l'Homme, les chats sont capables d'entendre des ultrasons (fréquence supérieure à 20 000 Hz).

▶ **2.** Les ronronnements des chats ont une fréquence comprise entre 25 et 50 Hz donc, il s'agit de sons audibles.

▶ **3. a)** $d = v \times t = 340 \times 1{,}5 \times 10^{-2} = 5{,}1$ m.

Le chat se situe à une distance de 5,1 m de son maître.

b) Le chat est l'émetteur du son, l'air est le transmetteur et l'oreille de l'humain est le récepteur.

SUJET

28

Nouvelle-Calédonie • Décembre 2017

SVT • 25 points

La vaccination, une pratique pour éviter le tétanos à Wallis-et-Futuna

DOCUMENT 1

Le tétanos est une maladie causée par la bactérie *Clostridium tetani* (voir photo, document 2). Ce micro-organisme présent dans le sol ou dans les excréments d'animaux est une bactérie très résistante. Il pénètre dans l'organisme simplement par une plaie qui peut très facilement passer inaperçue et se divise provoquant une infection.

La toxine fabriquée par cette bactérie affecte le système nerveux et provoque des paralysies musculaires douloureuses. Le tétanos est une maladie grave et mortelle dans 50 % des cas environ. Il se soigne difficilement.

Source : passeportsanté.fr

DOCUMENT 2

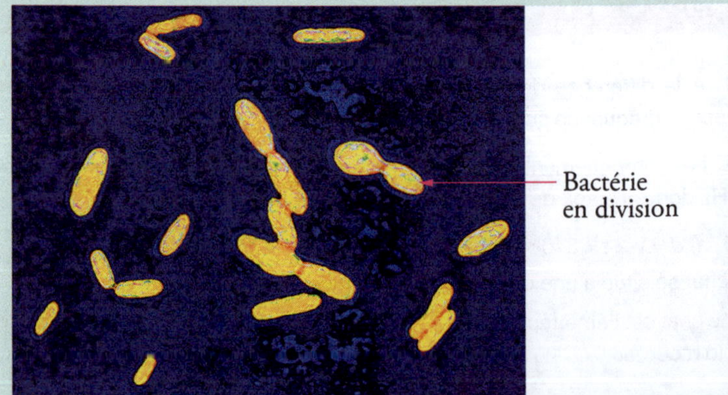

ph © BSIP/UIG/Getty Images

Bactéries *Clostridium tetani* en division.

Source : *Cahier de SVT Nathan – Cycle 4 – 3ᵉ*.

DOCUMENT 3

Il existe un vaccin efficace contre le tétanos (à condition que les rappels, à faire tous les dix ans, soient réalisés). Les enfants sont vaccinés dès les premiers mois de leur vie. Au cours de cette vaccination, le médecin pratique 2 injections successives, et une injection de rappel un an plus tard, d'une toxine tétanique traitée de façon à ne pas déclencher la maladie. Cette toxine traitée est appelée **anatoxine.**

Le tétanos n'est pas éradicable car les bactéries sont en permanence dans le sol et l'environnement, mais elle est totalement évitable par la vaccination et l'hygiène des plaies.

Source : passeportsanté.fr

DOCUMENT 4

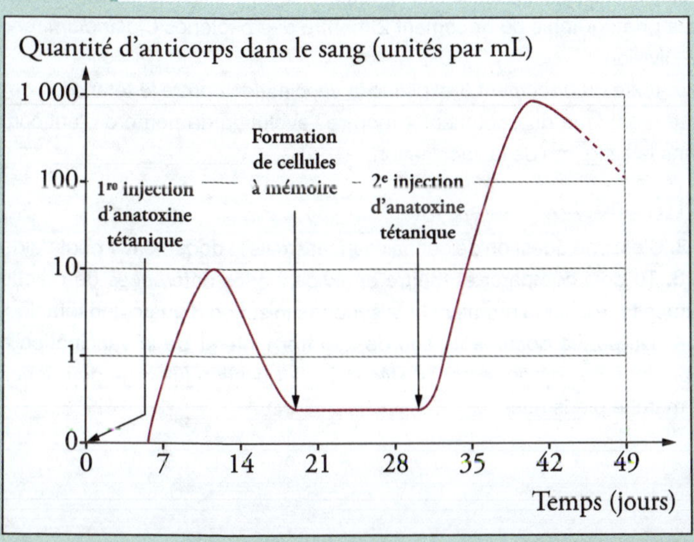

Évolution de la quantité d'anticorps dans le sang (en unités par mL) en fonction du temps (en jours) après les deux injections successives d'anatoxine tétanique lors de la vaccination.

Source : *Les cahiers de SVT – Cycle 4 – 3e*, Nathan.

▶ **1.** Citer deux types de micro-organismes, autres que les bactéries.

▶ **2.** Donner une définition de la contamination.

▶ **3.** En utilisant le document 4, comparer l'importance et la vitesse de réaction de l'organisme lors de la deuxième injection par rapport à la première injection d'anatoxine tétanique.

▶ **4.** À Wallis-et-Futuna, on pratique de façon très importante l'élevage des cochons. Beaucoup de personnes marchent également pieds nus au quotidien.
À partir des documents 1, 3 et 4, expliquer en quoi ces deux comportements rendent la vaccination contre le tétanos indispensable à Wallis.

LES CLÉS DU SUJET

Comprendre les documents

- Le document 1 est un texte expliquant l'origine bactérienne du tétanos.
- La photographie du document 2 montre des bactéries *Clostridium tetani* en division.
- Le texte du document 3 explique la vaccination contre le tétanos.
- Le graphique du document 4 montre l'évolution du nombre d'anticorps dans le sang lors de la vaccination.

Répondre aux questions

▶ **2.** C'est une question de connaissances, mais le document 1 peut t'aider.
▶ **3.** Tu dois comparer et mettre en évidence les différences de réaction immunitaire pour la première et la seconde injection d'anatoxine tétanique.
▶ **4.** Utilise les documents afin de montrer l'intérêt de la vaccination en reprenant les comportements cités dans la question (élevage de cochons et marche pieds nus).

CORRIGÉ 28

▶ **1.** Un micro-organisme est un être vivant uniquement observable au microscope, donc qualifié de microscopique.
Parmi les micro-organismes pathogènes qui peuvent déclencher des maladies, il y a les virus.
On peut citer aussi les organismes du plancton et certains champignons comme les levures.

▶ **2.** La contamination est l'entrée d'un micro-organisme pathogène dans un être vivant, c'est la première étape de l'infection qui entraîne une réaction immunitaire de défense.
Dans le cas des bactéries *Clostridium tetani*, la contamination se fait par une plaie au contact du sol ou d'excréments d'animaux où elles sont présentes.

▶ **3.** Après la première injection d'anatoxine tétanique, le taux d'anticorps augmente au bout de 6 jours et s'élève à 10 unités par mL de sang, ce taux reste élevé une dizaine de jours.
Après la seconde injection, le taux d'anticorps augmente au bout de 2 jours et s'élève à 1 000 unités par mL de sang et ce taux est toujours élevé après une vingtaine de jours.

CONSEIL
Pour évaluer la réaction de l'organisme, tu dois lire le graphique qui donne la quantité d'anticorps dans le sang et donc la réponse immunitaire aux injections. En effet, lors de l'introduction d'éléments étrangers ou antigènes, le système immunitaire produit des anticorps afin de permettre leur destruction.

Lors de la seconde injection d'anatoxine, la production d'anticorps, et donc la réaction immunitaire, est plus importante, plus rapide et plus longue, grâce aux cellules immunitaires à mémoire produites lors de la première réponse.

▶ **4.** Il est noté dans le document 1 que la bactérie responsable du tétanos est présente dans le sol ou dans les excréments d'animaux. Elle pénètre dans l'organisme par une plaie, se divise rapidement et produit une toxine qui attaque le système nerveux en provoquant des paralysies musculaires douloureuses et la mort dans la moitié des cas. Il est indispensable de lutter contre cette maladie mortelle.
À Wallis-et-Futuna, il y a de nombreux élevages de cochons qui sont donc des sources de *Clostridium tetani*. De plus, beaucoup de personnes marchent pieds nus, ce qui entraîne un risque de contamination très important.
La bactérie est très résistante, elle reste en permanence dans le sol et l'environnement, il est donc difficile de la détruire et d'empêcher son contact avec des plaies.
La vaccination permet aux personnes d'avoir une réaction immunitaire plus rapide et plus importante, empêchant la multiplication des bactéries et l'apparition de la maladie.
Comme on ne peut empêcher la contamination importante par la bactérie tétanique, il est indispensable de vacciner les habitants de Wallis-et-Futuna pour que leur système immunitaire détruise les bactéries avant que la maladie ne se déclenche.

SUJET

29

Polynésie française • Septembre 2017

SVT • 25 points

Dopage et EPO

DOCUMENT 1 **Définition de l'EPO**

L'EPO est une substance chimique produite naturellement par les reins. Libérée dans le sang, elle stimule les cellules de la moelle rouge des os pour produire des globules rouges.
Les globules rouges sont responsables du transport du dioxygène dans le sang. Le dioxygène est nécessaire à la production d'énergie, en particulier au niveau des muscles.
L'EPO est une substance utilisée en médecine, elle est aussi utilisée de façon illégale afin d'augmenter les performances musculaires des sportifs.

▶ **1.** Justifier que l'EPO est une hormone. *(5 points)*

On rappelle qu'une hormone est une substance chimique produite par un organe et libérée dans le sang pour agir sur des cellules cibles.

DOCUMENT 2 **Définition de l'hématocrite**

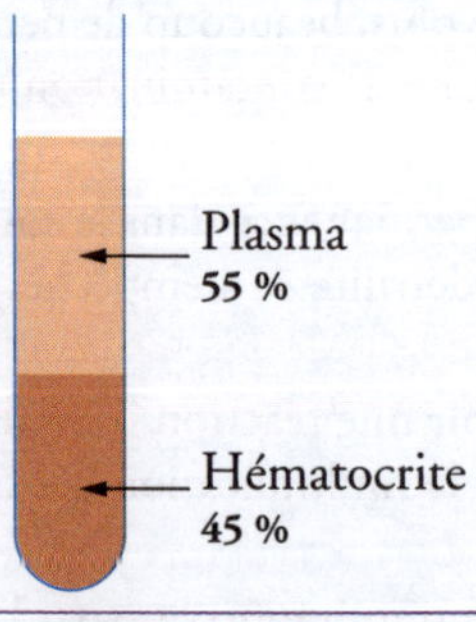

L'hématocrite est le pourcentage (%*) du volume occupé par les globules rouges dans le sang.
Afin de mesurer l'hématocrite, le sang est laissé à reposer dans un tube. Les globules rouges descendent alors naturellement dans le fond du tube comme le montre le document ci-contre.
* Parfois exprimé en mg/100 mL.

Chez un individu sain, l'hématocrite garde une valeur stable située aux alentours de 45 % en moyenne.

D'après le site wikipedia.com

DOCUMENT 3 **Évolution sur cinq années de l'hématocrite de deux sportifs suivant le même stage d'entraînement**

L'hématocrite est exprimé en pourcentage.

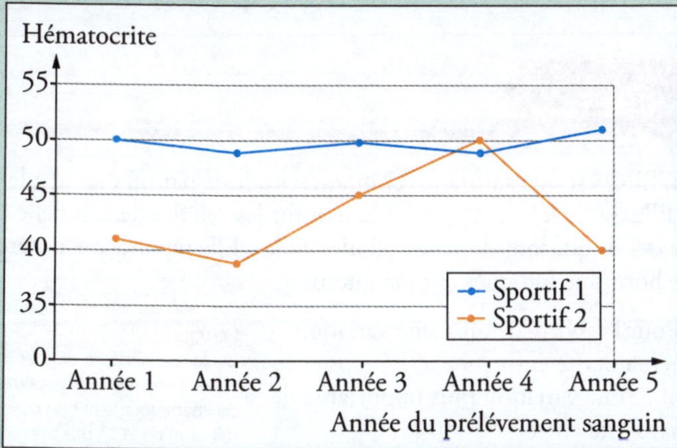

D'après l'Agence mondiale anti-dopage

▶ **2.** À l'aide du document 3, déterminer pour chaque sportif entre quelles valeurs (minimale et maximale) varie l'hématocrite de la première à la cinquième année de mesures. *(5 points)*

▶ **3.** À partir de l'ensemble des documents, déterminer si l'un ou les deux sportifs sont dopés à l'EPO. On attend une réponse sous la forme d'un texte argumenté. *(12,5 points)*

LES CLÉS DU SUJET

Comprendre les documents

- Le document 1 est un texte expliquant l'origine, l'action et l'utilisation de l'EPO.
- Le schéma et le texte du document 2 définissent l'hématocrite, sa valeur moyenne et présentent comment on peut le mesurer.
- Le graphique du document 3 montre l'évolution de l'hématocrite de deux sportifs suivant le même entraînement sur cinq ans.

Répondre aux questions

▶ **1.** Regarde bien la définition de l'hormone et trouve les arguments nécessaires dans le document 1 pour justifier que l'EPO en est une.

SVT

▶ **2.** Relève les valeurs minimales et maximales de l'hématocrite pour chaque sportif afin de savoir entre quelles valeurs il varie.

▶ **3.** Utilise l'ensemble des documents afin d'argumenter ta réponse.

CORRIGÉ 29

▶ **1.** L'EPO est une substance chimique produite par un organe : le rein. Elle est libérée dans le sang et agit sur les cellules de la moelle rouge des os qui sont donc ses cellules cibles. Elle répond aux critères d'une hormone indiqués dans la question.

▶ **2.** Pour le sportif 1, on a une variation de l'hématocrite entre 49 et 51 %, pour le sportif 2, une variation plus importante de l'hématocrite entre 39 et 50 %.

REMARQUE
On te demande de donner les valeurs minimales et maximales de l'hématocrite et non celles du début et de la fin des mesures.

▶ **3.** Nous cherchons à déterminer à partir de l'ensemble des informations données si l'un ou les deux sportifs sont dopés à l'EPO en étudiant leurs hématocrites.

CONSEIL
Tu dois argumenter ta réponse à l'aide de l'ensemble des documents. Il faut donc commencer par une introduction posant la problématique.

• D'après le document 2, un hématocrite normal, qui est le pourcentage du volume des globules rouges dans le sang, doit avoir une valeur stable proche de 45 %.

• D'après le document 1, l'EPO agit sur les cellules de la moelle rouge des os qu'elle stimule afin de produire plus de globules rouges. L'utilisation d'EPO entraine une augmentation de la quantité de globules rouges dans le sang et donc une augmentation de l'hématocrite.

• D'après le document 3, le sportif 2 a un hématocrite qui augmente nettement au cours des années 2 et 3, passant de 39 à 51 %. Cette augmentation de 5 % par an et donnant un hématocrite supérieur à la valeur moyenne ne peut être naturelle. L'individu 2 s'est donc dopé entre la deuxième et la quatrième année. Ensuite, sans dopage, son hématocrite redevient normal au cours de la cinquième année.

• D'après le document 3, le sportif 1 a un hématocrite élevé au-dessus de la moyenne, mais qui varie peu. La valeur de 45 % est une moyenne et ce sportif peut avoir naturellement un taux élevé. S'il est dopé, c'est tout au long des cinq années car son hématocrite est stable.

Le dopage du sportif 2 est évident, le dopage peut être suspecté chez le sportif 1 à moins que sa valeur élevée soit naturelle.

France métropolitaine • Septembre 2017
SVT • 25 points

Prévention et lutte contre la fièvre typhoïde

Suite à l'ingestion d'eau provenant d'un puits, des habitants ont été infectés par une bactérie (*Salmonella typhi*) qui est responsable de la fièvre typhoïde. Les symptômes comprennent une fièvre aiguë (39 °C-40 °C) et prolongée, des malaises, des maux de tête, une constipation ou une diarrhée suivant les cas.
On s'intéresse aux moyens médicaux afin de soigner ces individus et de prévenir une nouvelle contamination des habitants.

DOCUMENT 1 **Comptage des cellules sanguines chez un habitant malade et chez une personne non atteinte de typhoïde**

Cellules sanguines	Nombre de cellules par mm³ de sang	
	Individu sain (valeurs normales)	Individu malade présentant une infection bactérienne
Hématies (globules rouges)	4 000 000 à 5 700 000	4 900 000
Leucocytes (globules blancs)	4 000 à 10 000	13 600
Plaquettes	150 000 à 400 000	310 000

▶ **1.** Identifier, en comparant les données du document 1, les cellules sanguines susceptibles d'être impliquées dans la défense de l'organisme lors d'une infection par les bactéries *Salmonella typhi*.
On met en culture des bactéries en présence de deux antibiotiques afin de rechercher lequel est le plus approprié pour soigner les individus malades.

DOCUMENT 2 **Évolution du nombre de bactéries en fonction du temps, en présence ou non d'un antibiotique A ou B**

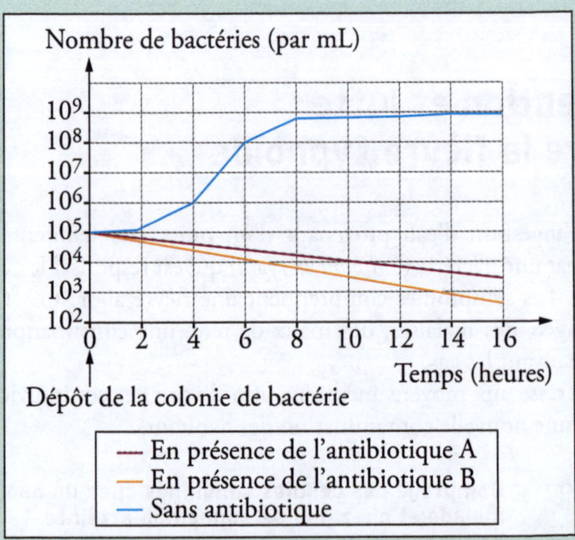

▶ **2.** Proposer, en justifiant à l'aide du document 2, l'antibiotique le plus approprié dans le cas d'une infection par cette bactérie *Salmonella typhi*.

Les bactéries *Salmonella typhi* portent des antigènes qui induisent la production d'anticorps lors de l'infection. Afin de protéger les habitants utilisant l'eau du puits, les médecins décident d'organiser une campagne de vaccination* contre la typhoïde.

---

*Vaccination : procédé consistant à introduire un agent extérieur dans un organisme vivant afin de créer une réaction immunitaire (sans induire la maladie).

DOCUMENT 3 **Variation du taux d'anticorps en fonction du temps après contact avec un antigène**

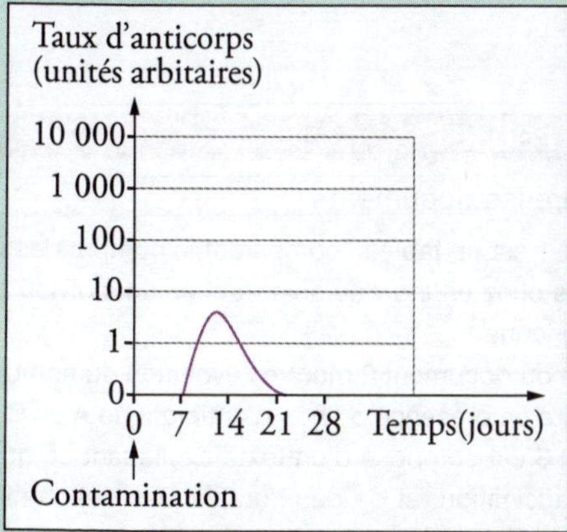

Personne non vaccinée et contaminée par un antigène.

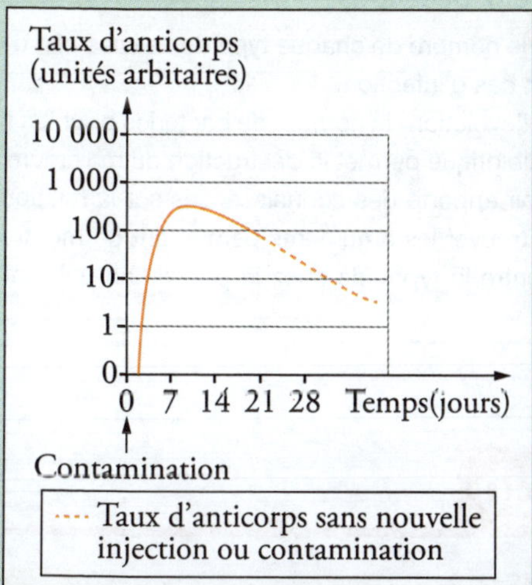

Personne vaccinée contre un antigène et contaminée par ce même antigène.

▶ **3.** En vous appuyant sur l'exploitation du document 3, argumenter l'intérêt de vacciner contre la typhoïde la population utilisant l'eau du puits.

LES CLÉS DU SUJET

■ Comprendre les documents

• Le document 1 est un tableau comparant le nombre des différentes cellules sanguines chez un individu sain et chez un individu présentant une infection bactérienne.

• Le graphique du document 2 montre l'évolution du nombre de bactéries dans une culture en présence ou non d'antibiotique A ou B.

• Le document 3 est composé d'un texte expliquant ce que sont un antigène et une vaccination, et de deux graphiques qui montrent l'évolution du taux d'anticorps chez les personnes vaccinées ou non en contact avec l'antigène.

■ Répondre aux questions

▶ **1.** Compare le nombre de chaque type de cellules afin d'identifier celles qui agissent en cas d'infection.

▶ **2.** Compare l'évolution du nombre de bactéries pour les trois cas afin de savoir quel antibiotique permet la destruction du maximum de bactéries.

▶ **3.** Après avoir apporté des connaissances sur la relation antigène/anticorps, tu dois trouver les arguments permettant de montrer l'intérêt de la vaccination contre la typhoïde chez la population utilisant l'eau du puits contaminée.

CORRIGÉ 30

▶ **1.** D'après les résultats du tableau, le nombre de globules rouges et de plaquettes en cas d'infection est compris entre les valeurs normales. Par contre, il y a une augmentation du nombre de leucocytes (13 600) qui est supérieur au maximum des valeurs normales (10 000).

INFO +
Les cellules impliquées dans la défense contre les bactéries doivent être plus nombreuses en cas d'infection.

Comme ils sont plus nombreux dans le cas d'un habitant atteint de typhoïde, les leucocytes doivent être les cellules sanguines impliquées dans la défense de l'organisme lors d'une infection par les bactéries *Salmonella typhi*.

▶ **2.** Dans la culture de bactéries témoin sans antibiotique, le nombre de bactéries augmente, passant de 10^5 à 10^9 en 8 heures. La population de bactéries est multipliée par 10 000 au cours de l'expérience.

En présence des deux antibiotiques, le nombre de bactéries diminue. Cependant, dans le cas de l'antibiotique B, le nombre de bactéries diminue plus rapidement que pour l'antibiotique A. On atteint 10^4 bactéries en 6 heures pour l'antibiotique B et en 10 heures pour le A.

C'est donc l'utilisation de l'antibiotique B qui est la plus appropriée dans le cas d'une infection par les bactéries *Salmonella typhi*.

▶ **3.** D'après le texte, les bactéries *Salmonella typhi* portent des antigènes qui déclenchent la production d'anticorps par le système immunitaire. Ces anticorps sont responsables de la défense contre les bactéries qu'ils neutralisent.

La vaccination consiste à introduire un agent extérieur ou antigène atténué dans un organisme vivant afin de créer une réaction immunitaire contre lui sans déclencher la maladie.

D'après le document 3, la présence d'un antigène chez une personne non vaccinée entraîne la production de moins de 10 unités arbitraires d'anticorps entre le 7e et le 21e jour suivant la contamination. D'autre part, la présence de l'antigène chez une personne vaccinée entraîne la production de plus de 1 000 unités arbitraires d'anticorps entre le 2e et le 28e jour suivant la contamination. La comparaison montre que chez la personne vaccinée, la production d'anticorps, et donc la réponse immunitaire, est plus importante, plus rapide et plus longue.

La vaccination permet ainsi une meilleure défense immunitaire et la destruction des bactéries avant qu'elles ne provoquent la maladie, elle est donc intéressante pour la population utilisant l'eau du puits afin de lutter contre la typhoïde.

INFO +
On peut utiliser les antibiotiques en cas d'infection à titre curatif et la vaccination comme moyen préventif.

SVT

SUJET 31

Centres étrangers • Juin 2017

SVT • 25 points

Le sommeil de Laura

Laura est une élève de troisième. Ses parents sont inquiets, ils sont convoqués régulièrement au collège, car Laura s'endort en cours et ne semble pas retenir ses leçons. Un médecin les questionne sur leurs habitudes de vie. Ils habitent un vieil appartement à côté d'une autoroute très fréquentée.

PARTIE 1. UNE CAUSE POSSIBLE D'UN ENDORMISSEMENT EN CLASSE — 10,5 POINTS

▶ **1.** D'après le document 1, indiquer le pourcentage des élèves qui s'endorment en classe malgré un sommeil de qualité.

▶ **2.** D'après le document 1, comparer le pourcentage d'endormissement des élèves en classe lorsque leur sommeil a été de qualité et lorsqu'il a été perturbé.

DOCUMENT 1 **Les effets du manque de sommeil sur l'attention des élèves en classe**

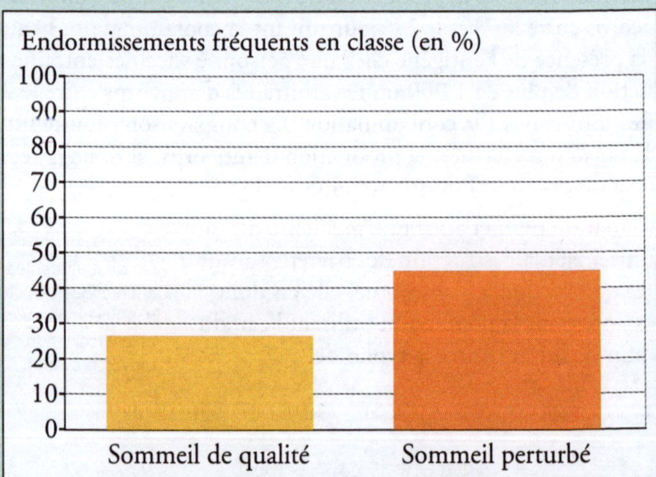

D'après Belin, *SVT*, édition 2009

PARTIE 2. UNE EXPLICATION POSSIBLE DES PROBLÈMES DE LAURA — 12 POINTS

DOCUMENT 2 **Pourcentage d'images mémorisées par des élèves reposés ou par des élèves privés de sommeil**

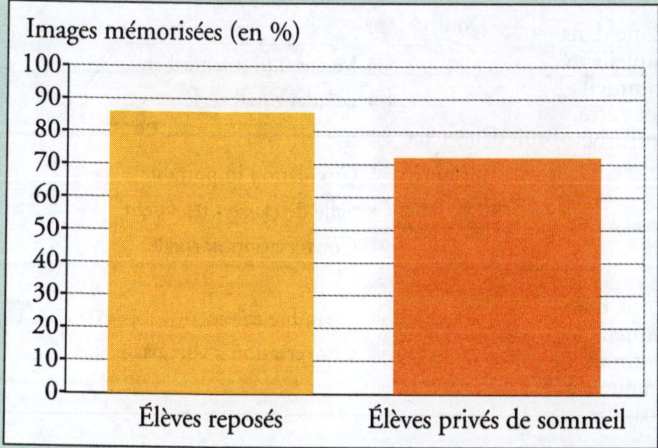

D'après Belin, *SVT*, édition 2009

DOCUMENT 3 **Qualité du sommeil en fonction des niveaux sonores**

dB : décibels, c'est l'unité de puissance sonore.

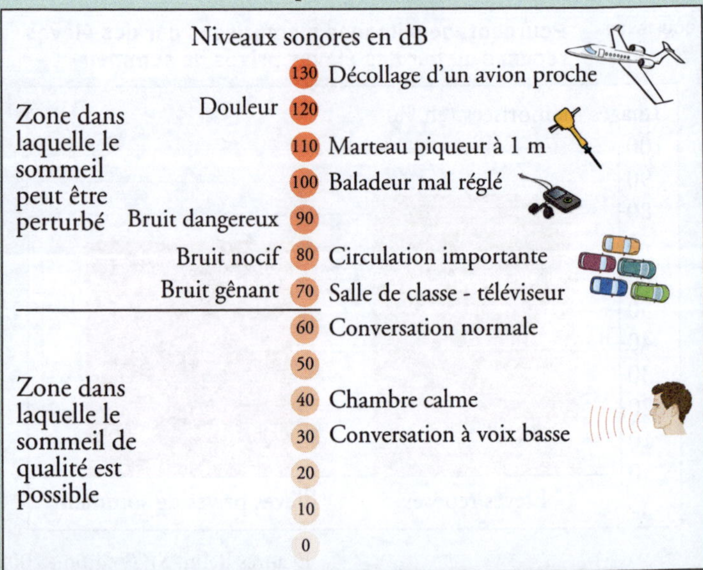

D'après Belin, *SVT*, édition 2007

À partir de l'ensemble des documents, expliquer pourquoi Laura, qui habite un vieil appartement à côté de l'autoroute, s'endort en classe et ne semble pas retenir ses leçons.

LES CLÉS DU SUJET

Comprendre les documents

- Le document 1 est un graphique donnant le pourcentage d'élèves s'endormant en classe en fonction de la qualité de leur sommeil.
- Le graphique du document 2 présente le pourcentage d'images mémorisées pour les élèves privés ou non de sommeil.
- Le document 3 présente les niveaux sonores et leur impact sur la qualité du sommeil de différents bruits de la vie courante.

■ Répondre aux questions

Partie 1

▶ **1.** Regarde bien quel est le groupe d'élèves dont on demande le pourcentage d'endormissement.

▶ **2.** Relève le pourcentage d'endormissement pour le groupe d'élèves ayant un sommeil perturbé, puis compare-le à celui des élèves ayant un sommeil de qualité.

Partie 2

Attention ! la question est double. Explique pourquoi Laura s'endort en classe **et** pourquoi elle ne retient pas ses leçons.

CORRIGÉ 31

PARTIE 1. UNE CAUSE POSSIBLE D'UN ENDORMISSEMENT EN CLASSE

▶ **1.** Dans le document 1, le haut de l'histogramme pour le groupe d'élèves ayant un sommeil de qualité est à 28 % d'endormissement. Il y a donc 28 % des élèves ayant un sommeil de qualité qui s'endorment tout de même en classe.

▶ **2.** Pour les élèves ayant un sommeil perturbé, on relève 45 % d'endormissement. Il y a donc 1,5 fois plus d'élèves ayant un sommeil perturbé qui s'endorment en classe par rapport à ceux qui ont un sommeil profond.

Un mauvais sommeil entraîne un risque plus élevé de s'endormir en classe.

> **Remarque**
> Il est demandé de comparer les pourcentages mais n'oublie pas de conclure sur l'effet du sommeil perturbé.

PARTIE 2. UNE EXPLICATION POSSIBLE DES PROBLÈMES DE LAURA

• Pourquoi Laura s'endort-elle en classe ?

Le fait que Laura habite dans un vieil appartement sans doute mal isolé proche d'une autoroute très fréquentée est à relier au document 3, afin de savoir si son sommeil est perturbé.

> **Aide**
> Il est demandé de présenter une réponse argumentée à l'aide de l'ensemble des documents. Une information sur le lieu de vie de Laura est dans l'introduction mais aussi dans la question posée.

D'après ce document, une circulation importante génère un niveau sonore de 80 dB, définissant un bruit nocif qui peut perturber le sommeil.

D'après le document 1, la conséquence du sommeil perturbé est un risque plus grand de s'endormir.

Laura s'endort en classe parce que le bruit de l'autoroute l'empêche d'avoir un sommeil de qualité.

• Pourquoi Laura semble-t-elle ne pas retenir ses leçons ?

D'après le document 2, les élèves reposés retiennent 86 % des images contre 72 % pour les élèves privés de sommeil.

Un sommeil perturbé diminue les capacités de mémorisation.

Laura semble ne pas retenir ses leçons, car sa mémoire est altérée par son manque de sommeil.

C'est donc la localisation de l'appartement de Laura près d'une autoroute trop bruyante qui altère son sommeil et entraîne des endormissements en classe ainsi qu'une baisse de ses capacités de mémorisation.

Polynésie française • Juin 2017
SVT • 25 points

Le voyage de *Yersinia pestis*

DOCUMENT 1 **Le voyage de *Yersinia pestis***

La peste est une maladie infectieuse très grave due à la bactérie *Yersinia pestis*. Elle a provoqué plus de 50 millions de morts dans le monde. La peste serait apparue en Asie il y a plus de 2 600 ans puis se serait répandue vers l'Europe, empruntant la route de la soie[1]. L'arrivée de la peste en Afrique correspondrait aux voyages du navigateur chinois Zheng He.

1. Route de la soie : réseau ancien de routes commerciales entre l'Asie et l'Europe.

▶ **1.** À partir du document 1, nommer le micro-organisme responsable de la transmission de la peste et préciser le type de micro-organisme auquel il appartient. *(2 points)*

DOCUMENT 2 ***Yersinia pestis* observée au microscope**

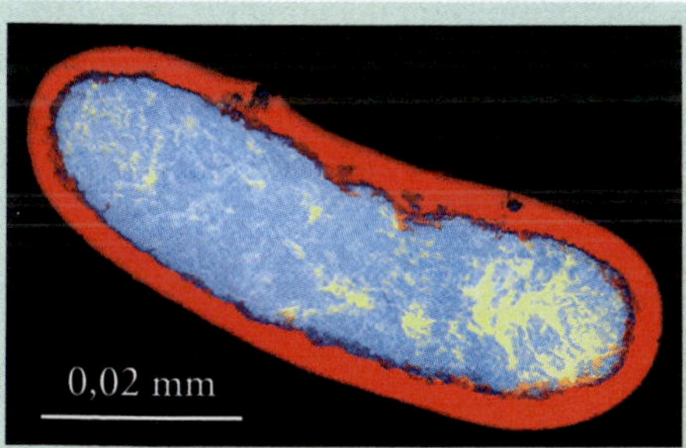

ph © A.B. Dowsett/SPL/Biosphoto

D'après Historiadelamedica.org

▶ **2.** En utilisant le document 2 et vos connaissances, classer les éléments suivants du plus grand au plus petit : poumon humain, être humain, bactérie. *(3 points)*

DOCUMENT 3 **Costume d'un médecin de la peste**

ph © Wikimedia commons

En 1619, un costume protecteur de la peste est inventé. Ci-contre, un médecin soignant des malades atteints de la peste est vêtu d'une épaisse tunique, porte des bottes et un masque en forme de bec dans lequel on incorpore des herbes aromatiques. Les mains sont nues.
On a découvert depuis que la peste se transmettait par les piqûres des puces qui passent du rat à l'Homme ou d'un être humain à un autre. Elle se transmet également par les poussières contenant les excréments des puces, et dans certains cas, elle peut même se transmettre d'être humain à être humain par voie aérienne (gouttelettes de salive, éternuements…).

D'après Wikipédia, docteur Schnabel de Rome pendant la peste noire.

▶ **3.** À partir du document 3, identifier les modes de transmission de ce micro-organisme. *(6 points)*

▶ **4.** D'après les informations du document 3, expliquer quels sont les éléments du costume qui sont efficaces contre la contamination et proposer une précaution supplémentaire pour une meilleure efficacité. On attend une réponse sous la forme d'un texte argumenté. *(11,5 points)*

LES CLÉS DU SUJET

■ Comprendre les documents

- Le document 1 présente le vecteur de la peste, son origine et sa propagation sur le globe.
- Le document 2 est une photographie de *Yersinia pestis* observée au microscope.
- Le document 3 décrit le costume d'un médecin de la peste au XVIIe siècle, ainsi que les moyens de transmission de la maladie.

Répondre aux questions

▶ **1.** Les réponses sont présentes dans le **document 1**, il n'y a pas de connaissances à avoir.

▶ **2.** Tu peux utiliser l'échelle donnée sur la photographie pour classer la bactérie.

▶ **3.** Surligne dans le texte du **document 3** tous les modes de transmission de la bactérie.

▶ **4.** Cherche dans le **document 3** les caractéristiques du costume qui empêchent les modes de contamination par la bactérie vus dans la question **3.**
N'oublie pas de proposer une précaution supplémentaire.

CORRIGÉ 32

▶ **1.** Le micro-organisme responsable de la transmission de la peste est *Yersinia pestis*, c'est une bactérie.

▶ **2.** On a, du plus grand au plus petit : être humain, poumon humain, bactérie.

▶ **3.** Les modes de transmission de la bactérie se font principalement par l'intermédiaire des puces : leurs piqûres et leurs excréments présents dans les poussières transmettent la bactérie du rat à l'homme ou de l'homme à l'homme ; il y a aussi la salive et les éternuements d'un humain contaminé.

▶ **4.** Le costume empêche la contamination car il isole le corps du médecin avec une épaisse tunique, un chapeau, des bottes et un masque. Il ne peut donc y avoir contact avec des poussières et des puces ne peuvent pas le piquer. Le masque permet aussi au médecin de ne pas respirer l'air contaminé par la salive ou les éternuements d'un malade.
Il reste une zone de contact avec l'air et donc favorable à la contamination, ce sont les mains nues. Il faudrait ajouter des gants pour isoler totalement le corps du médecin et le protéger des puces et des poussières ainsi que des gouttelettes de salive et d'éternuement.

Aide
La réponse doit être sous la forme d'un texte argumenté, il faut relier les éléments du costume à leur efficacité contre la contamination et non simplement les citer.

Remarque
Les herbes aromatiques présentes dans le masque servaient à éloigner les mauvaises odeurs supposées être la cause principale de l'épidémie.

SUJET

33

Sujet zéro • Série professionnelle

SVT • 25 points

L'eau dans le corps humain

L'eau occupe une place particulière pour la santé humaine.

Ph © wckiw/Fotolia

Les aliments solides et liquides sont étroitement mélangés, par mastication puis brassage, et passent de l'estomac à l'intestin grêle. L'eau qu'ils contiennent est essentiellement absorbée par la paroi de l'intestin grêle, et une petite quantité par le gros intestin. La plus grande partie de l'eau contenue dans les boissons et les aliments passe dans le sang. L'apport d'eau quotidien, boissons plus eau contenue dans les aliments, est d'environ 2,5 litres.

En fonction de l'âge, la nature et la quantité de boissons consommées sont variables, comme le montre le document 1 (voir page suivante).

DOCUMENT 1 **Consommations moyennes de boissons en fonction de l'âge (millilitres par jour)**

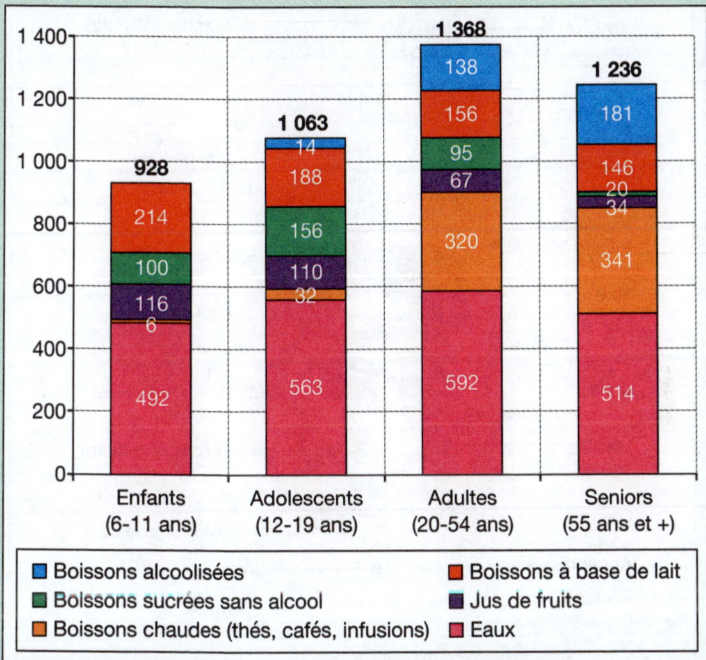

Source : Crédoc, enquête CCAF, 2007

▶ **1.** Exprimer, en litres (L), la quantité de boissons consommées chaque jour par un adulte de 20 à 54 ans.

▶ **2.** Décrire l'évolution de la quantité moyenne totale de boissons prises par jour en fonction de l'âge.

▶ **3.** Quel constat peut-on faire à propos de la consommation des boissons alcoolisées et des boissons sucrées après l'adolescence ?

▶ **4.** L'eau des boissons est absorbée au niveau de l'appareil digestif représenté par le schéma ci-après (document 2). En utilisant le schéma, nommer les parties du tube digestif qui seront successivement en contact avec l'eau absorbée.

SVT

DOCUMENT 2 **Schéma de l'appareil digestif**

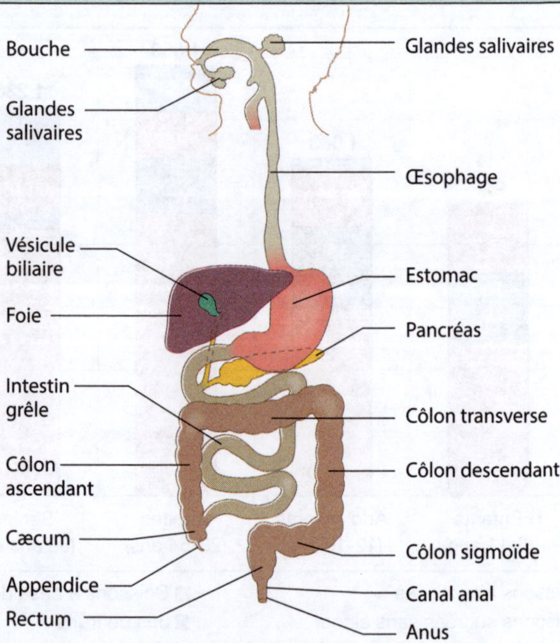

Schéma de l'appareil digestif

▶ **5.** Indiquer la partie du tube digestif où la majorité de l'eau bue passe dans le sang.

▶ **6.** Les ressources en eau sont limitées et l'accès à l'eau potable est inégal selon les territoires. Économiser l'eau devient indispensable à l'échelle planétaire et chacun peut y contribuer. La consommation d'eau domestique en France métropolitaine est estimée à 140 litres par jour et par personne.
Le document 3 (voir page suivante) présente des exemples de consommation d'eau dans une maison.

DOCUMENT 3

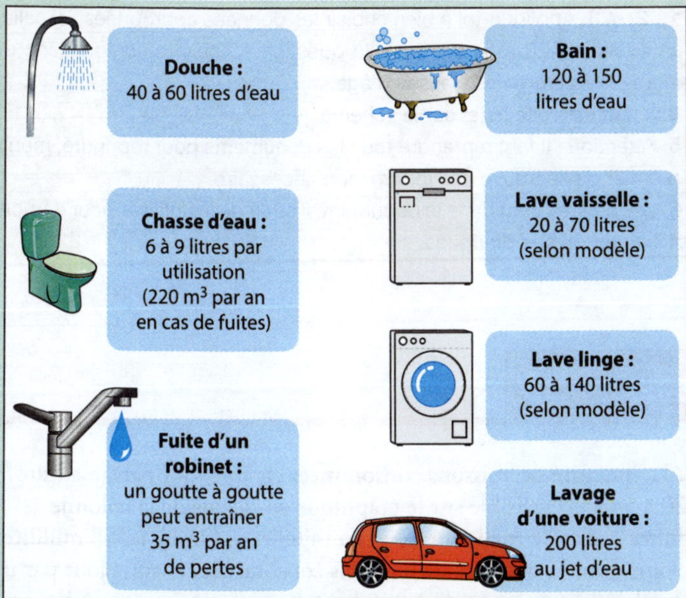

Source : d'après http://ecoledeleau.eau-artois-picardie.fr

Expliquer en quoi les pratiques exposées ci-dessous sont intéressantes pour économiser de l'eau :

- prendre une douche plutôt qu'un bain ;
- bien fermer un robinet ;
- privilégier des équipements à basse consommation en eau.

LES CLÉS DU SUJET

Comprendre les documents

- Le document 1 donne les volumes consommés de différentes boissons pour différentes classes d'âge. Il permet de comparer des valeurs en fonction de l'âge ou du type de boisson.
- Le document 2 est un schéma qui permet de visualiser le tube digestif afin de connaître le trajet des aliments et boissons.
- Le document 3 présente la consommation en eau domestique pour différentes utilisations dans la maison.

Répondre aux questions

▶ **1., 2.** et **3.** Applique-toi à bien choisir les données appropriées, ici celles d'un adulte de 20 à 54 ans pour la question **1.**, puis la comparaison de valeurs pour différentes classes d'âge.

▶ **4.** Il faut suivre le trajet sur le schéma.

▶ **5.** Attention ! Il faut reprendre tous les documents pour répondre, même le premier où se trouve une information nécessaire.

▶ **6.** Les chiffres sont dans le document, il suffit de les utiliser pour démontrer l'intérêt de ces pratiques.

CORRIGÉ 33

▶ **1.** La quantité de boissons consommées chaque jour par un adulte de 20 à 54 ans est lisible sur le graphique au-dessus de la colonne « adultes », c'est le total journalier en millilitres. On lit 1 368 millilitres par jour, donc la quantité de boissons consommées chaque jour par un adulte de 20 à 54 ans est de 1,368 litre par jour.

▶ **2.** Les enfants consomment en moyenne 0,928 litre par jour et les adolescents 1,063 litre par jour. Les adultes, eux, consomment en moyenne 1,368 litre par jour et les seniors 1,236 litre par jour.

Il y a donc une augmentation de presque la moitié de la quantité totale de boissons consommées par jour de l'enfance à l'âge adulte, puis une faible diminution chez les seniors.

Conseil
Il faut lire les chiffres des consommations totales pour chaque âge et les comparer.

▶ **3.** Les consommations alcoolisées sont en haut des colonnes en bleu. On peut constater que les adolescents en consomment 14 millilitres par jour. En ce qui concerne les adultes, la consommation est de 138 millilitres par jour et les seniors 181 millilitres par jour.

La consommation de boissons alcoolisées augmente donc après l'adolescence : elle est multipliée par 10.

Les boissons sucrées sont en vert. On constate que les adolescents ont une consommation de 156 millilitres par jour. Pour les adultes, leur consommation est égale à 95 millilitres par jour alors que les seniors consomment seulement 20 millilitres par jour.

La consommation de boissons sucrées diminue nettement après l'adolescence, elle est divisée par 2 puis par 5.

▶ **4.** On peut suivre le trajet de l'eau dans le tube digestif sur le schéma. L'eau est présente dans la bouche puis l'œsophage, l'estomac et l'intestin grêle.

Attention
Au début du sujet, il est noté que l'eau est absorbée essentiellement au niveau de l'intestin grêle, il n'en reste donc pas ensuite dans la fin du tube digestif.

▶ **5.** Comme dit précédemment, la majorité de l'eau bue passe dans le sang au niveau de l'intestin grêle.

▶ **6.** Pour répondre à cette question, il faut rechercher des chiffres intéressants dans les données.

Remarque
Cette question montre qu'il est judicieux de bien lire le sujet dans sa totalité et de faire ressortir des informations en les surlignant par exemple.

• Prendre une douche plutôt qu'un bain permet de réduire sa consommation d'eau. En effet, prendre un bain consomme environ 120 à 150 litres d'eau, tandis qu'une douche en consomme environ 40 à 60 litres. Par conséquent, prendre une douche plutôt qu'un bain utilise 3 fois moins d'eau.

• Penser à bien fermer le robinet permet de ne pas avoir de fuite en goutte à goutte, qui peut consommer 35 m^3 d'eau par an.

• Privilégier des équipements à basse consommation d'eau permet aussi d'économiser l'eau. Un lave-vaisselle par exemple peut consommer de 20 à 70 litres selon les modèles, les plus économes permettent de diviser par 3 la consommation d'eau.

• Ces pratiques permettent de réduire sa consommation en eau et ainsi faire des économies financières et préserver les réserves en eau.

SUJET

34

Sujet inédit

SVT • 25 points

L'acidité de l'estomac

Les brûlures d'estomac et les ulcères sont dus à l'acidité de l'estomac. Comment expliquer la présence d'acide chlorhydrique dans notre tube digestif ? Comment lutter contre ces désagréments ?

DOCUMENT 1 Digestion et suc gastrique

La digestion consiste à transformer dans le tube digestif les aliments consommés en molécules plus petites ou nutriments qui passent ensuite dans le sang et sont distribués à tous les organes du corps. L'estomac permet le début de la digestion des protéines.

Les cellules de la paroi de l'estomac humain produisent environ 2 litres de suc gastrique par jour qui contient :

– de l'acide chlorhydrique qui abaisse le pH, facilite la digestion par les enzymes et détruit les micro-organismes ;

– des enzymes digestives (pepsine et lipase gastrique) ;

– du mucus ayant un rôle de protection physique de la paroi de l'estomac vis-à-vis de l'acidité.

DOCUMENT 2 Acidité et activité enzymatique

Chaque enzyme possède un pH optimal d'activité. À ce pH, l'enzyme agit au maximum et permet une bonne digestion. Au contraire, plus on s'éloigne de ce pH, moins l'enzyme est active.

À son arrivée dans l'estomac le bol alimentaire est neutre, il a un pH de 7.

Enzyme	Localisation	Origine	Molécules digérées	pH optimal
pepsine	estomac	estomac	protéines	3
amylase	bouche	glandes salivaires	glucides	7
trypsine	intestin	pancréas	protéines	8

DOCUMENT 3 Ulcère de l'estomac

Un ulcère est dû à des plaies dans la paroi de l'estomac qui entraînent de fortes douleurs.

La bactérie *Helicobacter pylori* (*H. Pylori*) survit à l'acidité, elle causerait approximativement de 60 % à 80 % des ulcères de l'estomac. Ces bactéries envahissent la couche de mucus qui protège normalement l'estomac et l'intestin grêle de l'acidité, et perturberaient ce mécanisme protecteur chez certaines personnes.

La prise d'anti-inflammatoires non stéroïdiens ou AINS (par exemple l'aspirine, l'ibuprofène) est la seconde cause la plus fréquente d'ulcère.

Une production excessive d'acide par l'estomac (hyperacidité gastrique), liée au tabagisme, à une consommation excessive d'alcool, à un stress important, peut favoriser l'apparition d'ulcère.

Source : www.passeportsante.net

▶ **1.** D'après le document 1, quels sont les rôles du suc gastrique ?

▶ **2.** Expliquer comment l'acidité de l'estomac améliore la digestion des protéines d'après les documents 1 et 2.

▶ **3.** Comment expliquer les ulcères en cas d'infection par la bactérie *Helicobacter pylori* ?

▶ **4.** Comment peut-on éviter les ulcères ?

SVT

LES CLÉS DU SUJET

Comprendre les documents

- Le document 1 rappelle ce qu'est la digestion. Il localise les organes digestifs et particulièrement l'estomac. Il explique ce qu'est le suc gastrique.
- Le document 2 montre la relation entre pH et activité des enzymes.
- Le document 3 présente les symptômes et les causes des ulcères.

Répondre aux questions

▶ **1.** Relève dans le document 1 les actions du suc gastrique en les surlignant dans le texte.

▶ **2.** Commence par noter la particularité de l'enzyme de l'estomac à l'aide du tableau.

▶ **3.** Utilise les documents 1 et 3.

▶ **4.** Connaissant les causes des ulcères grâce au document 3, il est facile de donner des conseils pour les éviter.

CORRIGÉ 34

▶ **1.** Le suc gastrique facilite la digestion par la présence d'acide et d'enzymes. Son acidité permet de détruire les micro-organismes qui peuvent déclencher des maladies de type gastro-entérites. Le mucus protège la paroi de l'estomac de l'acidité.

▶ **2.** D'après le tableau, la pepsine produite par l'estomac fonctionne au maximum avec un pH acide de 3 par rapport à la trypsine de l'intestin et l'amylase salivaire qui ont besoin d'un pH neutre. Le pH d'arrivée du bol alimentaire est neutre.

> **Conseil**
> Trouve dans le tableau l'enzyme présente dans le suc gastrique et sa condition optimale de fonctionnement.

C'est donc la production d'acide chlorhydrique par l'estomac qui abaisse le pH permettant ainsi l'activité de la pepsine et la digestion des protéines.

Sans l'ajout d'acide, la pepsine ne peut agir et la digestion des protéines est mauvaise.

▶ **3.** La bactérie *H. Pylori* n'est pas détruite par l'acidité de l'estomac. Elle peut alors se développer dans le mucus et empêcher son rôle protecteur. Les cellules de la paroi de l'estomac sont alors attaquées par l'acide gastrique, ce qui provoque les plaies et brûlures.

▶ **4.** Les causes des ulcères sont la présence de bactéries, difficile à éviter, mais aussi la prise de médicaments et des causes de production trop importante d'acide gastrique.

Pour éviter les ulcères, il ne faut donc pas utiliser d'anti-inflammatoires non stéroïdiens ou avec un traitement associé visant à diminuer le pH. De même il faut éviter le stress, l'alcool et la cigarette qui augmentent le pH gastrique et les risques d'ulcères.

SUJET 35

Sujet inédit

SVT • 25 points

Le meilleur départ

Lucie est sélectionnée pour la première fois pour une compétition nationale de natation. Elle veut à tout prix améliorer son temps en 50 m nage libre. Pour cela elle devra prendre le meilleur départ possible.

DOCUMENT 1 Réussir son départ

Pour les courses de nage libre, de brasse, de papillon et de quatre nages individuelles, le départ doit s'effectuer par un plongeon. Au long coup de sifflet du juge-arbitre, les nageurs doivent monter sur le plot de départ et y rester. À la commande « à vos marques » du starter, ils doivent immédiatement prendre une position de départ avec au moins un pied à l'avant des plots de départ. La position des mains est indifférente. Lorsque tous les nageurs sont immobiles, le starter doit donner le signal de départ (coup de sifflet bref ou bip). Tout nageur partant avant le signal de départ sera disqualifié.

DOCUMENT 2 Temps de réaction et circuit de l'information

Le temps de réaction se mesure en secondes. Il indique le laps de temps entre le moment du signal de départ et le moment où les pieds décollent du plot.

Pour travailler le départ, certains nageurs font appel à des entraîneurs d'athlétisme, parce que désormais les sprinteurs ont des départs pieds décalés (et non pieds joints). La poussée est moins puissante, mais le temps de réaction est plus bref. La performance est donc améliorée.

La durée de réaction du nageur, entre le moment où il entend le signal de départ et le moment où il plonge, correspond au temps que met l'information nerveuse sensorielle pour aller au cerveau, au temps de prise de décision et au temps que l'information nerveuse motrice atteigne les muscles des jambes pour qu'ils se contractent.

DOCUMENT 3 **Départ parfait, combinaisons et performances**

Le plongeon est une phase de la course à privilégier, surtout en sprint de 50 et 100 m.

Un bon départ doit permettre au nageur d'arriver dans l'eau le plus vite possible, le plus loin possible, avec la plus grande vitesse et dans un angle qui permet la plus rapide reprise de nage. On mesure la qualité du départ en prenant le chrono au passage des 15 m, ce qui permet d'évaluer le plongeon mais aussi la coulée (propulsion sous l'eau). La coulée est très importante car le nageur est plus rapide sous l'eau qu'en surface.

Depuis 2010, les combinaisons en 100 % polyuréthane sont interdites. Les nouvelles combinaisons « textiles » sont désormais utilisées.

Des mesures ont été faites pour comparer les performances des nageurs au 50 m nage libre, suivant le type de combinaison porté. Dans le tableau ci-dessous, les temps sont en secondes.

		0-15 m	15-25 m	50 m
Combinaison polyuréthane				
Cielo	5,17	4,31	11,43	20,91
Bousquet	5,44	4,32	11,18	20,96
Combinaison textile				
Cielo	5,28	4,44	11,60	21,32
Bousquet	5,56	4,32	11,48	21,36
Manaudou	5,16	4,48	11,73	21,37

▶ **1.** D'après les documents 1 et 2, à quoi correspond le temps de réaction lors du départ plongé ?

▶ **2.** D'après le document 2, quel est le circuit de l'information nerveuse lors du départ ? Complétez le schéma suivant.

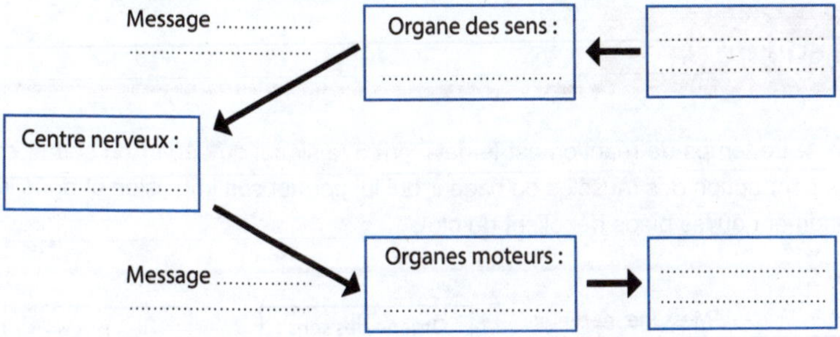

▶ **3.** Comment le temps de réaction peut-il être amélioré ?

▶ **4.** D'après le document 3, que peut travailler Lucie à part le temps de réaction pour prendre le meilleur départ ?

▶ **5.** D'après le document 3, quel est le nageur ayant le meilleur départ avec la combinaison textile ?

▶ **6.** La combinaison en polyuréthane permettait-elle d'améliorer le départ ?

LES CLÉS DU SUJET

Comprendre les documents

- Le document 1 explique les conditions de départ dans une compétition de natation.
- Le document 2 explique ce qu'est le temps de réaction et de quoi il dépend.
- Le document 3 présente les critères d'évaluation d'un bon départ et des performances de nageurs obtenues avec combinaison polyuréthane ou textile.

Répondre aux questions

▶ **1.** Une fois compris le déroulement du départ (document 1), la définition du temps de réaction est dans le second document.
▶ **2.** Relis bien le document 2 en cherchant tous les éléments demandés.
▶ **3.** Cette question fait appel à tes connaissances et ta logique. Le but est d'être plus rapide.
▶ **5.** et **6.** L'évaluation du départ se fait grâce au temps entre 0 et 15 m.

SVT

CORRIGÉ 35

▶ **1.** Le temps de réaction est le délai entre le signal de départ du starter et la contraction des muscles du nageur qui lui permet son impulsion et donc le moment où les pieds décollent du plot.

▶ **2.**

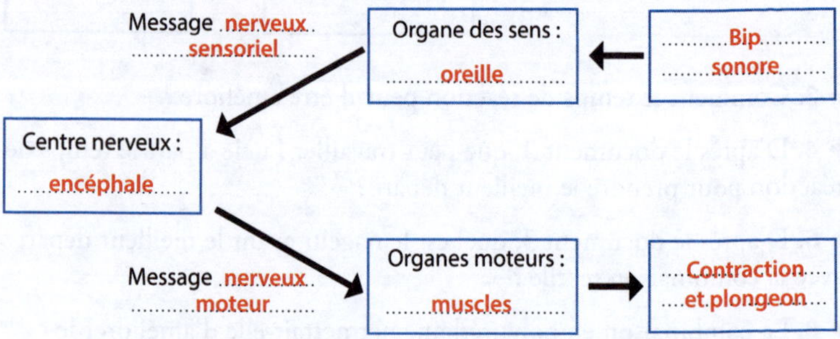

▶ **3.** Le circuit de l'information nerveuse doit être plus rapide. Il faut donc être attentif pour entendre le signal sonore, mais surtout déjà prêt à contracter ses muscles. L'entraînement, par la répétition de nombreux plongeons, permet d'automatiser la réaction et donc d'accélérer la transmission du message.

▶ **4.** Lucie doit aussi travailler à l'entraînement sa poussée sur les plots pour entrer le plus vite et le plus loin possible dans l'eau. La coulée est aussi importante car la nage est plus rapide sous l'eau qu'en surface. Plus la coulée est longue, plus on gagne de temps.

▶ **5.** La qualité du départ est mesurée grâce au temps entre 0 et 15 m de course. C'est donc Manaudou qui effectue le meilleur temps, avec 5,16 s soit 12 centièmes de seconde de moins que Cielo et 40 de moins que Bousquet.

▶ **6.** Pour Cielo, on a :

5,28 – 5,17 = 0,11 s gagnée au départ sur seulement 15 m.

Pour Bousquet on a :

5,56 – 5,44 = 0,12 s gagnée au départ sur seulement 15 m.

La combinaison en polyuréthane permettait donc une meilleure glisse sur le départ.

> **Rappel**
> Tu dois comparer les temps de départ (0-15 m) avec et sans combinaison.

SUJET 36

Amérique du Sud • Novembre 2017
SVT • 25 points

L'exploitation de la chaleur de la Terre

La planète Terre produit de la chaleur. Des mesures de températures en profondeur sont reportées sur la carte ci-dessous.

DOCUMENT 1 **La température des roches à 500 mètres de profondeur**

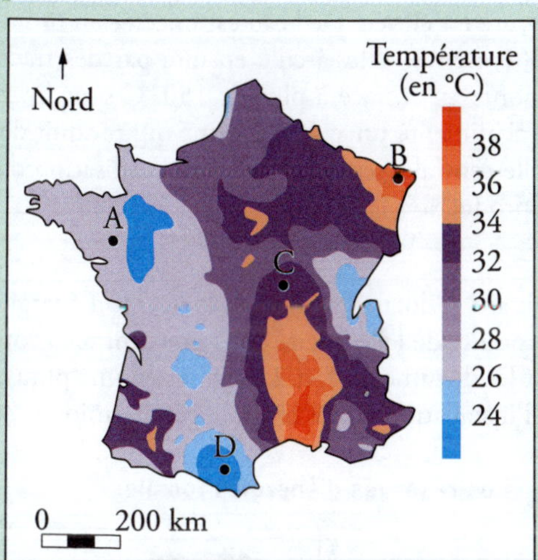

Source : BRGM, site www.access.ens-lyon.fr

▶ **1.** À partir du document 1, cocher pour chaque phrase la proposition exacte.

a) Cette carte représente :

❑ la température atmosphérique.
❑ le relief.
❑ la température des roches en profondeur.
❑ la densité de population.

b) La température des roches à 500 mètres de profondeur est plus élevée :

❑ au point A.
❑ au point B.
❑ au point C.
❑ au point D.

c) La température maximale des roches à 500 mètres de profondeur en France est d'environ :

❑ 80 °C à 100 °C. ❑ 24 °C à 26 °C.
❑ 36 °C à 40 °C. ❑ 0 °C à 2 °C.

DOCUMENT 2 Le fonctionnement d'une centrale géothermique

Constatant que la chaleur produite par la Terre est naturelle et inépuisable, les scientifiques ont tenté de l'exploiter. C'est ainsi qu'ils ont conçu une centrale géothermique installée dans l'est de la France (point B sur la carte du document 1).

Le principe de cette centrale est d'utiliser la chaleur des couches de roches profondes. En effet, plus les roches sont profondes, plus leur température est élevée. De l'eau est injectée en profondeur, entre 3 000 et 7 000 mètres. Elle circule ensuite par des fractures dans la roche et remonte en surface à plus de 150 °C sous forme de vapeur d'eau. Celle-ci alimente un système fermé qui produit de l'électricité. Cette nouvelle centrale permet de réduire l'utilisation d'énergies fossiles pour la production d'électricité.

▶ **2. a)** En utilisant le document 2, citer la source d'énergie que l'on utilise pour produire de l'électricité dans une centrale géothermique.

b) En utilisant les documents 1 et 2, justifier en une phrase le choix du point B pour l'installation d'une centrale géothermique.

DOCUMENT 3 Les réserves d'énergies fossiles

Énergies fossiles	 Charbon ph © Nigel Monckton/stock.adobe.com	 Pétrole ph © Globalflyer/stock.adobe.com	 Gaz ph © Olympixel_stock.adobe.com
Réserves*	183 ans	44 ans	64 ans

Source : *BP Statistical Review of World Energy* 2009

* Nombre d'années d'utilisation que peuvent couvrir les réserves actuellement connues, en tenant compte des évolutions futures de la consommation. Il s'agit d'estimations moyennes.

▶ **3.** Expliquer pourquoi l'énergie produite par une centrale géothermique, comme d'autres énergies renouvelables, est amenée à se développer pour les générations futures.
Un texte construit est attendu, il devra s'appuyer sur des arguments tirés des documents 2 et 3.

LES CLÉS DU SUJET

Comprendre les documents

- Le document 1 est une carte indiquant la température des roches en France à 500 mètres de profondeur.
- Le texte du document 2 explique le fonctionnement d'une centrale géothermique.
- Le tableau du document 3 présente le nombre d'années d'utilisation des réserves de différentes énergies fossiles.

Répondre aux questions

▶ **1.** Lis d'abord les propositions, puis cherche l'information qui te permet de choisir dans la carte.

▶ **2. a)** Relève l'information dans le texte.

b) Note la température au point B afin de connaître l'intérêt de cette position.

▶ **3.** Utilise les documents 2 et 3 afin d'argumenter ta réponse en comparant l'exploitation de la chaleur de la Terre et celle des énergies fossiles.

CORRIGÉ 36

▶ **1. a)** Cette carte représente la température des roches en profondeur.

b) La température des roches à 500 mètres de profondeur est plus élevée au point B (> 38 °C).

c) La température maximale des roches à 500 mètres de profondeur en France est d'environ 36 °C à 40 °C.

▶ **2. a)** D'après le document 2, c'est la chaleur de la Terre qui est exploitée dans une centrale géothermique.

b) Sur la carte, le point B est situé dans une zone où la température des roches à 500 mètres de profondeur est entre 38 et 40 °C, soit la plus élevée en métropole. C'est donc l'endroit où la chaleur de la Terre est la plus importante, donc la plus exploitable par une centrale géothermique.

Il faudra injecter de l'eau moins profondément qu'ailleurs pour récupérer assez de chaleur afin de produire de l'électricité.

▶ **3.** Nous cherchons à déterminer pourquoi l'énergie produite par une centrale géothermique est amenée à se développer pour les générations futures.

> **CONSEIL**
> Tu dois démontrer l'intérêt de l'exploitation de la chaleur de la Terre par rapport à celle des énergies fossiles. Tu peux apporter des connaissances supplémentaires.

La chaleur produite par la Terre est naturelle et inépuisable, alors que les réserves en énergies fossiles ne sont estimées qu'à 183 ans pour le charbon, 44 ans pour le pétrole et 64 ans pour le gaz. Les stocks d'énergies fossiles sont restreints et très peu renouvelables.

On sait que la combustion des énergies fossiles afin de produire de l'électricité entraîne des émissions de gaz à effet de serre qui accentuent le réchauffement climatique. L'exploitation d'une centrale géothermique produit de l'électricité sans émettre ces gaz à effet de serre.

L'énergie produite par une centrale géothermique, comme d'autres énergies renouvelables (énergie éolienne, énergie hydraulique…), est amenée à se développer pour les générations futures, car elle est inépuisable et non polluante.

SUJET 37

Asie • Juin 2017

SVT • 25 points

L'impact de la pollution du sol

Suite à une activité industrielle, dans une région française, un sol a été fortement pollué par du plomb (plusieurs grammes par kilogramme de sol). À sa surface, une épaisseur anormale de litière* a été constatée. Une équipe d'étudiants cherche à comprendre le lien entre cette pollution par le plomb et la diminution de la dégradation de la litière.

*Litière : partie du sol située en surface et constituée de débris (fragmentés) végétaux et animaux en cours de dégradation.

DOCUMENT 1 **Nombre d'animaux dans un sol sain et dans un sol pollué**

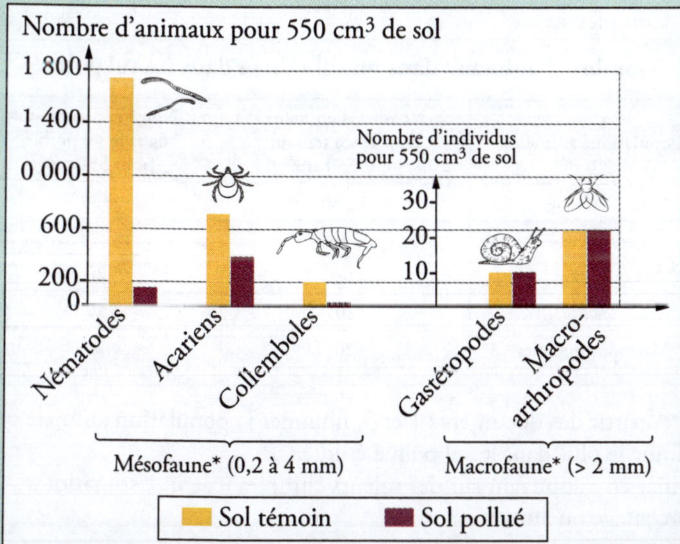

D'après source : svt.acdijon/schemassvt – Source INRA (Mrs Lacassin et Schvartz).

* Mésofaune : ensemble d'animaux de tailles comprises entre 0,2 et 4 mm.
* Macrofaune : ensemble d'animaux de tailles supérieures à 2 mm.

SVT

DOCUMENT 2 **Les micro-organismes du sol**

Les micro-organismes (champignons, bactéries…) n'appartiennent pas à la mésofaune ni à la macrofaune. Ils ne sont observables qu'au microscope et terminent la dégradation de la litière. Celle-ci doit être préalablement finement fragmentée par les animaux du sol.

DOCUMENT 3 **Étude complémentaire sur un sol pollué**

On a constaté une diminution du nombre de certains animaux appartenant à la mésofaune (collemboles, nématodes) qui participent à la fragmentation de la litière.
Les débris de la litière ne sont plus fragmentés aussi finement que dans un site non pollué. Malgré la forte pollution du sol, les micro-organismes restent vivants mais leur action de dégradation est ralentie.

Modifié d'après www.gissol.fr

▶ **1.** Compléter :

Nombre d'animaux dans un sol sain et dans un sol pollué

Populations animales	Nombre d'animaux dans le sol témoin pour 550 cm^3	Nombre d'animaux dans le sol pollué pour 550 cm^3
…………………………..	1 750	180
Acariens	780	…………………………..
Collemboles	…………………………..	20
…………………………..	10	10
Macro-arthropodes	20	20

▶ **2.** À partir des documents 1 et 3, nommer la population animale qui diminue le plus dans le sol pollué étudié.
Justifier en s'appuyant sur des valeurs chiffrées (calcul, estimation, pourcentage ou autre).

▶ **3.** Proposer une explication à l'épaisseur anormale de litière sur un sol pollué. Un texte construit est attendu, il devra s'appuyer sur des arguments tirés des deux documents 2 et 3.

LES CLÉS DU SUJET

Comprendre les documents

- Le document 1 est un graphique représentant en parallèle le nombre d'animaux dans un sol sain et dans un sol pollué.
- Le texte du document 2 définit les micro-organismes du sol et leur rôle.
- Le texte du document 3 apporte des informations supplémentaires sur la dégradation de la litière des sols pollués.

Répondre aux questions

▶ **1.** Relève dans le graphique du document 1 les chiffres ou groupes d'animaux manquant dans le tableau afin de le remplir.

▶ **2.** Utilise les valeurs chiffrées afin d'évaluer la diminution du nombre d'animaux ou le nombre restant.

▶ **3.** Exploite les documents 2 et 3 afin d'argumenter ta réponse dans un texte construit.

CORRIGÉ 37

▶ **1.**

Populations animales	Nombre d'animaux dans le sol témoin pour 550 cm^3	Nombre d'animaux dans le sol pollué pour 550 cm^3
Nématodes	1 750	180
Acariens	780	400
Collemboles	200	20
Gastéropodes	10	10
Macro-arthropodes	20	20

▶ **2.** On peut calculer le pourcentage d'animaux restant dans le sol pollué.

- Nématodes : $\frac{180 \times 100}{1\,750} = 10{,}28$ %.
- Acariens : $\frac{400 \times 100}{780} = 51{,}28$ %.
- Collemboles : $\frac{20 \times 100}{200} = 10$ %.

SVT

• Gastéropodes : $\frac{10 \times 100}{10} = 100$ %.

• Macro-arthropodes : $\frac{20 \times 100}{20} = 100$ %.

D'après le document 1, la population animale qui diminue le plus dans le sol pollué est celle des nématodes et des collemboles car il y en a 10 fois moins que dans le sol témoin, alors que les autres groupes ont moins de différence. Ils sont aussi notés dans le document 3 comme les animaux de la mésofaune les plus touchés.

REMARQUE
Les groupes des gastéropodes et les macro-arthropodes ne sont pas du tout touchés par la pollution du sol.

▶ **3.** Suite à une activité industrielle, un sol a été pollué par du plomb. Un groupe d'étudiants cherche à expliquer la cause de l'épaisseur anormale de sa litière.

La litière est la partie superficielle du sol constituée de débris de végétaux et d'animaux en cours de dégradation.

CONSEIL
Relis l'introduction du sujet afin d'élaborer ta problématique, puis argumenter ta réponse à l'aide des documents 2 et 3.

D'après le document 2, les micro-organismes du sol, comme les bactéries et les champignons, terminent la dégradation de la litière qui doit être auparavant finement fragmentée par les animaux du sol.

La pollution entraîne une diminution du nombre de beaucoup d'animaux du sol, dont les collemboles et les nématodes (document 3) qui participent à la fragmentation de la litière. Étant moins nombreux, la fragmentation est beaucoup plus faible, moins fine et empêche le travail des micro-organismes qui finissent la dégradation. La litière n'est donc que très lentement dégradée.

La pollution au plomb entraîne la disparition d'une partie des animaux du sol ce qui empêche la dégradation de la litière qui reste donc anormalement épaisse.

France métropolitaine • Juin 2017
SVT • 25 points

La transition énergétique

L'augmentation de la population mondiale et des différents besoins en énergie s'accompagne d'une consommation de pétrole de plus en plus forte. L'augmentation de l'exploitation des ressources en pétrole entraîne un appauvrissement rapide de celles-ci.

DOCUMENT 1 **Productions énergétiques mondiales en 2012 (en Mtep : mégatonne équivalent pétrole[1])**

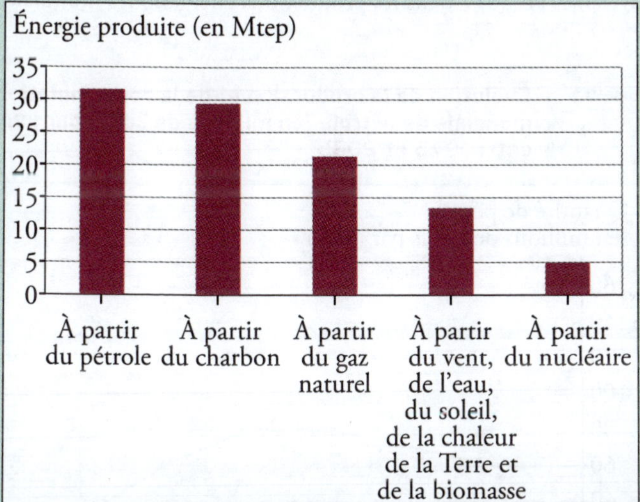

• Une **énergie non renouvelable** désigne l'énergie que l'on produit à partir de la combustion de matières premières fossiles d'origine organique (issues d'êtres vivants) : le pétrole, le charbon et le gaz naturel. Elle n'est pas renouvelable à l'échelle d'une vie humaine.

• Une **énergie renouvelable** est une ressource énergétique dont le renouvellement naturel est assez rapide pour qu'elle puisse être considérée comme inépuisable à l'échelle d'une vie humaine. L'énergie solaire, l'énergie éolienne, l'énergie hydraulique et l'énergie biomasse[2] sont des types d'énergies renouvelables.

D'après les données du Key World Energy Statistics 2014 de l'AIE.

1. La mégatonne équivalent pétrole est une unité de mesure de l'énergie utilisée en économie et dans l'industrie.
2. L'énergie biomasse provient de la combustion de matières vivantes (bois, végétaux, déchets agricoles, ordures ménagères organiques) ou du biogaz issu de la fermentation de ces matières, dans des centrales.

▶ **1.** En utilisant les données du document 1, comparer la part des sources d'énergies renouvelables à celle des sources d'énergies non renouvelables en 2012 dans les productions énergétiques mondiales.

DOCUMENT 2 **Évolution de la production et de la consommation mondiale de pétrole (en millions de barils par jour) entre 1975 et 2035**

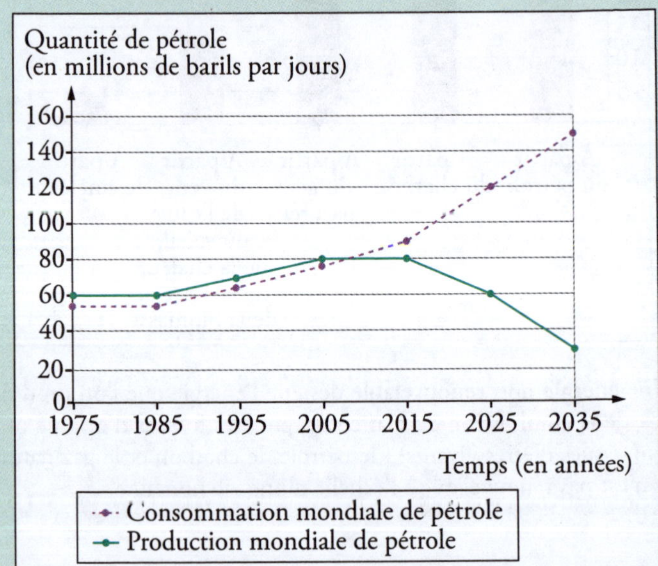

▶ **2. a)** À partir du document 2, comparer les courbes de la production mondiale et de la consommation mondiale de pétrole depuis 2005.
b) Formuler le problème auquel l'être humain est confronté depuis 2015.

DOCUMENT 3 **La transition énergétique pour la croissance verte (croissance économique respectueuse de l'environnement naturel)**

• La **loi du 17 août 2015** relative à la transition énergétique pour la croissance verte est une loi qui engage le pays tout entier : citoyens, entreprises, territoires, pouvoirs publics. Elle va permettre à la France de renforcer son indépendance énergétique […] et donne à tous des outils concrets pour accélérer la croissance verte.
• Le **discours de Ségolène Royal[1] du 25 avril 2016** fixe « … l'objectif d'augmenter de 50 % la capacité installée[2] des énergies renouvelables d'ici 2023 ».

D'après http://www.gouvernement.fr/

1. Ministre de l'Environnement, de l'Énergie et de la Mer.
2. Installations technologiques permettant de produire de l'énergie renouvelable (éoliennes, panneaux solaires…).

DOCUMENT 4 **Estimation de l'épuisement des ressources énergétiques disponibles (en prenant en compte le rythme actuel de consommation et de production)**

Énergies/ressources	Pétrole	Gaz	Charbon	Éolienne[1]	Solaire
Estimation de la durée de l'épuisement des stocks	54 ans	63 ans	112 ans	Jamais	Jamais

1. Énergie éolienne : énergie produite à partir du vent.

▶ **3.** En vous appuyant sur les documents 3 et 4, identifier et argumenter les objectifs relatifs à la transition énergétique pour la croissance verte.

SVT

LES CLÉS DU SUJET

■ Comprendre les documents

• Le **document 1** est un graphique donnant l'énergie mondiale produite par différentes sources en mégatonnes équivalent pétrole (Mtep) ainsi qu'un texte définissant les énergies renouvelables et non renouvelables.
• Le graphique du **document 2** présente l'évolution réelle puis estimée de la production et de la consommation mondiale de pétrole de 1975 à 2035.
• Le **document 3** résume l'objectif du texte de la loi du 17 août 2015, ainsi qu'une citation de Ségolène Royal, qui était alors ministre de l'Environnement, de l'Énergie et de la Mer.
• Le tableau du **document 4** donne l'estimation de la durée avant l'épuisement des stocks de différents types d'énergie.

■ Répondre aux questions

▶ **1.** Commence par classer les différents types de production en énergies renouvelables et non renouvelables grâce au texte, puis relève les valeurs du graphique.

▶ **2. a)** Décris l'évolution des deux courbes du **document 2** à partir de 2005.

b) Utilise les données seulement à partir de 2015 afin de noter la différence avec les données précédentes.

▶ **3.** Tu dois identifier et argumenter les objectifs relatifs à la transition énergétique pour la croissance verte en recherchant des arguments dans les **documents 3** et **4**.

CORRIGÉ 38

▶ **1.** Les énergies renouvelables sont les énergies solaire, éolienne, hydraulique et celle issue de la biomasse. Elles se renouvellent rapidement et sont inépuisables à l'échelle d'une vie humaine.

> **Conseil**
> Colorie ou surligne différemment les deux types d'énergie renouvelables ou non.

Dans le graphique, la production énergétique mondiale à partir du vent, de l'eau, du soleil, de la chaleur de la Terre et de la biomasse, donc provenant des énergies renouvelables est de 14 Mtep.

D'après le document, les énergies non renouvelables sont les énergies issues de matières fossiles comme le charbon, le pétrole ou le gaz naturel. Il faut additionner les valeurs de 31 Mtep pour le pétrole, 29 Mtep pour le charbon et 21 Mtep pour le gaz naturel, ce qui fait 81 Mtep.

L'énergie nucléaire n'est pas renouvelable à l'échelle de vie humaine, c'est une énergie non renouvelable bien qu'elle ne produise pas de gaz à effet de serre.

Remarque
L'énergie nucléaire n'est pas définie comme renouvelable ou non dans le document. Utilise tes connaissances.

La part de l'énergie nucléaire est de 5 Mtep qu'on peut ajouter aux énergies non renouvelables, ce qui fait 86 Mtep.

La part des sources d'énergies non renouvelables est donc 6 fois supérieure à celle des sources d'énergies renouvelables.

▶ **2. a)** La courbe pleine indique la production mondiale de pétrole, celle en pointillé sa consommation.

Conseil
Surligne différemment les deux courbes ainsi que leurs légendes afin de les distinguer plus facilement.

On remarque qu'entre 1975 et 2005 les courbes sont superposées et qu'il y a donc autant de production que de consommation de pétrole, celles-ci étant assez stables entre 60 et 80 millions de barils par jour.

Entre 2005 et 2015, la consommation de pétrole augmente de 80 à 90 millions de barils par jour alors que la production reste stable à 80 millions de barils par jour.

À partir de 2015, la production diminuerait jusqu'à 30 millions de barils par jour en 2035 alors que la consommation exploserait jusqu'à 150 millions de barils par jour.

À partir de 2005, la consommation de pétrole double alors que sa production est presque divisée par 3.

b) Il y a donc plus de consommation que de production de pétrole.

Après 2015, la production de pétrole sera nettement insuffisante par rapport aux besoins de consommation mondiaux, il faut donc réduire cette consommation.

Il manquerait en 2035, 120 millions de barils de pétrole par jour pour subvenir aux besoins énergétiques humains. Comme la population mondiale augmente, on ne peut imaginer une baisse de la consommation d'énergie, la consommation de pétrole devra diminuer en favorisant les autres sources d'énergie.

▶ **3.** D'après le document 4, si la consommation d'énergie mondiale reste constante, l'épuisement des stocks d'énergies fossiles non renouvelables se fera dans 112 ans pour le charbon, 63 ans pour le gaz et seulement 54 ans pour le pétrole. Par contre, il n'y a pas d'épuisement des ressources telles que l'éolien ou le solaire puisque ces énergies se renouvellent. Comme nous avons vu auparavant que la consommation énergétique devrait tripler, ces stocks seront épuisés encore plus rapidement. C'est pourquoi il faut développer l'utilisation des sources d'énergies renouvelables afin de remplacer celles des énergies fossiles, qui sont limitées dans le temps.

Conseil
Il est plus judicieux de commencer par le document 4, qui montre les limites des stocks des différents types d'énergie, afin de montrer l'intérêt des énergies renouvelables.

La loi du 17 août 2015 relative à la transition énergétique pour la croissance verte vise à développer l'utilisation des énergies renouvelables au niveau national et permettre à la France de renforcer son indépendance énergétique.

L'objectif donné en 2016 par la ministre de l'Environnement, de l'Énergie et de la Mer, Ségolène Royal, est d'augmenter de 50 % d'ici 2023 les installations permettant d'utiliser ces énergies renouvelables. De ce fait, la consommation énergétique pourra être assurée par des sources autres que celles dont les stocks sont limités.

Remarque
On parle de transition énergétique pour la croissance verte (croissance économique respectueuse de l'environnement naturel) car l'exploitation des énergies renouvelables telles que l'éolien, le solaire, l'hydraulique, la géothermie ne produit pas de gaz à effet de serre et contribue donc à une meilleure préservation de l'environnement.

Pondichéry • Mai 2017
SVT • 25 points

Les choix énergétiques

On s'intéresse à l'approvisionnement énergétique de quelques villes françaises.

DOCUMENT 1 **Quelques définitions concernant les trois types d'énergie**

• Une **énergie non renouvelable** désigne l'énergie que l'on produit à partir de la combustion de matières premières fossiles d'origine organique (issues d'êtres vivants) : le pétrole, le charbon et le gaz naturel. Elle n'est pas renouvelable à l'échelle d'une vie humaine.
• Une **énergie renouvelable** est une ressource énergétique dont le renouvellement naturel est assez rapide pour qu'elle puisse être considérée comme inépuisable à l'échelle d'une vie humaine. L'énergie solaire (produite à partir du soleil), l'énergie éolienne (produite à partir du vent), l'énergie géothermique (produite par l'activité interne de la Terre), l'énergie provenant de la biomasse (produite à partir de la matière organique des êtres vivants) et l'énergie hydraulique (produite à partir de la force de l'eau) sont des types d'énergie renouvelable.
• L'**énergie nucléaire** est une énergie qui provient du noyau des atomes.

DOCUMENT 2 **Estimation de la part de différents types d'énergie dans l'approvisionnement énergétique mondial**

		2010	2020	2035
Énergies non renouvelables	Pétrole Charbon Gaz	81 %	80 %	74 %
Énergie nucléaire	Nucléaire	6 %	5 %	6 %
Énergies renouvelables	Géothermique Solaire Provenant de la biomasse Hydraulique	13 %	15 %	20 %

DOCUMENT 3

Cartes de la répartition du débit géothermique, de la moyenne de l'ensoleillement et de la vitesse des vents en France

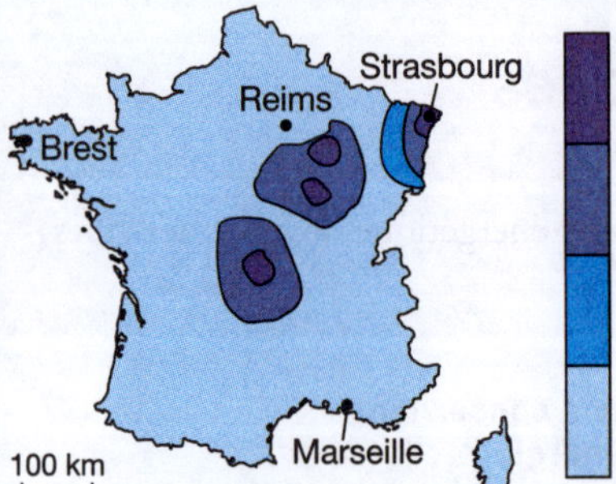

Carte de la répartition du débit moyen d'énergie géothermique issue des profondeurs de la Terre, mesurée en surface de la Terre pour 1 m² (en mW)

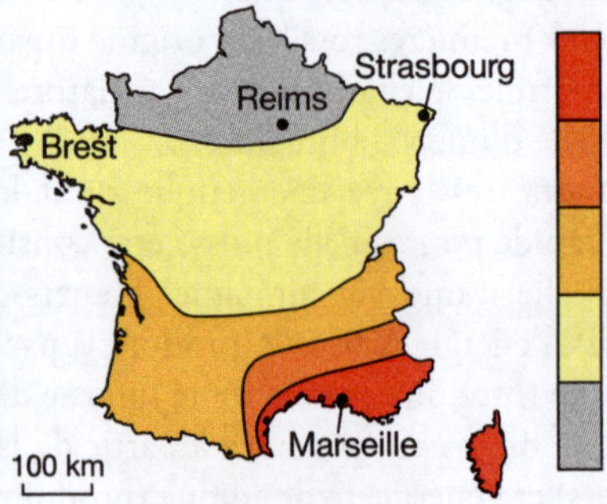

Carte de la moyenne de l'ensoleillement (en heures par année)

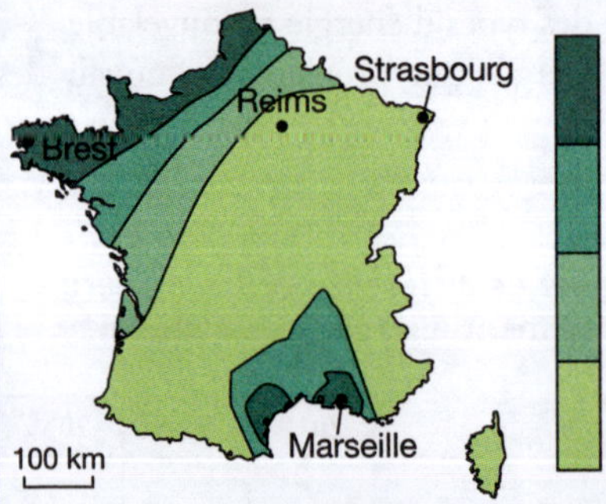

Carte de la vitesse moyenne des vents (en m/s)

DOCUMENT 4 **Les avantages et les inconvénients de trois énergies renouvelables**

Énergies	Géothermique	Solaire	Éolienne
Avantage	Ressource inépuisable à l'échelle d'une vie humaine		
Inconvénients	Une centrale géothermique n'est installée qu'à partir d'un débit d'énergie en surface suffisant (supérieur à 120 mW/m²)	Certains panneaux solaires ne sont pas rentables si la durée d'ensoleillement ne dépasse pas 1 800 heures de soleil par an	Une éolienne ne produit pas d'électricité si la vitesse du vent est inférieure à 7,5 m/s

▶ **1.** En vous appuyant sur les données du document 2, comparer l'évolution de la part des différents types d'énergie dans l'approvisionnement énergétique entre 2010 et 2035.

▶ **2.** À partir des informations des documents 3 et 4, citer (sans justifier) la ou les énergies renouvelables les plus pertinentes pour les trois villes françaises suivantes : Strasbourg, Brest et Marseille.

▶ **3.** À partir des documents 1 à 4, proposer une solution à l'approvisionnement énergétique de la ville de Reims. Justifier votre réponse.

SVT

LES CLÉS DU SUJET

Comprendre les documents

• Le document 1 contient les définitions des énergies renouvelables et non renouvelables.

• Le tableau du document 2 permet de connaître l'évolution prévue des types d'énergies utilisées au niveau mondial de 2010 à 2035.

• Le document 3 présente la répartition des ressources géothermiques, éoliennes (vitesse moyenne des vents) et solaires (ensoleillement) du territoire français.

• Le tableau du document 4 présente les avantages et inconvénients des trois énergies renouvelables (géothermie, solaire et éolienne) afin de connaître leur intérêt.

Répondre aux questions

▶ **1.** Il faut utiliser les chiffres du document 2 pour mettre en évidence l'évolution des apports des différents types d'énergie.

▶ **2.** Après avoir localisé chaque ville sur les trois cartes, tu peux savoir si le type d'énergie est exploitable à cet endroit (doc. 4) et dire quelle est celle qui est la plus pertinente.

▶ **3.** Pour la ville de Reims, tu dois regarder si une énergie renouvelable peut être utilisée de façon rentable ou s'il faut recourir à une forme d'énergie non renouvelable.

CORRIGÉ 39

▶ **1.** La proportion d'énergie nucléaire utilisée resterait stable entre 5 % et 6 % de 2010 à 2035. La part d'utilisation des énergies fossiles non renouvelables diminuerait de 81 à 74 %, tandis que celle des énergies renouvelables augmenterait de 13 à 20 %.

On estime donc que l'effort de développement des énergies renouvelables permettra de limiter l'utilisation des énergies fossiles polluantes entre 2010 et 2035.

Remarque
Il ne faut pas restituer tous les chiffres mais mettre en évidence l'évolution prévue au cours du temps.

▶ **2.** Pour la ville de Strasbourg, l'énergie renouvelable la plus pertinente est l'énergie géothermique, car le débit d'énergie est supérieur à 130 mW/m^2.

• À Brest, c'est l'énergie éolienne qui est la plus pertinente, car il y a des vents dont la vitesse est supérieure à 7,5 m/s (suffisante pour faire fonctionner les éoliennes).

• L'énergie solaire et l'énergie éolienne sont toutes deux pertinentes à Marseille, car il y a plus de 3 000 heures d'ensoleillement par an (nécessaires à la rentabilité de panneaux solaires) et des vents dont la vitesse est supérieure à 7,5 m/s.

Conseil
Pour repérer plus facilement les énergies renouvelables pertinentes pour chaque ville, colorie sur chaque carte la zone où les ressources sont suffisantes pour produire de l'énergie.

▶ **3.** D'après les cartes du document 3, la ville de Reims n'est dans aucune des zones où l'utilisation d'une des trois énergies renouvelables est pertinente. Il n'y a pas assez de ressources géothermiques, ni de vent, ni d'ensoleillement.

L'approvisionnement énergétique de la ville de Reims ne peut être basé sur des énergies renouvelables, faute de ressources locales. Dès lors, seule l'utilisation des énergies non renouvelables comme les énergies fossiles et le nucléaire est possible.

SUJET

40

Sujet inédit

SVT • 25 points

La vie sur Kepler-186f est-elle possible ?

Kepler-186f se trouve dans la constellation du Cygne à environ 500 années-lumière de nous. Sa particularité ? Elle présenterait une taille similaire à celle de la Terre et serait située dans la zone habitable de son étoile. Une vie extraterrestre pourrait-elle y être présente ? Pourrions-nous nous y installer ?

DOCUMENT 1 Les caractéristiques de Kepler-186f

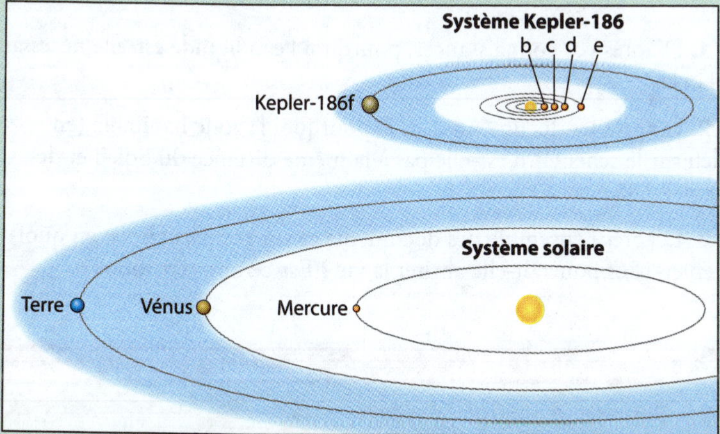

L'étoile Kepler-186 est une petite étoile ou « naine rouge » (la moitié de la masse du Soleil) qui forme un système exoplanétaire composé à l'heure actuelle de cinq planètes nommées Kepler-186b, Kepler-186c, Kepler-186d, Kepler-186e et Kepler-186f, toutes de taille proche de celle de la Terre.

Une naine rouge libère beaucoup moins d'énergie et donc de chaleur qu'une étoile de plus grande taille.

Nous ne savons pas grand-chose de la planète Kepler-186f à part sa taille très proche de celle de la Terre (1,2 fois le rayon de la Terre), la distance qui la sépare de son étoile et le fait qu'elle mette 130 jours à faire le tour complet de son étoile.

SVT

DOCUMENT 2 **Des conditions compatibles avec la vie ?**

Kepler-186f est la seule des cinq planètes connues à ce jour dans ce système qui est dans la zone dite habitable, car la distance par rapport à l'étoile permet une température compatible avec la présence d'eau liquide et potentiellement la vie.

« Si elle était trop proche de son étoile, il y ferait trop chaud et l'eau ne pourrait exister que sous forme de vapeur. Si elle en était trop éloignée, l'eau y serait glacée. Mais la planète est dans la bonne gamme de distances », explique Émeline Bolmont du laboratoire d'Astrophysique de Bordeaux, co-auteur de cette découverte reprise par le CNRS.

De plus d'après les modèles théoriques et la taille proche de celle de la Terre, on a de très fortes chances d'avoir affaire à une planète rocheuse.

Si c'est bien le cas, encore faut-il que cette planète ait une atmosphère pour que la vie telle que nous la connaissons puisse s'y développer.

▶ **1.** D'après vos connaissances, pourquoi l'eau liquide est-elle nécessaire à la vie ?

▶ **2.** D'après les documents 1 et 2, pourquoi la zone habitable (en bleu sur le schéma) n'est-elle pas à la même distance du Soleil et de Kepler-186 ?

▶ **3.** D'après l'ensemble des documents et vos connaissances, en quoi Kepler-186f pourrait-elle abriter la vie ? Est-ce une certitude ?

LES CLÉS DU SUJET

Comprendre les documents

- Le document 1 donne les caractéristiques connues de la planète Kepler-186f et de l'étoile Kepler-186 autour de laquelle elle tourne.
- Le document 2 explique en quoi cette planète présente des conditions favorables à la vie.

Répondre aux questions

▶ **1.** Cette question ne fait appel qu'à tes connaissances.

▶ **2.** La zone habitable définit une zone où la température permet la présence d'eau liquide, elle dépend de la chaleur émise par l'étoile. Montre la différence entre les deux systèmes.

▶ **3.** Définis les conditions nécessaires à la vie, puis recherche si elles sont présentes sur Kepler-186f.

CORRIGÉ 40

▶ **1.** L'eau à l'état liquide est nécessaire à la vie car tous les êtres vivants sont en majorité composés d'eau. À titre d'exemple, les plantes contiennent entre 80 à 85 % d'eau et les hommes près de 70 %. Sans eau liquide, pas de système circulatoire, ni de cytoplasme, ni de réactions chimiques. De plus la vie sur Terre est apparue dans le milieu aquatique.

▶ **2.** La zone habitable autour de l'étoile Kepler-186 est beaucoup plus proche de son étoile que la zone habitable du système solaire ne l'est du Soleil. Kepler-186 est deux fois plus petite que notre étoile le Soleil, elle émet donc beaucoup moins de chaleur que lui. Aussi une planète comme Kepler-186f pour avoir une température compatible avec la présence d'eau liquide doit être plus proche de lui. La zone habitable est plus proche de Kepler-186 car celle-ci « chauffe » moins que le Soleil.

> **Conseil**
> Tu dois trouver les informations dans les documents qui te permettent d'expliquer la position de la zone habitable visible sur le schéma.

▶ **3.** Les conditions nécessaires à la vie telle que nous la connaissons sont :
- la présence d'eau liquide ;
- la présence d'une atmosphère avec du CO_2 nécessaire à la photosynthèse et du O_2 nécessaire à la respiration ;
- la présence d'une surface (planète rocheuse) ;
- une température compatible avec la vie avec peu d'écarts ;
- l'absence de gaz nocifs.

> **Remarque**
> Dans tous les cas il n'y a aucune raison que cette vie soit semblable à celle présente sur Terre.

Kepler-186f pourrait abriter la vie, car elle se trouve dans la zone habitable de son étoile et elle peut donc avoir de l'eau à l'état liquide. De plus elle semble rocheuse. Ces conditions sont compatibles avec la vie.

Cependant, la présence d'atmosphère n'est pas vérifiée et sans elle la vie est impossible. En outre, même avec une atmosphère et toutes les conditions réunies, il se peut que la vie ne soit pas apparue.

SVT

SUJET 41

Sujet inédit
SVT • 25 points

L'activité volcanique de la Soufrière

Le 15 août 1976, plus de 70 000 personnes ont dû être évacuées de la partie sud de Basse-Terre, en Guadeloupe. L'éruption du volcan la Soufrière s'est manifestée par des coulées de boue et des projections de poussières et de cendres, mais elle n'a causé que des dommages matériels.

DOCUMENT 1 **Le contexte tectonique des Antilles**

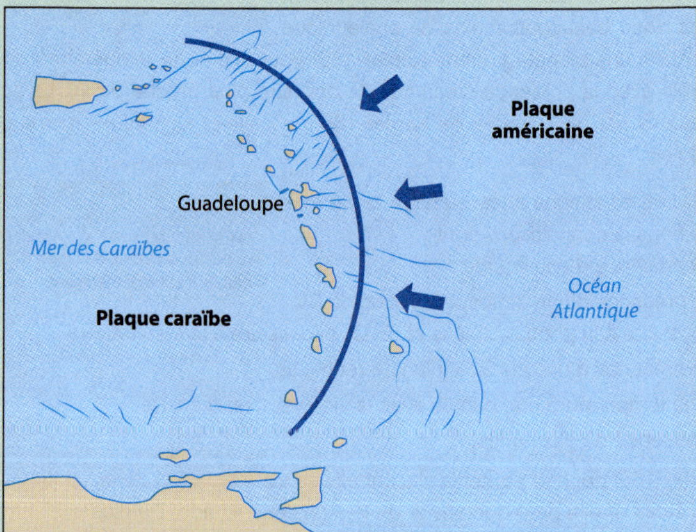

La Guadeloupe située dans les Antilles se trouve à la limite de deux plaques de lithosphère. Il y a un mouvement de convergence et la plaque océanique Amérique du Nord plonge sous la plaque caraïbe ce qui entraîne séismes et activité volcanique.

Source : paysagesdeguadeloupe.com

DOCUMENT 2 **Les éruptions de la Soufrière**

La Soufrière est constituée d'un dôme de roches volcaniques (andésites) mis en place au XVe siècle lors de la dernière éruption magmatique. Le magma très visqueux en remontant s'est solidifié et a bouché la cheminée volcanique.

Si la pression des gaz est suffisante ce bouchon peut être pulvérisé et provoquer une nuée ardente dévastatrice. Le matériel du volcan explose et crée un nuage de cendres à plus de 400 °C qui dévale les pentes du volcan et atteint des vitesses comprises entre 200 et 600 km/h, détruisant tout sur son passage.

Depuis le XVe siècle, il y a eu au moins cinq éruptions phréatiques, dont celle de 1976. Les éruptions phréatiques surviennent lors de la rencontre entre le magma ascendant et de l'eau superficielle (nappe phréatique, cours d'eau, lac, mer) et entraîne sa vaporisation, l'élévation de la pression dans les roches et des explosions violentes. Il y a alors des effondrements de terrains et des coulées de boues importants.

Source : www.ipgp.fr

DOCUMENT 3 **La prévision des éruptions**

Parmi les techniques de surveillance et d'alerte, les dispositifs sismologiques de détection et d'enregistrement des vibrations du volcan sont largement utilisés. Ils sont en général associés à des mesures de déformation du volcan (GPS, inclinomètres…) ainsi qu'à l'analyse des gaz émis. Des sismographes sont disposés tout autour du volcan afin de mesurer la moindre vibration du sol.

Une augmentation de l'activité sismique peut signaler l'apparition de fissures provoquées par la montée du magma quelques heures avant l'éruption.

▶ **1.** À l'aide du document 1, complétez le schéma ci-dessous avec les légendes : lithosphère – asthénosphère – remontée de magma – volcan – mouvement de convergence – plaque plongeante.
Titrez le schéma avec le nom du phénomène tectonique visible.

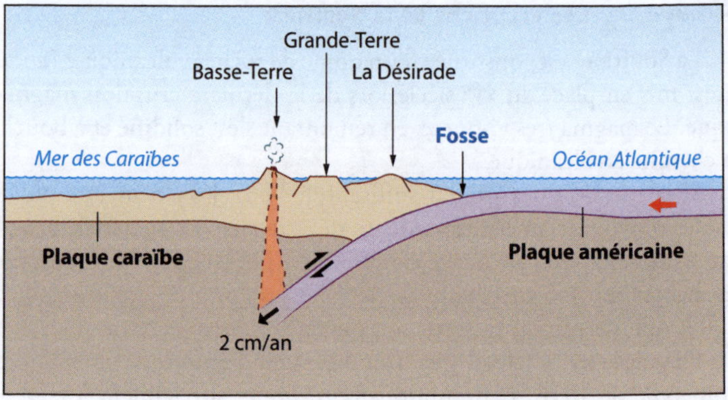

▶ **2.** Pourquoi parle-t-on de « volcan actif » alors qu'en Guadeloupe, il n'y a pas eu d'éruption magmatique depuis le XVe siècle ?

▶ **3.** En quoi la surveillance sismique de la Soufrière permet-elle de prévoir une éruption ?

LES CLÉS DU SUJET

■ Comprendre les documents

• Le document 1 localise la Guadeloupe par rapport aux plaques lithosphériques et permet de comprendre le contexte tectonique.
• Le document 2 décrit le type de volcanisme de la Soufrière et ses éruptions.
• Le document 3 présente les techniques de surveillance du volcan.

■ Répondre aux questions

▶ **1.** Le principe est de faire une coupe à partir de la carte du document 1, les indices sont aussi dans le texte.
▶ **2.** Commence par définir un volcan actif, puis recherche dans le document 2 les indices d'une activité.
▶ **3.** Relie l'activité sismique à celle du volcan pour répondre.

CORRIGÉ 41

▶ 1. Schéma de la subduction en Guadeloupe

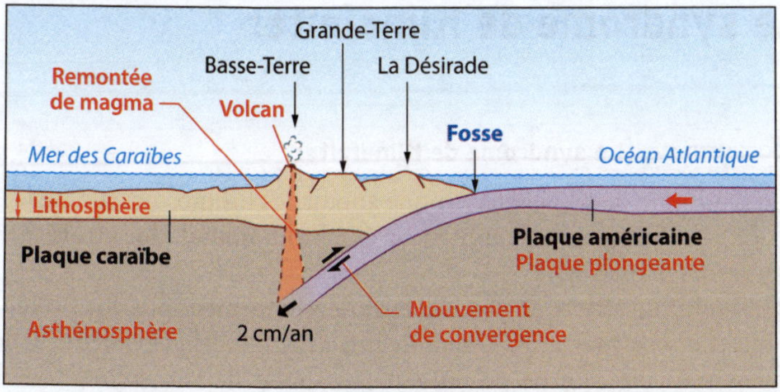

▶ 2. Un volcan actif est volcan qui a eu au moins une éruption durant les derniers 10 000 ans passés, ce qui est le cas de la Soufrière avec son éruption il y a seulement 600 ans. De plus, les éruptions phréatiques montrent qu'il y a toujours une activité magmatique, puisque du magma entre en contact de l'eau en surface.

▶ 3. Les sismographes enregistrent l'activité sismique en continu autour du volcan. Une augmentation de cette activité peut traduire une remontée du magma et donc une éruption imminente qu'elle soit magmatique ou phréatique. La population peut alors être évacuée rapidement.

Remarque
Le délai entre l'alerte et l'éruption peut être très court : il faut connaître les gestes à suivre pour se mettre en sécurité. Les populations vivant près des volcans s'entraînent souvent lors d'alertes fictives comme les alertes incendie ou PPMS au collège.

SVT

SUJET
42

Amérique du Nord • Juin 2017
SVT • 25 points

Le syndrome de Klinefelter

DOCUMENT 1 **Le syndrome de Klinefelter**

Le syndrome de Klinefelter est une anomalie chromosomique caractérisée par un caryotype comprenant 47 chromosomes, dont trois chromosomes sexuels XXY.
Ce syndrome affecte en particulier le développement physique d'individus de sexe masculin. Les individus atteints ont généralement des petits testicules qui ne produisent pas autant de testostérone que la normale [...]
La testostérone est l'hormone qui est impliquée dans le développement sexuel masculin avant la naissance. Pendant la puberté, elle intervient également en moyenne entre 10 et 18 ans chez les garçons. Le manque de testostérone chez les individus atteints va conduire à une puberté tardive et anormale. Chez eux, le développement des seins, la réduction des poils du visage et du corps seront associés à une incapacité à avoir des enfants (infertilité).

D'après https ://www.nlm.nih.gov/ U.S. National Library of Medicine

▶ **1.** Cocher pour chaque case la proposition exacte.

a) Le syndrome de Klinefelter :
❑ trouve son origine dans une infection bactérienne.
❑ est dû à la présence d'un chromosome sexuel supplémentaire.
❑ est dû à l'absence totale de testicule.

b) La puberté :
❑ est anormale chez le garçon atteint du syndrome de Klinefelter.
❑ intervient avant 6 ans chez l'enfant atteint du syndrome de Klinefelter.
❑ ne s'accompagne pas de modification physique.

c) Un manque de testostérone peut conduire à :
❑ un développement des poils chez une fille.
❑ l'apparition de seins chez le garçon.
❑ une puberté avant l'âge de 5 ans.

DOCUMENT 2 **Évolution du taux de testostérone dans le sang en fonction de l'âge chez le garçon et l'adolescent (entre 5 et 18 ans)**

Âge (en années)	Taux moyen de testostérone plasmatique en ng*/dL Individu non atteint du syndrome de Klinefelter	Taux moyen de testostérone plasmatique en ng*/dL Individu atteint du syndrome de Klinefelter
5 ans	Traces	Traces
10 ans	Traces	Traces
12 ans	10	3
13 ans	120	3
18 ans	520	4

http://acces.ens-lyon.fr/
et *International journal of endocrinology : clinical presentation of Klinefelter's syndrome*

* ng : nanogramme (10^{-9} gramme).

▶ **2.** En vous appuyant sur des données chiffrées extraites du document 2, comparez l'évolution du taux de testostérone dans le sang, chez un individu atteint du syndrome de Klinefelter et chez un individu non atteint, au cours de la puberté.

DOCUMENT 3 **Un traitement pour compenser le manque de testostérone**

Il n'existe pas de traitement qui guérisse complètement les manifestations de ce syndrome. […]
Dans la plupart des cas, le traitement consiste en une hormonothérapie[1] à base de testostérone qui devrait, de l'avis de certains médecins, être entreprise dès la puberté. […] Ce traitement administré régulièrement contribue au développement des caractéristiques masculines secondaires (pilosité, voix grave, développement de la musculature) et peut éviter le développement des seins. […]

D'après http://klinefelter.valentin-apac.org/
lu et validé par le Dr Nicole Morichon-Delvallez (hôpital Necker), article écrit le 22 janvier 2007.

1. Hormonothérapie : traitement par injection d'hormones.

SVT

▶ **3.** Des parents consultent un médecin spécialiste pour leur fils atteint du syndrome de Klinefelter. Le médecin prescrit le traitement décrit dans le document 3.
Préciser les éléments qui ont permis d'élaborer le diagnostic et justifier le traitement prescrit par le médecin.
Un texte construit est attendu. Il devra s'appuyer sur des arguments tirés des trois documents.

LES CLÉS DU SUJET

Comprendre les documents

- Le **document 1** présente les symptômes et les causes du syndrome de Klinefelter.
- Le **document 2** est un tableau donnant les dosages de la testostérone dans le sang chez un garçon non atteint et un autre atteint du syndrome de Klinefelter en fonction de leur âge.
- Le **document 3** présente un traitement hormonal permettant de minimiser les symptômes de la maladie.

Répondre aux questions

▶ **1.** Toutes les réponses sont dans le **document 1**. Ne te précipite pas : fais attention aux négations et aux relations de cause à effet.

▶ **2.** Tu dois donner des valeurs prises dans le **document 2**, les mettre en parallèle pour comparer l'évolution du taux de testostérone chez l'individu atteint et non atteint par la maladie.

▶ **3.** La question est double : tu dois donner les éléments qui ont permis de poser le diagnostic de la maladie, puis justifier le traitement par injection de testostérone proposé dans le **document 3**. Construis une argumentation à partir des trois documents proposés.

CORRIGÉ 42

▶ **1. a)** Le syndrome de Klinefelter est dû à la présence d'un chromosome sexuel supplémentaire.

b) La puberté est anormale chez le garçon atteint du syndrome de Klinefelter.

c) Un manque de testostérone peut conduire à l'apparition de seins chez le garçon.

Conseil
Il est parfois plus facile de trouver la bonne réponse en enlevant les propositions fausses.

▶ **2.** Avant la puberté, de 5 à 10 ans, il n'y a que des traces de testostérone chez les individus sains ou atteints par le syndrome de Klinefelter.
Ce taux reste très faible chez le malade après la puberté avec un maximum de 4 ng/dL de testostérone à 18 ans.
Par contre, la quantité de testostérone présente dans le sang de l'individu non atteint augmente fortement passant de 10 à 520 ng/dL en 6 ans.

Remarque
Tu dois donner les unités pour les valeurs que tu cites.

Chez l'individu non atteint, la puberté s'accompagne d'une forte production de testostérone, ce qui n'a pas lieu chez le malade.

▶ **3.** Des parents consultent un spécialiste pour leur fils afin de savoir s'il est atteint du syndrome de Klinefelter et de lui trouver un traitement approprié.
Le médecin diagnostique un porteur du syndrome de Klinefelter si :

Conseil
Les éléments de diagnostic sont les symptômes liés à la maladie, tu les trouveras dans les documents 1 et 2. Le traitement est dans le document 3.

– le caryotype est anormal avec trois chromosomes sexuels XXY ;
– les testicules sont petits ;
– la puberté est tardive et anormale avec développement des seins et réduction des poils du visage et du corps, les caractères sexuels secondaires masculins sont peu développés ;
– la production de testostérone est faible à partir de la puberté ;
– il est infertile.

Il peut donc faire un caryotype et un dosage de la testostérone dans le sang de l'enfant. L'anomalie du taux de testostérone est visible dès 12 ans, car l'enfant atteint a 4 fois moins de testostérone que celui qui ne l'est pas.

Le médecin prescrit un traitement basé sur des injections régulières de testostérone dès la puberté afin de compenser la faible production de cette hormone par les testicules du malade. Les caractères sexuels secondaires masculins (pilosité, mue de la voix, développement de la musculature) vont pouvoir se développer, car c'est la testostérone qui en est responsable. De plus le développement des seins n'aura pas lieu.

Si le diagnostic est posé dès le début de la puberté, le garçon pourra être traité par hormonothérapie. Il aura une apparence masculine, cependant il ne pourra pas avoir d'enfants.

SVT

SUJET

43

Sujet zéro

SVT • 25 points

L'élodée de Nuttall, un envahisseur des étangs

En été, certains étangs sont envahis par une plante, l'élodée de Nuttall. En 2009, la prolifération a été si forte que plusieurs journaux ont produit des articles décrivant ce phénomène dans la région des Hauts de France.

Pour comprendre comment les élodées peuvent envahir l'étang, on s'intéresse d'abord à leurs besoins nutritifs. Les élodées étant des végétaux verts, on suppose qu'elles fabriquent leur propre matière organique en présence de lumière et en utilisant le dioxyde de carbone et de la matière minérale.

On réalise les expériences décrites dans le tableau ci-dessous (document 1). La recherche de la matière organique produite par l'élodée se fait par une coloration à l'eau iodée : une coloration noirâtre révèle la présence d'amidon. L'amidon fait partie de la matière organique.

DOCUMENT 1 **Cultures d'élodées dans différentes conditions et recherche de matière organique**

	Élodées placées à la lumière et dans une eau riche en dioxyde de carbone	Élodées placées à la lumière et dans une eau appauvrie en dioxyde de carbone
Observations au microscope des feuilles d'élodées au début de l'expérimentation après coloration à l'eau iodée	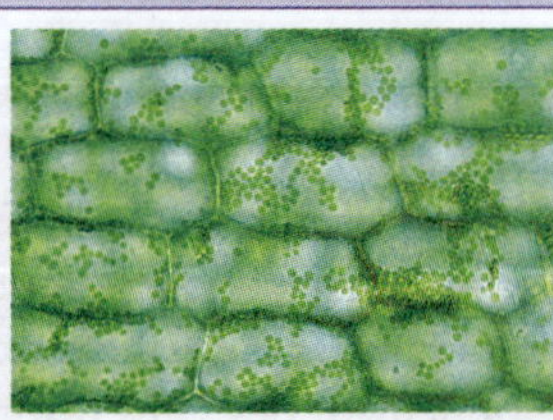	

ph © Michael Abbey/Science Source/Getty Images

	Élodées placées à la lumière et dans une eau riche en dioxyde de carbone	Élodées placées à la lumière et dans une eau appauvrie en dioxyde de carbone
Observations au microscope des feuilles d'élodées à la fin de l'expérimentation après coloration à l'eau iodée	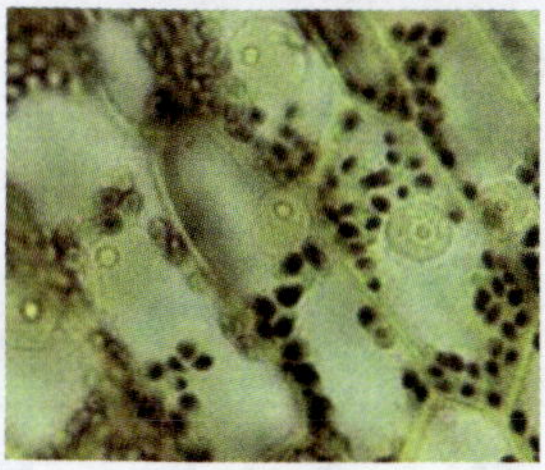	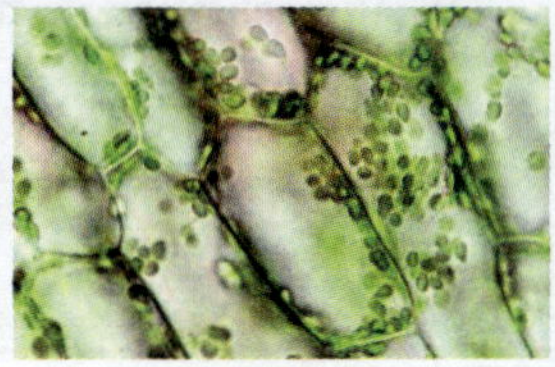
Détail d'une cellule	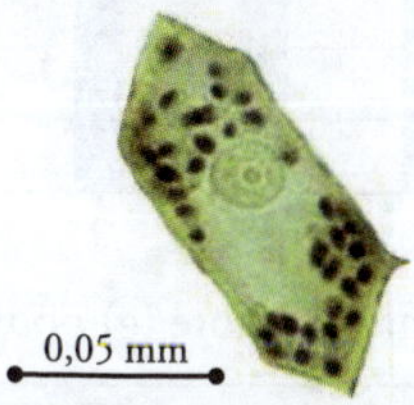	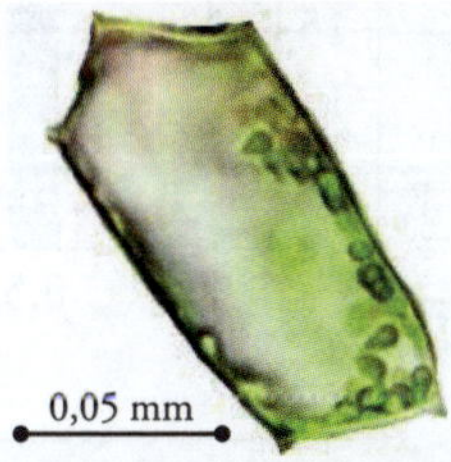

▶ **1.** Cocher la bonne réponse.

L'expérience, réalisée et présentée dans le document 1, permet :

❑ de tester le rôle de la lumière dans la production de matière organique et de montrer que la lumière est indispensable pour cette production.

❑ de tester le rôle de la lumière dans la production de matière organique et de montrer que la lumière n'a pas de rôle dans cette production.

❑ de tester le rôle du dioxyde de carbone dans la production de matière organique et de montrer que le dioxyde de carbone est indispensable pour cette production.

❑ de tester le rôle du dioxyde de carbone dans la production de matière organique et de montrer que le dioxyde de carbone n'a pas de rôle dans cette production.

Pour comprendre comment les élodées ont pu envahir l'étang, on cherche le rôle d'un composé chimique, l'azote, contenu dans l'eau de l'étang. On cultive six lots d'élodées de Nuttall en contrôlant pour chacun des lots la concentration en azote dans le liquide apporté aux plantes. Le graphique ci-après (document 2) présente les résultats obtenus en 7 jours.

DOCUMENT 2 **Taille de l'élodée et quantité d'azote**

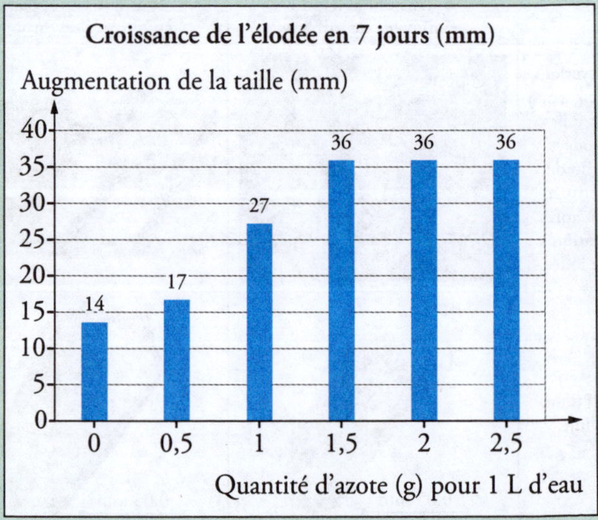

D'après sciences-project.com et le site de SVT de l'académie de Toulouse

▶ **2.** Déduire de cette expérience le rôle de l'azote dans la croissance des élodées.

DOCUMENT 3

La prolifération de l'élodée de Nuttall dans les étangs gène les activités nautiques et aquatiques et a un impact économique fort sur le tourisme. Or certaines villes, comme celle dont il est question ci-dessous, réussissent à les éliminer en un an. On cherche à comprendre selon quel procédé.

En 2009, les analyses de l'eau des étangs de cette ville où prolifèrent les élodées de Nuttall ont mis en évidence la présence de taux anormalement élevés de composés chimiques qui stimulent la croissance des élodées. On sait que ces substances minérales peuvent avoir plusieurs origines mais qu'elles proviennent essentiellement des champs cultivés et sont apportées par les eaux de ruissellement qui se déversent dans les étangs.

Pour l'un des étangs envahis, la ville a décidé :

• de concevoir et de fabriquer un bateau qui est une tondeuse subaquatique d'élodée de Nuttall ;

• d'informer les agriculteurs sur les bons dosages d'engrais à utiliser ;
• de traiter certaines des eaux d'écoulement qui arrivent dans les étangs.

▶ **3.** Expliquer comment les trois actions entreprises par la ville ont pu permettre d'éliminer l'élodée de Nuttall en un an.

LES CLÉS DU SUJET

■ Comprendre les documents

• Le document 1 est un ensemble de photographies illustrant les résultats de cultures d'élodée dans un milieu riche ou pauvre en CO_2.
• Le graphique du document 2 présente les résultats de culture d'élodée avec des liquides de concentrations d'azote variables pendant sept jours.
• Le texte du document 3 explique la gêne occasionnée par la prolifération des élodées et les techniques utilisées pour les éliminer.

■ Répondre aux questions

▶ **1.** Lis bien les quatre propositions afin de noter les différences entre elles. Il faut rechercher quel est le facteur testé et ce qu'on cherche à démontrer, il n'est pas demandé de justifier ta réponse.
▶ **2.** Utilise les valeurs chiffrées afin d'évaluer l'impact de la concentration en azote sur la croissance végétale.
▶ **3.** Reprends chacune des trois actions entreprises par la ville afin de montrer leur utilité.

SVT

CORRIGÉ 43

▶ **1.** L'expérience, réalisée et présentée dans le document 1, permet de tester le rôle du dioxyde de carbone dans la production de matière organique et de montrer que le dioxyde de carbone est indispensable pour cette production.

REMARQUE
La production de matière organique est mise en évidence par la coloration noirâtre due à la réaction de l'eau iodée sur l'amidon (matière organique). Le facteur testé est le seul qui varie entre les deux expériences.

▶ **2.** L'augmentation de la taille des élodées double entre les lots sans azote et ceux qui en ont 1,5 g par litre d'eau (14 mm au lieu de 36 mm de croissance). Plus il y a d'azote, plus l'augmentation de la taille est importante, mais au-delà de la valeur de 1,5 g d'azote par litre d'eau, la croissance ne varie plus.

La croissance des élodées augmente avec la concentration d'azote jusqu'à une valeur maximale de 36 mm en 7 jours atteinte pour une concentration de 1,5 g d'azote par litre d'eau.

L'azote ne semble pas nécessaire à la croissance car les élodées poussent même sans azote, mais sa présence la stimule.

L'azote étant un sel minéral, il permet une croissance plus importante des élodées.

▶ **3.** La prolifération d'élodée de Nuttall peut modifier l'écosystème et empêcher les activités nautiques sur un étang entraînant un impact négatif sur le tourisme et l'activité économique de la ville. C'est pourquoi la ville a entrepris des actions afin d'éliminer les élodées envahissantes.

> **CONSEIL**
> Il est judicieux de poser la problématique, puis d'argumenter pour chacune des actions et de conclure.

La première action est d'éliminer les élodées en les coupant grâce à un bateau portant une tondeuse sous l'eau. Mais les élodées peuvent repousser.

L'analyse des eaux des étangs montre un taux d'azote élevé qui stimule la croissance des élodées. Il faut donc diminuer l'apport en azote dans les étangs.

Cet azote vient principalement de l'activité agricole qui utilise des engrais dont des composés azotés. Ces éléments en excès dans les champs se retrouvent dans les eaux de ruissellement et se déversent dans les étangs. Informer les agriculteurs sur les bons dosages d'engrais à utiliser permet de limiter les apports d'azote dans les champs et donc les étangs.

Traiter certaines eaux d'écoulement qui arrivent dans les étangs et les appauvrir en azote permet aussi de limiter les apports d'azote dans les étangs.

Les trois actions de la ville ont visé à enlever le maximum d'élodées en les tondant, mais aussi à empêcher leur croissance en limitant la concentration d'azote dans les étangs de deux manières. C'est l'action combinée de ces trois stratégies qui a permis d'éliminer l'élodée de Nuttall en un an.

SUJET

44

Sujet inédit

SVT • 25 points

Liens de parenté entre êtres vivants et fossiles

DOCUMENT 1 **Groupes d'animaux actuels et fossiles**

Ils possèdent tous des yeux, une bouche, une mâchoire, un squelette interne et des doigts.

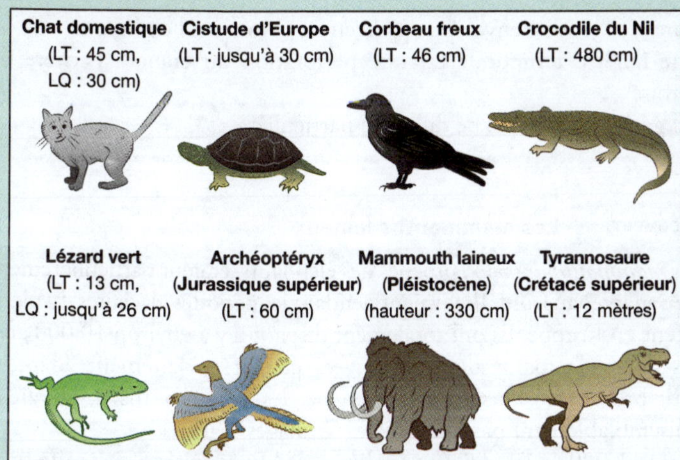

DOCUMENT 2 **Présence ou absence de certains attributs**

Attributs / Groupes d'animaux	Amnios	Deux fenêtres temporales	Gésier	Poils	Carapace sur le dos et le ventre	Plumes	Os de la mâchoire mobile
Chat domestique	•			•			
Cistude d'Europe	•				•		
Corbeau freux	•	•	•			•	
Crocodile du Nil	•	•	•				
Lézard vert	•	•					•
Tyrannosaure	•	•	•				
Archéoptéryx	•	•	•			•	
Mammouth	•			•			

• = présence de l'attribut.

L'**amnios** est une enveloppe protectrice entourant l'embryon.
Une **fenêtre temporale** est une perforation du crâne à l'arrière de l'orbite.
Un **gésier** est une poche digestive particulière.

DOCUMENT 3 **Les mammouths laineux**

Les *mammouths laineux*, proches des éléphants, étaient particulièrement bien adaptés au froid. Ils vivaient pendant les périodes glaciaires du pléistocène en Europe. Ils ont totalement disparu il y a environ 10 000 ans. Les dents de mammouth retrouvées étaient parfaitement adaptées pour brouter de l'herbe. En revanche, les mammouths ne devaient vraisemblablement pas manger des feuillages d'arbres.
Entre 11 000 et 10 000 ans, le climat de l'Europe s'est réchauffé brutalement, entraînant la disparition de la steppe (herbes et arbustes adaptés aux climats secs et froids), remplacée par des forêts tempérées.

▶ **1. a)** D'après les documents 1 et 2, indiquer, en justifiant la réponse, le ou les attributs communs à tous les êtres vivants.
b) Indiquer, en justifiant, le ou les attributs apparus seulement dans l'évolution du groupe des oiseaux.

▶ **2.** Classer les êtres vivants représentés sous forme d'ensembles emboîtés.

▶ **3.** Donner, à l'aide du document 3, une cause possible de la disparition des mammouths il y a 10 000 ans. Comment nomme-t-on ce phénomène ?

LES CLÉS DU SUJET

Comprendre les documents

• Le document 1 présente huit groupes d'animaux, actuels ou disparus, en précisant leur taille et leurs caractéristiques communes.

• Le document 2 est un tableau qui reprend les huit groupes d'animaux du document 1. Il indique si ceux-ci possèdent ou non différents attributs (gésier, poils, plumes, etc.).

• Le document 3 apporte des informations sur les mammouths laineux et leur environnement.

Répondre aux questions

▶ **1.** Repère dans le tableau la présence de tel ou tel attribut pour le groupe d'êtres vivants cité dans chaque question.

▶ **2.** Commence par déterminer le nombre de boîtes à réaliser avant de fabriquer les boîtes.

▶ **3.** Surligne dans le texte les informations importantes en faisant ressortir les causes et les conséquences par des couleurs différentes.

SVT

CORRIGÉ 44

▶ **1. a)** D'après le document 1, tous ces êtres vivants ont comme attributs des yeux, une bouche, une mâchoire, un squelette interne et des doigts. On peut voir aussi dans le tableau du document 2 que l'amnios est un attribut présent chez tous.

b) Le groupe des « oiseaux » présente un nouvel attribut : des plumes, mais conserve des attributs précédemment apparus (ancestraux) : l'amnios, deux fenêtres temporales, un gésier. Un groupe présente donc des attributs nouveaux et des attributs ancestraux.

▶ **2.** On commence par déterminer le nombre de boîtes à réaliser. On compte 7 attributs distincts : il y aura donc 7 boîtes.

• L'attribut partagé par le plus grand nombre d'espèces est « présence d'amnios » : tous les animaux du tableau disposent d'un amnios lors de leur développement embryonnaire. La boîte la plus grande comporte donc tous les animaux.

• Ensuite, les animaux étudiés possèdent soit une carapace sur le dos et sur le ventre, soit des poils, soit deux fenêtres temporales. La boîte « amnios » contient donc trois boîtes côte à côte, correspondant à chacun de ces trois attributs.

- Parmi les animaux dotés de deux fenêtres temporales, certains ont l'os de la mâchoire mobile, d'autres possèdent un gésier : on crée donc deux boîtes côte à côte, chacun regroupant les animaux possédant ces attributs.
- Parmi les animaux avec un gésier, certains possèdent des plumes : on crée donc une boîte « plumes » à l'intérieur de la boîte « gésier ».
- Enfin, on ajoute le nom des espèces animales dans les bonnes boîtes.

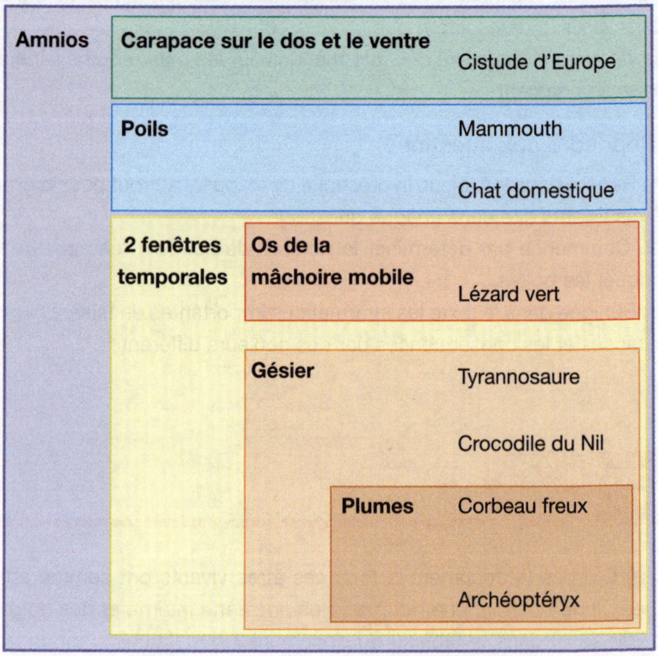

▶ **3.** Le régime alimentaire des mammouths était constitué d'herbes qu'ils trouvaient dans la steppe. Le réchauffement climatique, il y a 10 000 ans, a entraîné un changement de végétation. Liée au climat glaciaire, la steppe a été remplacée par des forêts. Sa disparition a provoqué une baisse de ressources alimentaires pour les mammouths. Le manque de nourriture a rendu leur survie de plus en plus difficile, leur reproduction a diminué et l'espèce a fini par disparaître.

> **Remarque**
> D'autres hypothèses – comme la surchasse par les Hommes préhistoriques ou des épidémies – ont été avancées pour expliquer la disparition des mammouths.

Ce phénomène fait partie de ce que l'on appelle la sélection naturelle : seuls les êtres vivants adaptés à leur milieu de vie survivent, se reproduisent et perpétuent leur espèce.

SUJET

45

Sujet inédit

SVT • 25 points

La culture hydroponique

La culture sous serre est une technique permettant d'optimiser la production en contrôlant tous les facteurs du milieu, comme c'est le cas de la culture hydroponique. Elle est très utilisée pour la production industrielle de tomates.

DOCUMENT 1 **Le principe de la culture hydroponique de la tomate**

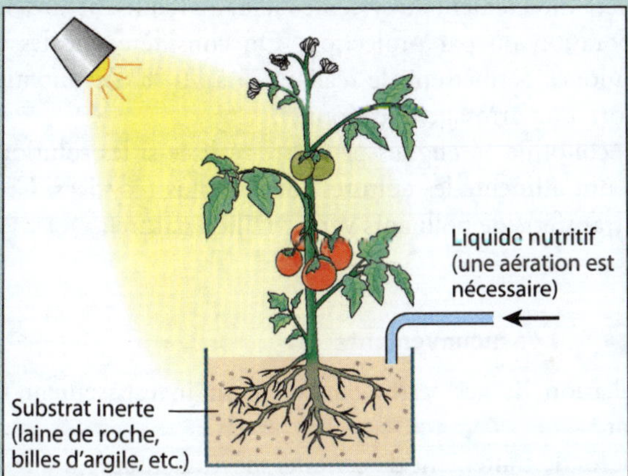

La culture hydroponique est une technique de culture hors-sol. La terre est remplacée par un substrat stérile : billes d'argile, laine de roche, etc.

Une solution nutritive, mélange d'eau et d'engrais chimique est pompée de façon permanente puis délivrée au goutte à goutte au pied des plants de tomate. Chaque ion minéral dans l'engrais est apporté à sa dose optimale, qui permet le meilleur rendement.

L'éclairage est automatisé afin d'apporter assez d'énergie lumineuse même si l'ensoleillement est faible et de fixer la durée du « jour ».

La serre est chauffée en hiver.

SVT

DOCUMENT 2 **Les atouts de la culture hydroponique**

Type de culture	Plein air	Sous serre	Culture hydroponique
Période de récolte	juillet	avril à juillet	mars à juillet
Productivité (en tonne par an)	35	140	180
Usage d'engrais	important (épandage)	contrôlé	réduit car très contrôlé
Usage de pesticides	important (épandage)	contrôlé	très faible
Conditions climatiques	non contrôlées	modifiables	très contrôlées

La culture hydroponique est économe en eau. La solution nutritive est apportée directement au système racinaire réduisant ainsi les pertes par évaporation ou par projection. On considère que les systèmes hydroponiques permettent de réaliser 75 à 90 % d'économie en eau par rapport à un arrosage traditionnel.

Une économie en engrais peut être réalisée si les solutions nutritives qui ont alimenté les cultures sont en plus recyclées. Ceci limite aussi les transferts de polluants vers le milieu naturel.

DOCUMENT 3 **Les inconvénients**

• L'installation de ces serres demande un investissement financier important.
• Les filières de traitement de certains substrats usagés (laine de roche en particulier) sont encore peu développées dans certains pays. Ils sont souvent entassés à proximité des serres de tomates.
• Dans un système hydroponique fermé où la solution nutritive est recyclée, le risque de propagation d'un agent pathogène d'une plante à l'ensemble de la culture est grand.
• De l'électricité est utilisée pour l'éclairage et le fonctionnement de la pompe à eau. Une panne de la pompe, du programmateur d'arrosage, une coupure du courant prolongée peut, selon le système utilisé, ruiner la culture en quelques heures.

▶ **1.** D'après le document 1 et vos connaissances, cochez pour chaque question du QCM suivant la ou les propositions correctes.

a) Pour produire sa matière, la plante chlorophyllienne absorbe :
- ❑ du CO_2
- ❑ des sels minéraux
- ❑ de l'eau
- ❑ de la matière organique.

b) Un engrais :
- ❑ apporte des sels minéraux
- ❑ apporte de la matière organique
- ❑ est aussi appelé pesticide
- ❑ pollue les nappes phréatiques

▶ **2.** D'après le document 2, quels sont les avantages de la culture hydroponique pour l'agriculteur ?

▶ **3.** D'après les documents 1 et 2, comment les apports sont-ils optimisés en culture hydroponique ?

▶ **4.** À partir de l'étude du document 2, montrer en quoi la culture hors sol semble plus adaptée au respect de l'environnement.

▶ **5.** Conseilleriez-vous à un agriculteur d'utiliser ce type de culture ?

SVT

LES CLÉS DU SUJET

■ Comprendre les documents

Les documents 1 et 2 présentent le fonctionnement de la culture hydroponique des tomates, la façon dont les apports sont contrôlés.

■ Répondre aux questions

▶ **2.** Il faut se placer du point de vue de l'agriculteur, et donc évaluer la rentabilité de cette culture.

▶ **3.** En rappelant les besoins du végétal, montre comment la culture hydroponique les apporte de manière optimale.

▶ **4.** Dans le tableau et dans le texte, intéresse-toi aux informations en lien avec l'environnement : tout ce qui se rapporte à l'eau, aux pesticides et aux engrais.

▶ **5.** Il s'agit d'une question de synthèse. Il faut regrouper tous les éléments vus dans les documents afin de faire un bilan et ici estimer l'intérêt de cette culture pour l'agriculteur.

CORRIGÉ 45

▶ **1. a)** Pour produire sa matière, la plante chlorophyllienne absorbe du CO_2, des sels minéraux et de l'eau.

b) Un engrais est un apport en sels minéraux. Les engrais sont également responsables de la pollution des nappes phréatiques.

▶ **2.** La culture hydroponique permet de récolter des tomates pendant 5 mois, soit un mois de plus que sous une serre simple et 5 fois plus qu'en culture en plein air.

La production de 180 tonnes par an est 5 fois plus importante qu'à l'air libre et 30 % plus qu'en serre.

L'agriculteur peut économiser sur les engrais, l'eau et les pesticides qui sont moins utilisés.

La production est donc plus rentable.

▶ **3.** Le plant de tomate a besoin d'eau, de sels minéraux et de lumière pour se développer. L'eau et les sels minéraux sont apportés par la solution nutritive au goutte à goutte, au dosage optimal. La lumière est celle du soleil. Si elle vient à manquer, un éclairage artificiel complémentaire est prévu.

▶ **4.** La culture hors sol, en limitant les pertes par le système de goutte à goutte, permet une économie importante d'eau (75 à 90 %) ce qui préserve les ressources naturelles.

Le dosage précis en engrais de la solution nutritive et son recyclage permettent de diminuer les doses et donc de limiter les rejets d'engrais dans l'environnement où ils ont un effet néfaste.

L'utilisation de très peu de pesticides (les végétaux ne sont pas en contact avec le sol donc peu contaminés par des parasites) permet aussi de limiter la pollution.

La culture hors sol en polluant moins et en utilisant moins les ressources naturelles est plus adaptée au respect de l'environnement.

▶ **5.** La culture hydroponique a des avantages pour l'agriculteur : une récolte sur une période plus longue, une production plus importante, un usage plus faible d'eau, d'engrais et de pesticides (question 2).

> **Conseil**
> Pour évaluer l'intérêt de cette culture il faut évoquer les avantages et les inconvénients pour l'agriculteur.

Mais elle a aussi des inconvénients : le coût de l'installation, le recyclage du substrat, un risque de propagation d'un agent pathogène par la solution nutritive, une utilisation d'électricité importante qui a un coût. Cette production est fragile car elle tributaire de l'apport en électricité et du matériel : une coupure d'électricité peut diminuer ou même détruire la production.

Les coûts de fonctionnement sont diminués et la production est augmentée, cette culture est donc plus rentable, mais elle est fragile car très artificielle. On peut donc la conseiller tout en expliquant ses faiblesses.

SVT

SUJET 46

France métropolitaine • Septembre 2017

TECHNOLOGIE • 25 points

Relevage d'eau et irrigation en zone aride

DOCUMENT 1

L'accès à l'eau en Afrique occidentale est difficile car elle est en sous-sol et l'énergie pour la puiser est peu disponible.
L'étude porte sur les solutions techniques qui permettent d'optimiser un système de captage d'eau et sa distribution. L'eau est acheminée du puits à la surface par l'intermédiaire d'une pompe immergée. Cette dernière est alimentée en électricité par un panneau photovoltaïque. Celui-ci est fixé au sol dans une zone bien exposée au soleil.

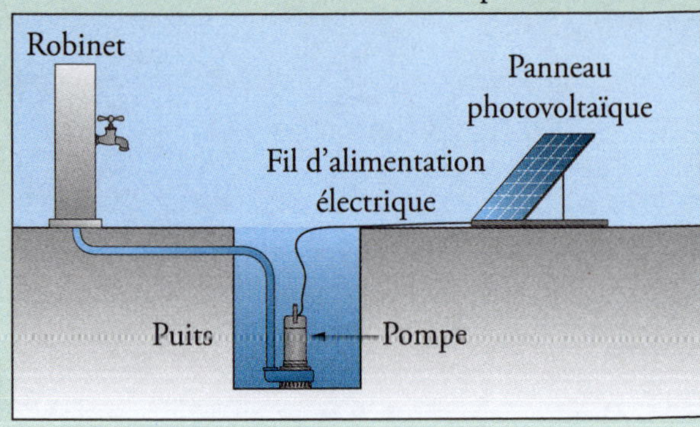

DOCUMENT 2

La quantité d'énergie électrique produite par un panneau photovoltaïque varie essentiellement en fonction de deux paramètres :
– la luminosité ambiante au cours de la journée ;
– l'orientation du panneau par rapport au sol, qui se traduit par l'angle d'inclinaison (figure 2).
Des relevés de production électrique d'une installation de panneaux photovoltaïques située à Abidjan en Côte-d'Ivoire montrent

l'influence de ces deux paramètres (figure 1). Cette installation a une surface de panneaux de 15 m^2 orientés plein sud.

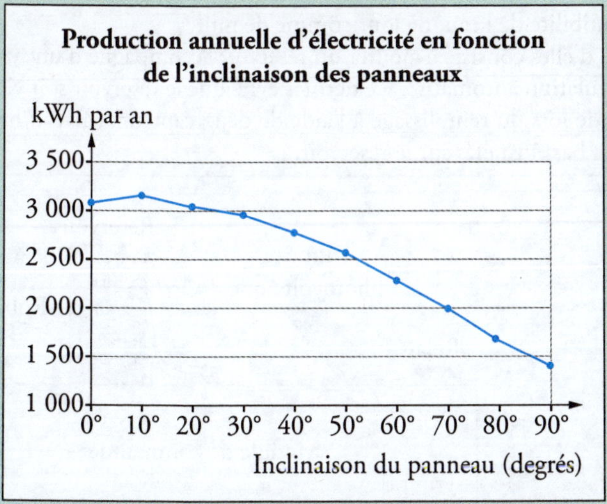

Figure 1

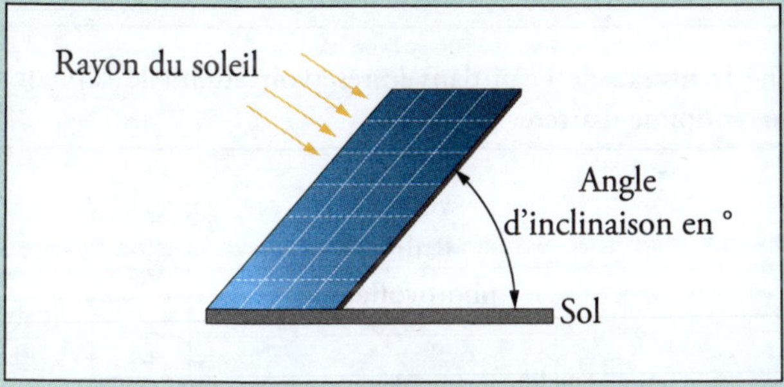

Figure 2

▶ **1.** Afin d'optimiser la production d'énergie électrique du panneau photovoltaïque, déterminer à l'aide du document 2 l'angle d'inclinaison du panneau photovoltaïque permettant de produire une énergie électrique maximale.

▶ **2.** Les ingénieurs agronomes recommandent d'irriguer les cultures lorsque le soleil est couché afin d'éviter une évaporation trop importante de l'eau. Proposer une solution technique à ajouter au système (document 1) qui permet de stocker l'énergie électrique produite pendant la journée afin de faire fonctionner la pompe pendant la nuit.

DOCUMENT 3

Plusieurs solutions techniques permettent de garantir une meilleure disponibilité de l'eau, de jour comme de nuit.
L'une d'elles consiste à ajouter un réservoir accompagné d'un système de régulation automatisé. Ce dernier évite que le réservoir soit vide ou déborde lors du remplissage à l'aide de deux capteurs (niveau haut et niveau bas) installés sur le réservoir.

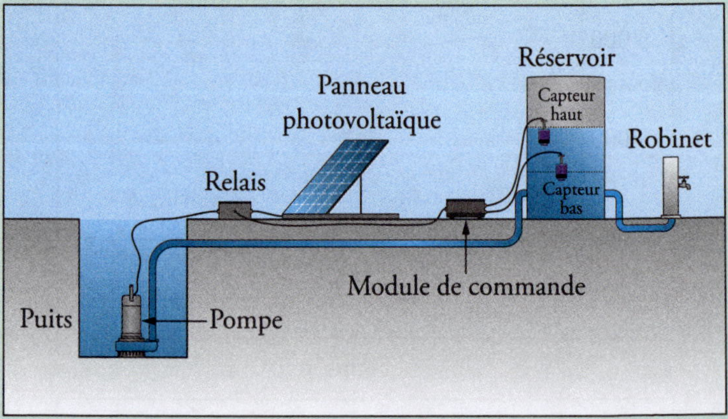

Lorsque le niveau de l'eau dans le réservoir atteint le capteur haut, l'ordre est donné d'arrêter la pompe.

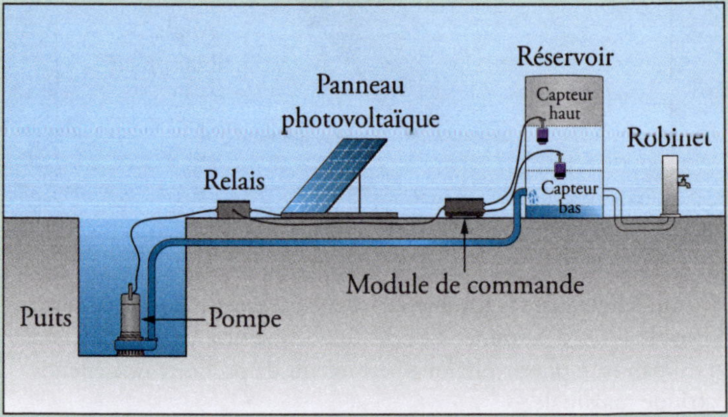

Lorsque le niveau de l'eau atteint le capteur bas, l'ordre est donné de démarrer la pompe pour remplir le réservoir.

▶ **3.** À l'aide des informations (document 3), compléter l'algorithme de régulation du niveau du réservoir avec les indications suivantes :
- capteur haut atteint ;
- capteur bas atteint ;
- désactiver la pompe.

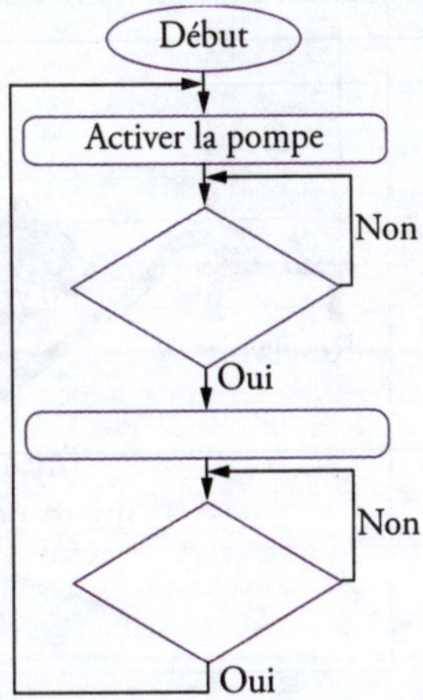

▶ **4.** Pour optimiser la gestion de l'eau d'irrigation, les ingénieurs agronomes préconisent également d'irriguer au plus près des racines des plantes. Une irrigation de nuit en goutte à goutte, fractionnée en petites périodes de temps d'arrosage permet d'économiser l'eau.
À l'aide de la description du fonctionnement (document 4), compléter la modélisation du pilotage de cette installation :

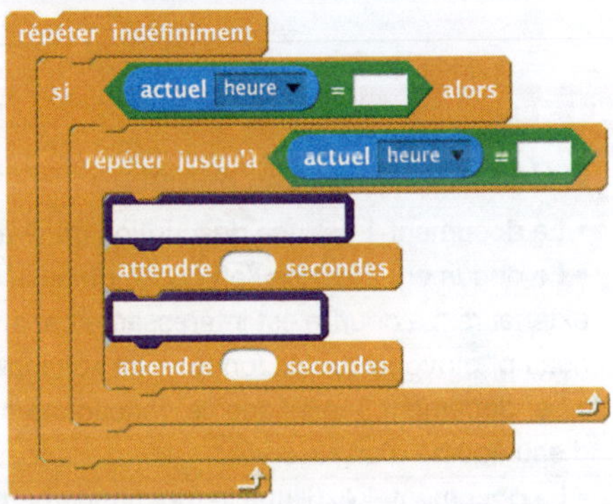

DOCUMENT 4

Un système d'irrigation goutte à goutte est constitué de tuyaux microperçés disposés au pied des plantes.
L'eau est distribuée par gouttelettes pendant des périodes courtes et répétitives afin de permettre sa meilleure infiltration dans le sol.
Un programme horaire d'irrigation peut être décrit selon le principe suivant :
– le cycle démarre à 21 heures et s'arrête à 23 heures ;
– irrigation des plantes pendant 10 minutes ;
– puis interruption durant 15 minutes.

TECHNOLOGIE

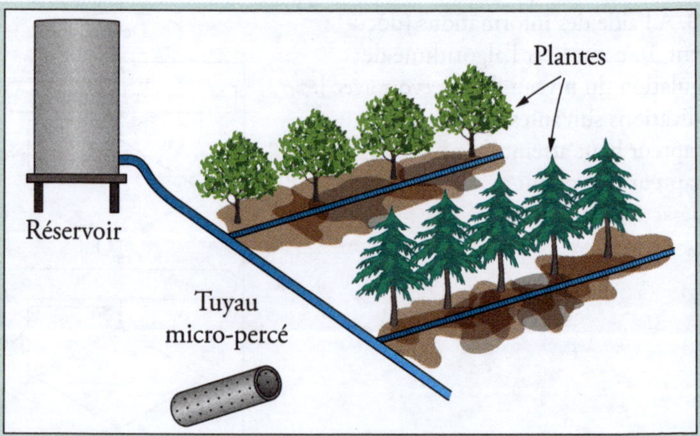

LES CLÉS DU SUJET

Comprendre les documents

• Le document 1 est une description générale du système.

• Le document 2 donne l'efficacité du système en fonction de paramètres extérieurs. La courbe est intéressante car elle présente l'efficacité du panneau photovoltaïque en fonction de son inclinaison.

• Le document 3 explique le fonctionnement du système de relevage d'eau équipé d'un réservoir.

• Le document 4 explique le fonctionnement du système d'irrigation.

Répondre aux questions

▶ **1.** Sur la courbe du document 2, repère le pic de production d'électricité.

▶ **2.** Propose une solution pour stocker de l'énergie électrique.

▶ **3.** Lis bien le document 3, il te donnera le fonctionnement du relevage d'eau.

▶ **4.** Lis bien le document 4, il explique le fonctionnement du système d'irrigation.

CORRIGÉ 46

▶ **1.** Le panneau photovoltaïque produit une énergie électrique maximale quand son inclinaison est de 10°.

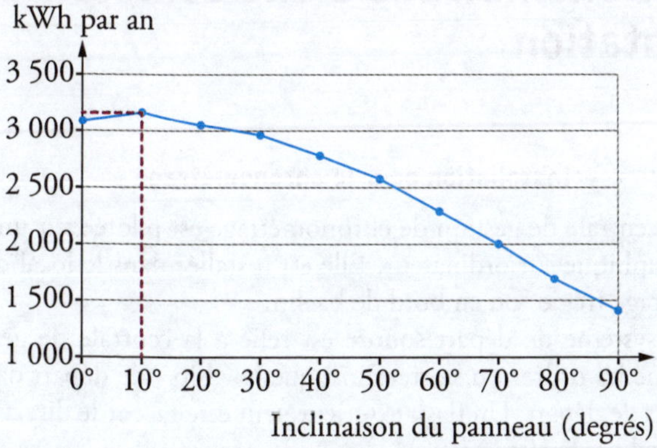

▶ **2.** Il faudrait avoir de l'énergie électrique la nuit. Mais le panneau photovoltaïque ne produira pas d'électricité. On pourrait ajouter une batterie afin de stocker l'énergie électrique pendant la journée. La nuit, on utiliserait l'énergie stockée afin d'alimenter la pompe.

▶ **3.**

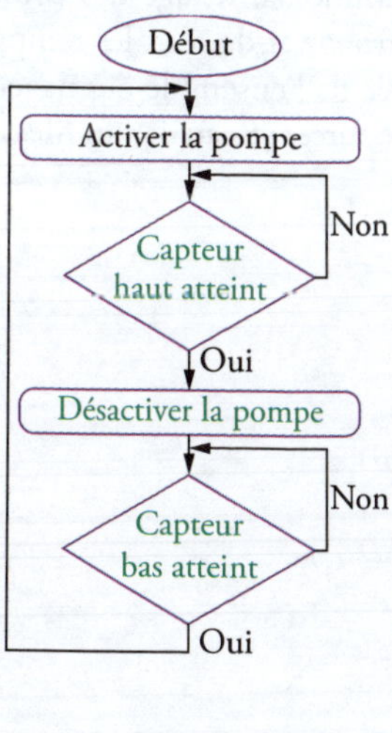

▶ **4.**

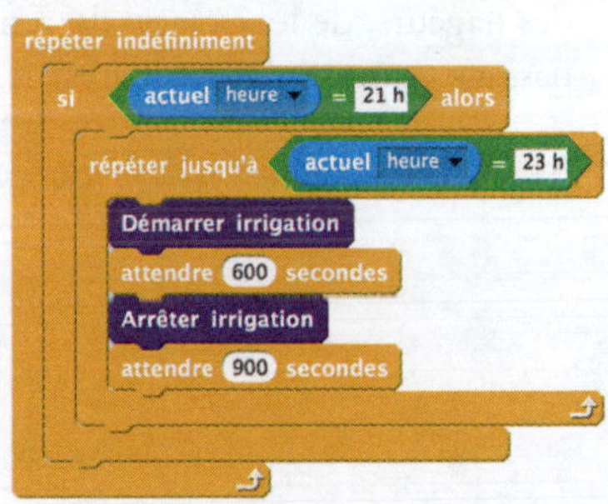

TECHNOLOGIE

SUJET

47

Sujet inédit

TECHNOLOGIE • 25 points

Le chronométrage d'une compétition de natation

DOCUMENT 1 **Installation pour le chronométrage**

La centrale de gestion de chronométrage est pilotée sur une interface graphique sur ordinateur. Elle est installée dans le local de chronométrage (régie) ou en bord de bassin.

Le système de départ sonore est relié à la centrale de gestion et distribue les ordres du starter ainsi que le « bip » de départ dans tous les plots de départ. Un flash extérieur peut être raccordé directement à l'appareil de départ (starter).

Le système de chronométrage est composé de plaques de touche, de plates-formes de contrôle des départs pour courses de relais et d'un contact d'arrivée manuel, ainsi que du haut-parleur de départ.

Le panneau d'affichage doit être visible par les spectateurs et les nageurs. Il devra comprendre autant de lignes d'affichage qu'il y a de couloirs dans le bassin. Ce tableau donne l'affichage des couloirs des nageurs, de leur place, du temps tournant et de tous les temps de passage (temps intermédiaires) et d'arrivée de l'ensemble des nageurs.

Sources : ffnatation.fr, Megatek.

DOCUMENT 2 **Description schématique du système**

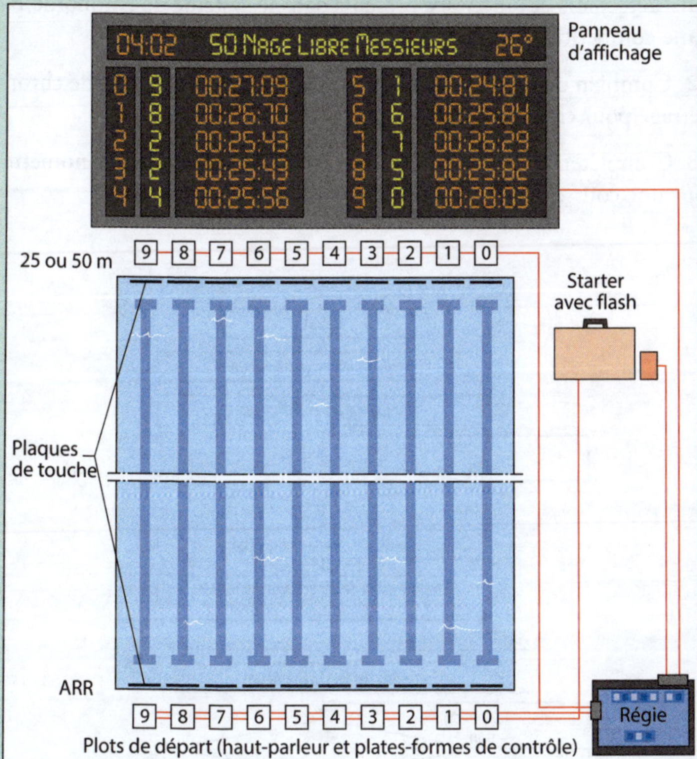

Sources : ffnatation.fr, Megatek.

DOCUMENT 3 **Principe du chronométrage**

Lorsque le juge appuie sur le starter, des bips sont émis par les haut-parleurs présents dans chaque plot. Après 3 secondes, ils émettent un son et le flash s'illumine pour indiquer le départ. Si aucun nageur n'a fait de faux départ, le chronomètre se lance. Le chronomètre est affiché sur chaque ligne. Quand un nageur touche une plaque de touche, le chronomètre de sa ligne se fige et sa place dans la course s'affiche à la fin de la course.

TECHNOLOGIE

▶ **1.** À l'aide des documents 1 et 2, identifier les actionneurs, les capteurs/détecteurs et l'interface présents dans le système de chronométrage d'une compétition de natation.

▶ **2.** Combien de variables doit générer la centrale de gestion de chronométrage pour chaque ligne ?

▶ **3.** Compléter ci-dessous l'organigramme de gestion du chronomètre pour une course de 50 m, soit une longueur de bassin.

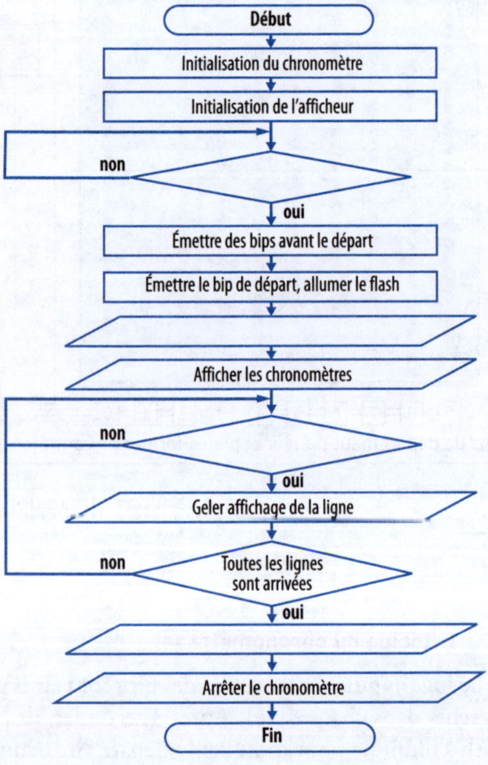

LES CLÉS DU SUJET

Comprendre les documents

• Le document 1 décrit l'installation de chronométrage. Le document 2 en donne une représentation visuelle.

• Le document 3 présente différentes phases de lancement et de chronométrage de la course.

Répondre aux questions

▶ **1.** À l'aide des documents 1 et 2, analyse bien la fonction de chaque élément du système de chronométrage.

▶ **2.** Demande-toi quelles données sont susceptibles de changer au cours du chronométrage. Tu trouveras la réponse dans le document 3.

▶ **3.** Traduis dans l'algorithme les étapes du chronométrage décrites dans le document 3.

CORRIGÉ 47

▶ **1.** Les capteurs et détecteurs sont les plaques de touche, le starter et les plateformes de contrôle. Les actionneurs sont les haut-parleurs et le flash.

L'interface est la centrale de gestion de chronométrage qui est pilotée sur une interface graphique sur ordinateur.

▶ **2.** La gestion de chronométrage doit générer 3 variables pour chaque ligne : le chronomètre, le temps partiel du nageur et la position dans la course.

▶ **3.**

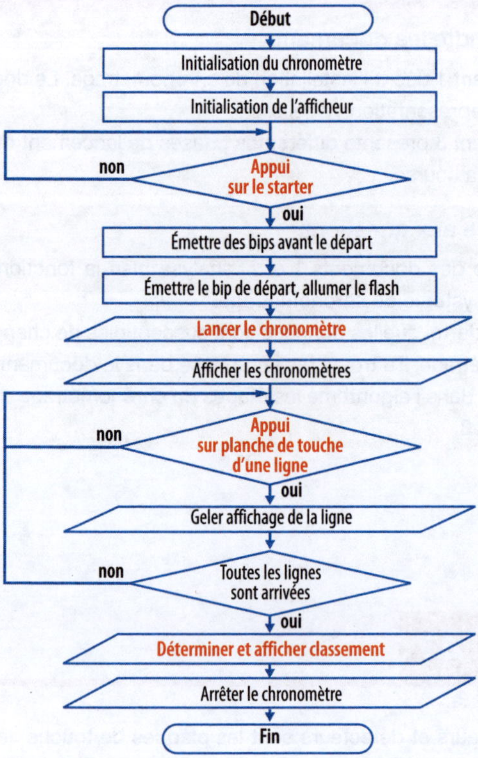
Début
Initialisation du chronomètre
Initialisation de l'afficheur
non
Appui
sur le starter
oui
Émettre des bips avant le départ
Émettre le bip de départ, allumer le flash
Lancer le chronomètre
Afficher les chronomètres
non
Appui
sur planche de touche
d'une ligne
oui
Geler affichage de la ligne
non
Toutes les lignes
sont arrivées
oui
Déterminer et afficher classement
Arrêter le chronomètre
Fin

SUJET 48

Sujet inédit

TECHNOLOGIE • 25 points

La programmation d'une serre

La culture sous serre est une technique permettant d'échapper aux conditions climatiques parfois peu propices et de produire des fruits et légumes toute l'année.

L'étude suivante porte sur l'arrosage et l'apport d'engrais qui est dosé afin de gérer au mieux la culture hydroponique.

DOCUMENT 1 **Principe de fonctionnement**

Le dosage d'engrais et d'apport en eau est réalisé par l'installation d'un goutteur et d'un capteur d'humidité à proximité immédiate de la plante. L'humidité du substrat est contrôlée par le boîtier programmable. Si elle est inférieure à une valeur donnée, le boîtier donnera l'ordre à une carte électronique de puissance de mettre en route la pompe. Le goutteur transmettra alors de l'engrais et de l'eau à la plante.

DOCUMENT 2 **Schématisation du système d'arrosage automatique**

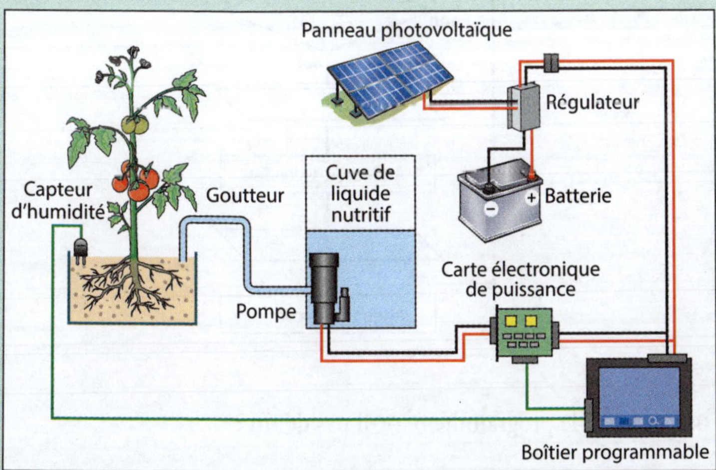

TECHNOLOGIE

▶ **1.** À l'aide des documents 1 et 2, compléter la chaîne d'information et la chaîne d'énergie du système d'arrosage automatique.

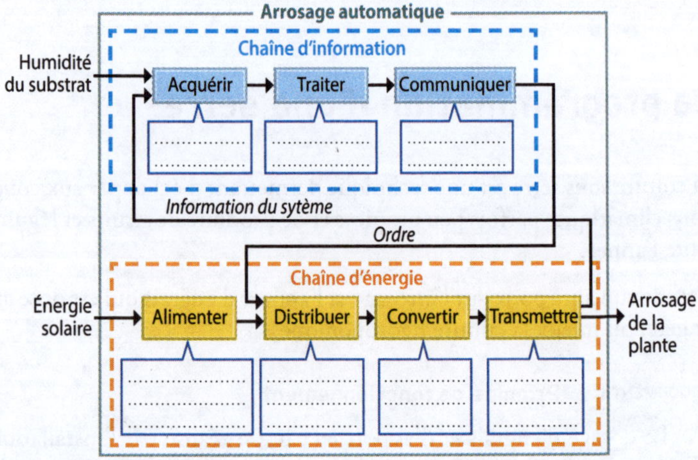

▶ **2.** Compléter l'organigramme de programmation du système d'arrosage automatique.

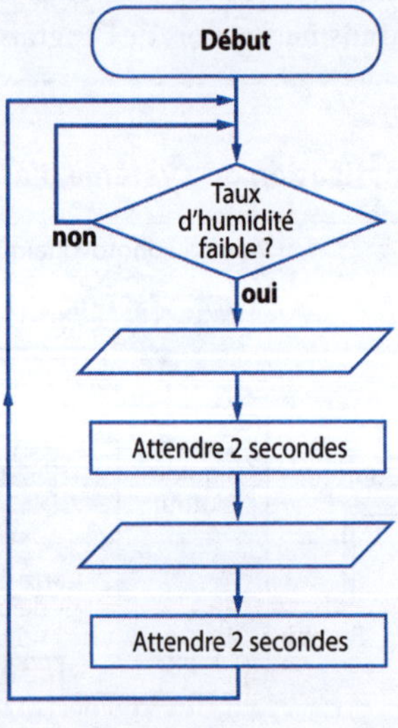

▶ **3.** Pourquoi le programme n'a-t-il pas de fin ?

LES CLÉS DU SUJET

Comprendre les documents

• Le document 1 explique le principe de fonctionnement de l'arrosage automatique, identifie l'objectif attendu du système et les différentes étapes permettant d'atteindre cet objectif.

• Le document 2 précise les circulations d'information et d'énergie électrique du système, il sera utile pour analyser leurs cheminements.

Répondre aux questions

▶ **1.** Sur le document 2, il faut distinguer les éléments de la chaîne d'information de ceux de la chaîne d'énergie. Ensuite, il sera plus facile de suivre le cheminement de l'information (qui commence par un capteur, un détecteur ou un codeur) et celui de l'énergie.

▶ **2.** Le document 1 précise ce qui est attendu du système : l'arrosage du substrat. Les cases en forme de parallélogramme sont des actions. Elles peuvent donc servir à mettre en route l'actionneur du système (ici la pompe).

CORRIGÉ 48

▶ **1.**

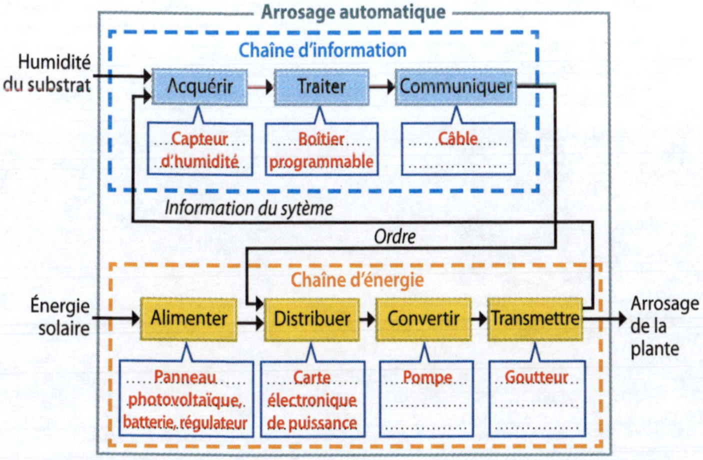

TECHNOLOGIE

▶ **2.**

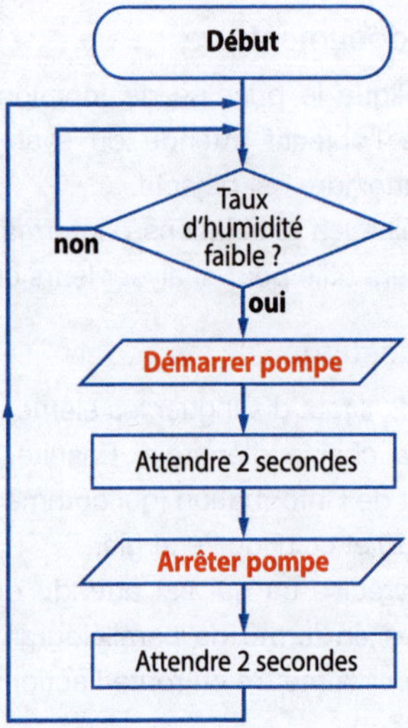

▶ **3.** Le programme n'a pas de fin parce que la plante a toujours besoin d'eau et d'engrais. On ne peut pas arrêter d'alimenter la plante.

SUJET 49

Sujet zéro

TECHNOLOGIE • 25 points

La production de sirop d'érable

Le sirop d'érable est produit essentiellement au Canada et plus particulièrement au Québec (72 % de la production mondiale). La France en est une grande consommatrice et était, il y a cinq ans, le 5e pays importateur de sirop d'érable du Canada (source : *Global Trade Atlas*, 2012).
Pour les producteurs de sirop d'érable, il faut pouvoir le commercialiser dans les meilleures conditions afin de satisfaire le consommateur.
Un producteur souhaite revoir le conditionnement de son sirop et donc choisir un nouveau récipient pour une commercialisation dans une grande enseigne française de distribution.

DOCUMENT 1 **Diagramme d'exigences du récipient**

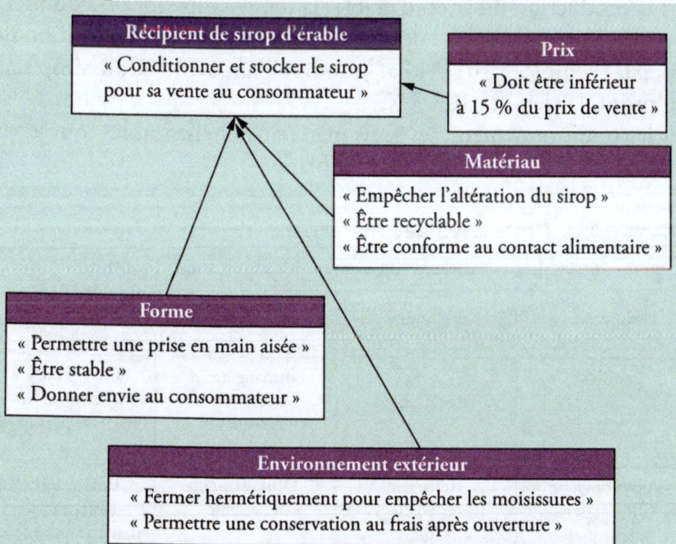

▶ **1.** À l'aide du diagramme d'exigences du récipient (document 1), préciser celle des contraintes à respecter qui est liée au design.

TECHNOLOGIE

DOCUMENT 2 **Prototypes de récipients**

Récipient 1 (bouchon verre)	Récipient 2 (bouchon vissé plastique)	Récipient 3 (ouverture mécanique)
 ph © PRILL Mediendesign/ stock.adobe.com	 ph © udomsook/ stock.adobe.com	 ph © robert6666/ stock.adobe.com

▶ **2.** À l'aide des récipients représentés (document 2) et du respect des exigences « forme » et « environnement extérieur » (document 1) :

a) déterminer la solution adéquate pour le conditionnement et le stockage du sirop d'érable ;

b) argumenter la réponse.

Pour la production du sirop d'érable, la température idéale à donner au sirop d'érable est de 3,5 °C de plus que la température d'ébullition de l'eau, par exemple, à 101,3 kPa, l'eau bouillant à 100 °C, le sirop sera prêt lorsqu'il atteindra 103,5 °C.
Pour le conditionnement, les seuls matériaux envisageables sont le verre, certaines matières plastiques et le fer blanc.

DOCUMENT 3 **Propriétés des matériaux**

Matériau	Avantages	Inconvénients	Prix de fabrication du contenant à l'unité
Fer blanc	Léger Recyclable	Formage limité (rond type conserve) Opaque	0,15 ± 0,04 € (inflation des matières premières)
Polypropylène (PP, matière plastique)	Résistant jusqu'à 120 °C Rigide	Difficilement recyclable	0,22 ± 0,03 € (inflation des matières premières)
Verre	Transparent Inerte Imperméable Recyclable	Fragile Lourd	0,30 €

▶ **3.** Le producteur souhaite vendre son sirop d'érable au prix de 2,80 € le récipient, le prix du contenant devant être inférieur à 15 % du prix total. À l'aide des propriétés des trois matériaux envisageables (document 3), et du diagramme d'exigences (document 1), répondre aux deux questions suivantes.

a) Compléter ce tableau :

	Forme	**Prix maximum à l'unité**	**Propriété du matériau**	**Environnement extérieur**
Fer blanc			Recyclable Alimentaire	Non hermétique après ouverture
PP	Toute forme Possible			
Verre	Toute forme possible			

b) Proposer, en argumentant, le matériau qui convient le mieux.

Lors de la vente des produits de consommation en grande surface, l'implantation d'un code à barres sur le récipient est obligatoire. Tous les exemplaires du même produit ont un code à barres unique permettant de l'identifier lors du passage en caisse. Le code à barres est également associé à un prix défini au sein d'une base de données.

DOCUMENT 4 **Le code à barres à 13 chiffres (norme GS1 EAN 13)**

Les codes à barres au format international GS1 (anciennement EAN) sont composés d'une série de 13 chiffres numériques et d'une représentation graphique sous forme de barres et d'espaces.

Les 13 chiffres du code à barres suivent une règle d'identification afin de créer un code à barres en fonction du produit identifié, c'est-à-dire :

3 080201 459620

Un préfixe entreprise — Un code produit — Une clé de contrôle

Les trois premiers chiffres du préfixe entreprise représentent le code du pays de l'entreprise qui a apposé le code à barres sur le produit.

TECHNOLOGIE

Extraits de la liste des codes « pays »

00000	Unused to avoid collision with GTIN-8
00001 – 00009 001 – 009	GS1 US
020 – 029	Used to issue restricted circulation numbers within a geographic region (MO defined)
…	
300 – 379	GS1 France
380	GS1 Bulgaria
383	GS1 Slovenija
…	
746	GS1 Republica Dominicana
750	GS1 Mexico
754 – 755	GS1 Canada
759	GS1 Venezuela
760 – 769	GS1 Schweiz, Suisse
…	

Source : www.gs1.fr

L'enseigne de distribution souhaite indiquer aux consommateurs le pays d'où provient le produit créé par l'entreprise lorsque le code à barres est lu à l'aide d'une borne en libre-service.

▶ **4.** Pour le sirop d'érable, à l'aide du document 4 :

a) compléter le programme permettant d'identifier le pays de provenance et d'afficher l'information sur l'écran LCD (voir page suivante) ;

b) préciser au sein de la case « commentaire » la fonction de l'instruction fléchée.

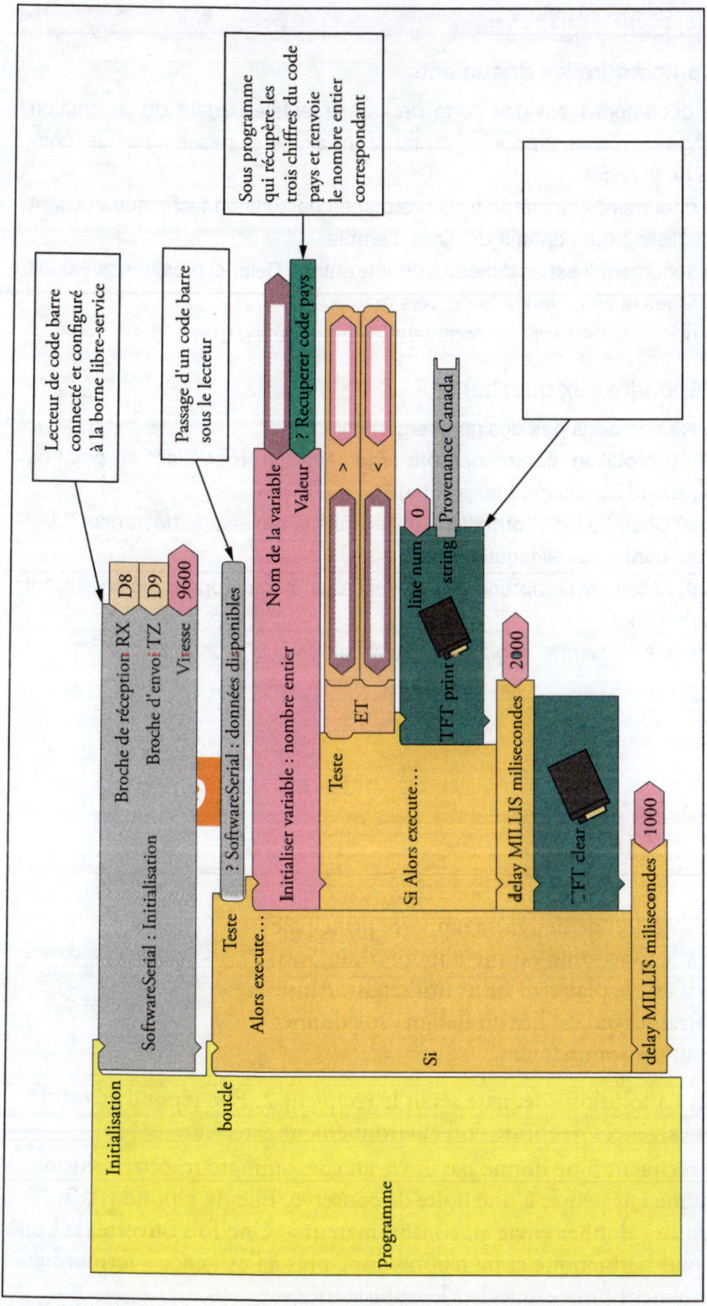
Lecteur de code barre connecté et configuré à la borne libre-service
Passage d'un code barre sous le lecteur
Sous programme qui récupère les trois chiffres du code pays et renvoie le nombre entier correspondant
Initialisation
SoftwareSerial : Initialisation
Broche de réception RX
D8
Broche d'envoi TZ
D9
Vitesse
9600
boucle
Teste
? SoftwareSerial : données disponibles
Alors execute…
Initialiser variable : nombre entier
Nom de la variable
Valeur
? Recuperer code pays
Si
Teste
ET
>
<
Si Alors execute…
TFT print
line num
0
string
Provenance Canada
delay MILLIS milisecondes
2000
TFT clear
delay MILLIS milisecondes
1000
Programme

LES CLÉS DU SUJET

■ Comprendre les documents

• Le document 1 est une sorte de carte mentale partant de la fonction d'usage du récipient pour arriver aux contraintes en passant par les fonctions de services.
• Le document 2 présente trois prototypes de solution technique pouvant être utilisés pour contenir du sirop d'érable.
• Le document 3 est un tableau à double entrée. Celui-ci présente quelques avantages et inconvénients de trois matériaux.
• Le document 4 explique comment lire un code à barres.

■ Répondre aux questions

▶ **1.** Ne confonds pas design et ergonomie.
▶ **2.** Au brouillon, commence par argumenter en répondant au point **b)**, puis répond simplement au point **a)**.
▶ **3. a)** Cherche les informations utiles dans le tableau du document 3.
b) Fonctionne par élimination.
▶ **4. a)** Essaie de comprendre ce qui est attendu du programme en le lisant jusqu'au bout.
b) Traduis les termes anglais afin de savoir ce que le programme fera.

CORRIGÉ 49

▶ **1.** La notion de design se rapporte principalement à la fonction d'estime d'un produit. Son objectif est de plaire au futur utilisateur. Ainsi, la contrainte qui est liée au design est « donner envie au consommateur ».

REMARQUE
Les contraintes correspondent aux phrases entre guillemets.

▶ **2. a)** La solution adéquate serait le récipient 2. Elle répond aux différentes exigences de forme et d'environnement extérieur.
b) Le récipient 3 ne donne pas envie au consommateur, cette solution technique fait penser à une boîte de conserve. Elle ne répond pas à l'exigence « donner envie au consommateur ». Une fois ouverte, la boîte n'est plus hermétique et ne répond donc plus à l'exigence « fermer hermétiquement pour empêcher les moisissures ».

Le récipient 1 ne permet pas une bonne prise en main. Il ne répond pas à l'exigence « permettre une prise en main aisée ». Un bouchon en verre n'est pas hermétique et ne répond donc pas à l'exigence « fermer hermétiquement pour empêcher les moisissures ».

▶ **3. a)**

	Forme	Prix maximum à l'unité	Propriétés du matériau	Environnement extérieur
Fer blanc	Forme limitée type conserve	0,15 + 0,04 = 0,19 €	Recyclable Alimentaire	Non hermétique après ouverture
Polypropylène	Toute forme possible	0,22 + 0,03 = 0,25 €	Difficilement recyclable Rigide Alimentaire	Résistant jusqu'à 120 °C
Verre	Toute forme possible	0,30 €	Fragile Lourd Recyclable Alimentaire	Transparent Inerte Imperméable

▶ **b)** Le prix de vente du sirop d'érable est de 2,80 €. Le prix du contenant devant être inférieur à 15 % du prix total, ce prix devra être au maximum de $\frac{2,8 \times 15}{100} = 0,42$ €. L'ensemble des contenants a un prix unitaire inférieur à 0,42 €. Donc tous les matériaux répondent à l'exigence « doit être inférieur à 15 % du prix de vente ».

Le polypropylène n'est pas facilement recyclable. Donc il ne satisfait pas l'exigence « être recyclable ».

Le fer est non hermétique après ouverture, il ne convient pas aux exigences « fermer hermétiquement pour empêcher les moisissures » et « permettre une conservation au frais après ouverture ».

Le verre répond à toutes les exigences, c'est donc lui qui convient le plus pour fabriquer le contenant du sirop d'érable.

▶ **4. a)** et **b)** Voir page suivante le programme complété.

CONSEIL

Tu peux choisir le nom de variable de ton choix. Néanmoins, fait en sorte qu'il soit logique et identique à chaque fois que tu appelleras cette variable.

TECHNOLOGIE

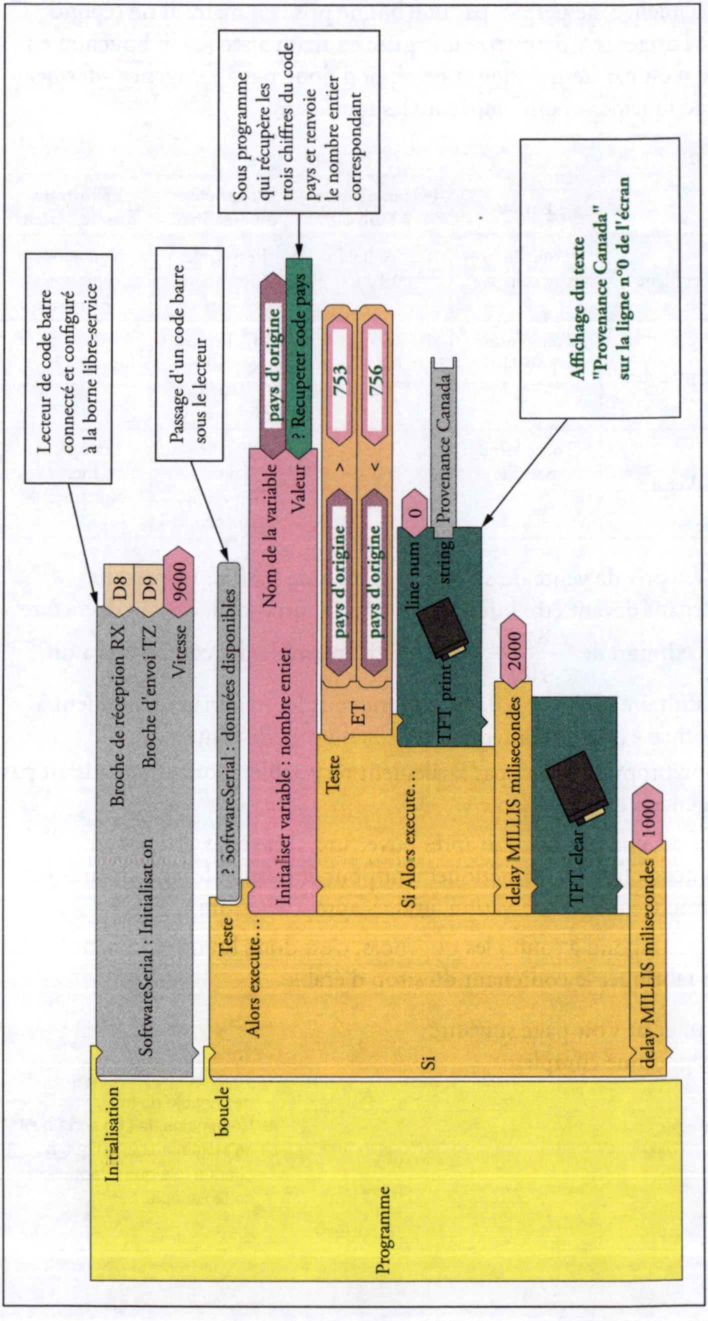

Lecteur de code barre connecté et configuré à la borne libre-service
Passage d'un code barre sous le lecteur
Sous programme qui récupère les trois chiffres du code pays et renvoie le nombre entier correspondant
Affichage du texte "Provenance Canada" sur la ligne n°0 de l'écran
Programme
Initialisation
SoftwareSerial : Initialisat on
Broche de réception RX
D8
Broche d'envoi TZ
D9
Vitesse
9600
boucle
Teste
Alors execute…
? SoftwareSerial : données disponibles
Initialiser variable : nombre entier
Nom de la variable
pays d'origine
Valeur
? Recuperer code pays
Si
Teste
ET
pays d'origine
>
753
pays d'origine
<
756
Si Alors execute…
TFT print
line num
0
string
Provenance Canada
delay MILLIS milisecondes
2000
TFT clear
delay MILLIS milisecondes
1000

SUJET

50

Sujet inédit

TECHNOLOGIE • 25 points

La prothèse Cheetah

L'athlète sud-africain Oscar Pistorius est le premier amputé des membres inférieurs à participer en 2012 aux Jeux olympiques en compagnie d'athlètes non handicapés.
Pour cela, Oscar Pistorius utilise des prothèses Cheetah (nom inspiré de l'animal le plus rapide de la planète : le guépard) développées par la société islandaise Össur.

DOCUMENT 1 Oscar Pistorius

Oscar Pistorius est né sans fibula (péroné), et a été amputé des deux jambes sous le genou alors qu'il n'avait que onze mois.

À l'âge de deux ans, il apprend à marcher avec des prothèses. À l'école, il participe activement à divers sports, notamment le water polo, le rugby et la boxe. En juin 2003, il se brise le genou en jouant au rugby et, sur les conseils de son médecin, il se lance dans la course à pied pour faciliter sa rééducation.

DOCUMENT 2 Principe de fonctionnement de la prothèse

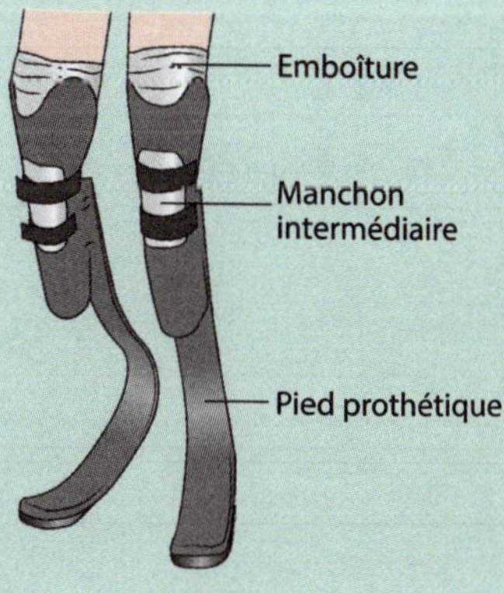

Lors de la course, la courbe « J » de la prothèse se comprime à l'impact, stockant ainsi l'énergie et absorbant de hauts niveaux de contrainte qui, chez le coureur normal, seraient absorbées par la cheville, le genou, la hanche et le bas du dos.

À la fin de la phase d'appui, la « courbe J » reprend sa forme initiale, relâchant ainsi l'énergie stockée et propulsant l'utilisateur en avant

Source : www.techniques-ingenieur.fr

TECHNOLOGIE

▶ **1.** Formuler le besoin auquel répond la prothèse Cheetah en complétant le schéma du besoin ci-dessous.

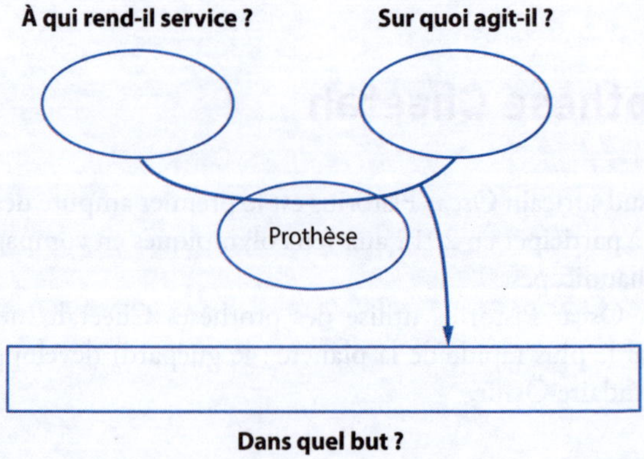

▶ **2.** Y a-t-il un risque de voir disparaître ce besoin ?

▶ **3.** Quels seraient les sources d'insatisfaction possible pour ce type de prothèse ?

▶ **4.** Compléter l'analyse fonctionnelle suivante.

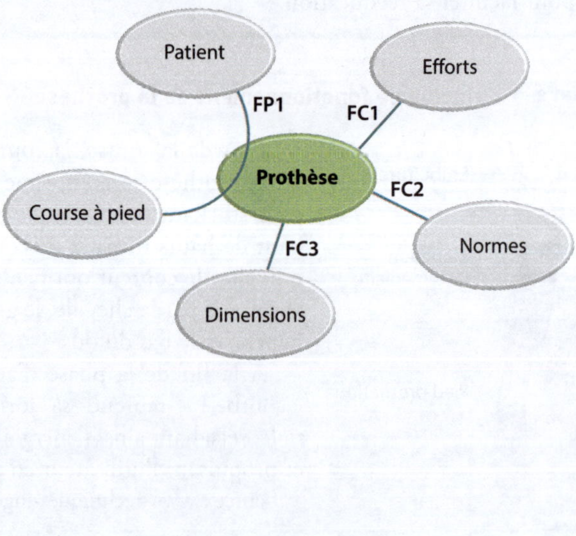

Fonction	Critère	Niveau
FC1 :	Poids du patient	147 kg maxi
	Efforts liés aux mouvements	À mesurer
	Répétition des efforts	Au moins une compétition
FC2 :	Norme ISO 10328	
FC3 :	Hauteur réglable	De 250 mm à 460 mm de haut
	Utilisation d'emboîture existante	FSX50001 à FSX50004

LES CLÉS DU SUJET

Comprendre les documents

- Le document 1 présente le cas d'une personne en particulier : l'athlète Oscar Pistorius.
- Le document 2 présente le fonctionnement de la prothèse lors de son utilisation.

Répondre aux questions

▶ **1.** Il faut être assez précis en répondant aux deux premières questions et ne pas donner de solution lorsque l'on répond à la question « dans quel but ? ».

▶ **2.** Il faut se référer au document 1.

CORRIGÉ 50

▶ **1.**

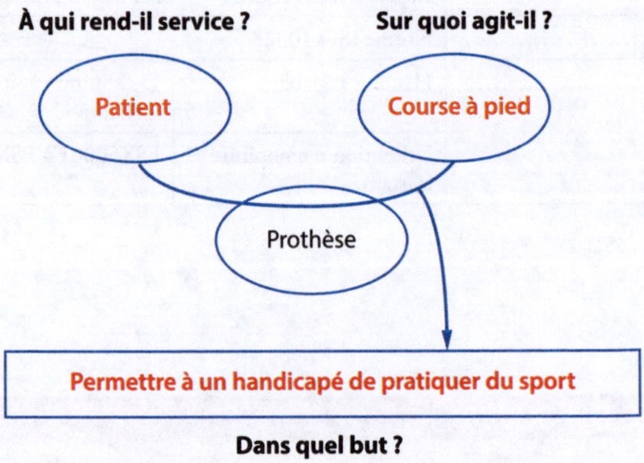

▶ **2.** Des enfants peuvent naître avec un handicap, les accidents de la route font que ce besoin devrait toujours exister.

▶ **3.** Une source d'insatisfaction serait que la prothèse se casse pendant une course ou qu'elle ne soit pas suffisamment performante.

▶ **4.**

Fonction	Critère	Niveau
FC1 : résister aux efforts	Poids du patient	147 kg maxi
	Efforts liés aux mouvements	À mesurer
	Répétition des efforts	Au moins une compétition
FC2 : respecter les normes en vigueur	Norme ISO 10328	
FC3 : s'adapter à différentes morphologie	Hauteur réglable	De 250 mm à 460 mm de haut
	Utilisation d'emboîture existante	FSX50001 à FSX5000

Remarque : Une fonction s'exprime toujours à l'aide d'un verbe suivi d'un complément.

SUJET

51

Sujet zéro

TECHNOLOGIE • 25 points

Le système ABS

DOCUMENT 1

Lors d'un freinage, il est important pour la sécurité de ne pas bloquer les roues car cela permet de conserver de bonnes conditions d'adhérence avec la route et d'éviter la perte du contrôle du véhicule en cas de changement de trajectoire ou de conditions différentes de contact des roues avec le sol (une roue sur une flaque d'eau et les autres sur le bitume sec).

DOCUMENT 2

La structure matérielle de l'équipement ABS est représentée sur la figure suivante.

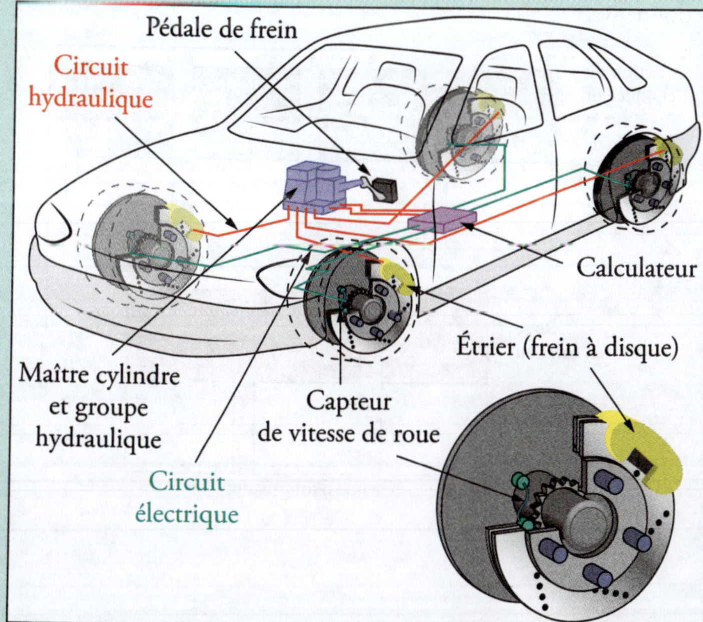

DOCUMENT 3

Le principe du freinage ABS est le suivant :
Lorsque le chauffeur appuie sur la pédale de frein, le maître-cylindre alimente en huile le groupe hydraulique qui régule la pression d'huile dans le circuit hydraulique. Les pistons portés par les étriers et disposés de part et d'autre du disque sont poussés par l'huile sous pression, ils pincent fortement le disque solidaire de la roue qui ralentit. Si le pincement est trop fort, la roue peut se bloquer. Pour éviter cela, un capteur détecte la vitesse de la roue et délivre cette information au calculateur. Si la vitesse devient trop faible et proche du blocage, le calculateur donne l'ordre au groupe hydraulique de diminuer la pression. Ainsi, grâce à l'ensemble capteur de vitesse-calculateur-groupe hydraulique, la pression est régulée lors d'un appui sur la pédale de frein pour obtenir la meilleure efficacité du freinage sans blocage.

▶ **1.** Expliquer pourquoi il est indispensable de doter les quatre roues d'un capteur de vitesse.

▶ **2.** À partir de l'analyse de la figure du document 2, compléter la figure ci-dessous en associant un composant matériel à chaque fonctionnalité.

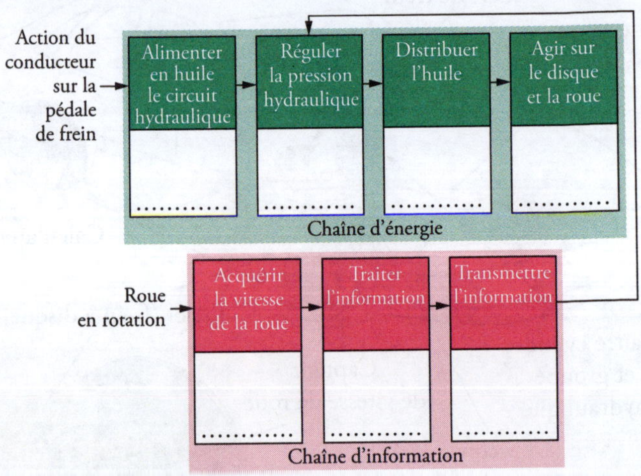

▶ **3.** La figure ci-après, présente l'algorithme du freinage ABS pour une roue. Compléter les parties manquantes.

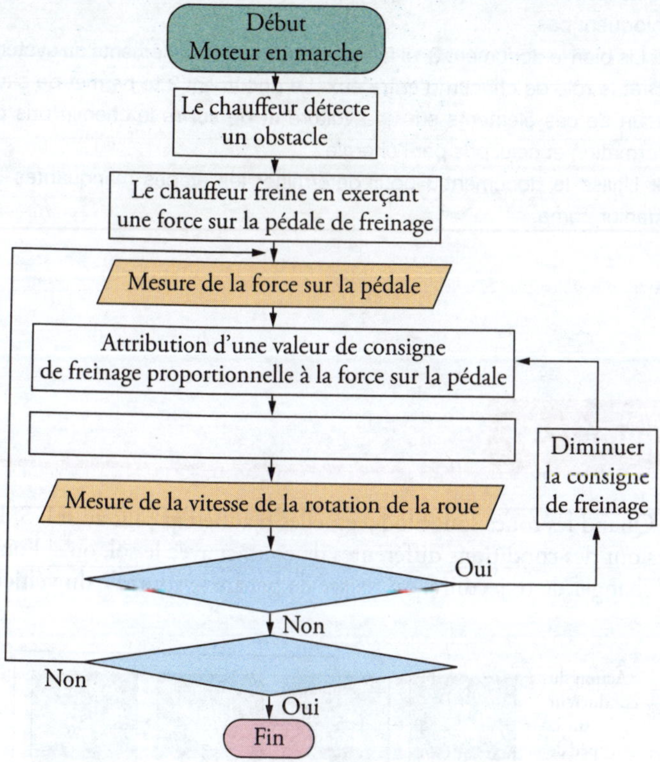

LES CLÉS DU SUJET

Comprendre les documents

- Le document 1 présente le besoin auquel répond le système ABS.
- Le document 2 est un schéma permettant de visualiser les différents composants du système.
- Le document 3 détaille le principe de fonctionnement du système d'anti-blocage de roues.

TECHNOLOGIE

■ **Répondre aux questions**

▶ **1.** Le document 1 explique pourquoi il est préférable que les roues ne se bloquent pas.

▶ **2.** Lis bien le document 3 : il fait apparaître tous les éléments du système ABS et le rôle de chacun d'entre eux. Le document 2 te permet de situer chacun de ces éléments sur une voiture et de suivre le chemin pris par l'information et celui pris par l'énergie.

▶ **3.** Utilise le document 3 pour déterminer les étapes manquantes sur l'organigramme.

CORRIGÉ 51

▶ **1.** Quand les roues sont bloquées, elles n'adhèrent plus au sol. Si les roues ont des conditions différentes de contact avec le sol, ou si l'on doit changer de trajectoire, on risque de perdre le contrôle du véhicule.

▶ **2.**

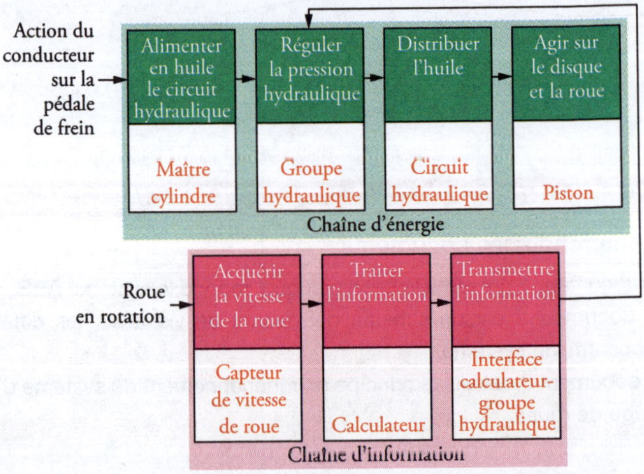

▶ 3.

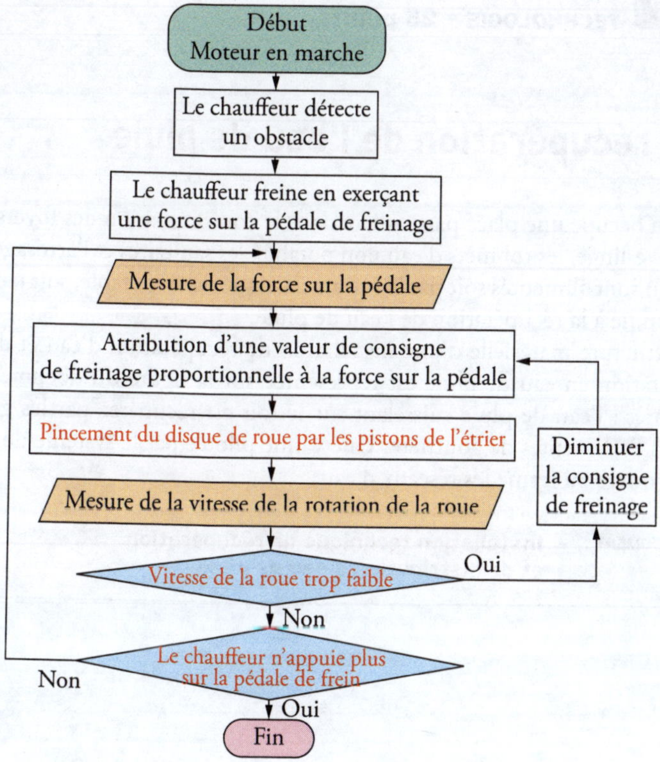

TECHNOLOGIE

SUJET

52

Sujet zéro • Série professionnelle

TECHNOLOGIE • 25 points

La récupération de l'eau de pluie

L'eau occupe une place particulière dans la consommation des foyers. Le lave-linge, les robinets d'eau non potable, les sanitaires et l'arrosage du jardin sont alimentés soit par le réseau classique d'eau potable, soit par un réseau lié à la récupération de l'eau de pluie.

La structure matérielle d'une installation de récupération d'eau et d'alimentation en eau de pluie est représentée sur la figure du document 1 ci-après : l'eau de pluie ruisselant sur le toit est récupérée par les gouttières et descentes de gouttière. Une vanne pilotée par le système de gestion ouvre ou ferme les réseaux d'eau.

DOCUMENT 1 Installation technique de récupération et de distribution d'eau de pluie

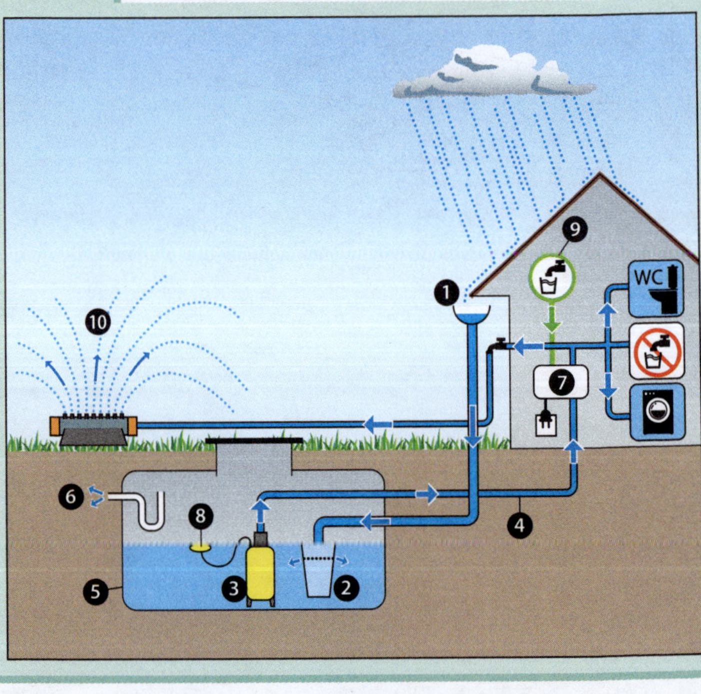

Repère	Composant
1	Gouttière et descente de gouttière
2	Système de filtration
3	Pompe immergée
4	Réseau d'eau de pluie
5	Cuve de récupération d'eau de pluie
6	Siphon d'évacuation du trop-plein d'eau
7	Système de gestion d'eau
8	Détecteur de niveau d'eau
9	Réseau d'eau potable
10	Système d'arrosage du jardin

Source : www.tendance-travaux.fr

DOCUMENT 2

Algorithme traitant la demande d'utilisation de l'eau de pluie stockée dans la cuve

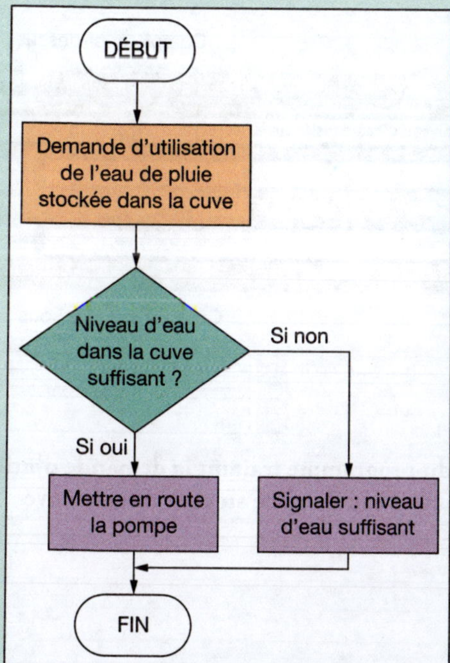

▶ **1.** À l'aide du document 1, associer le composant qui réalise chacune des fonctions suivantes :

Fonction	Composant associé
Stocker l'eau de pluie	
Filtrer l'eau de pluie	
Alimenter le réseau domestique en eau de pluie	
Gérer la distribution en eau de pluie	
Détecter le niveau d'eau de pluie dans la cuve	

▶ **2.** L'algorithme du document 2 ci-dessus décrit la logique de démarrage de la pompe pour répondre à la demande d'utilisation d'eau de pluie. Le système de gestion d'eau (repère 7 du document 1) enregistre la demande et un de ses programmes représenté ci-après traite la mise en route de la pompe.
À l'aide de l'algorithme, compléter les cadres A, B et C du programme.

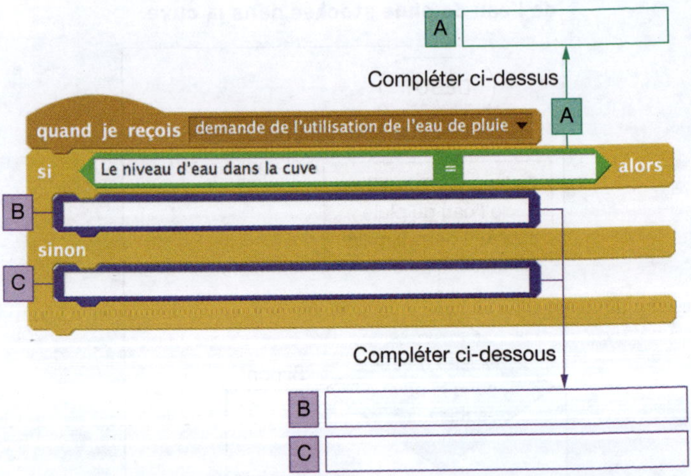

Extrait du programme traitant la demande d'utilisation de l'eau de pluie stockée dans la cuve

▶ **3.** Indiquer dans le tableau ci-dessous un composant de la chaîne d'information assurant la fonction « acquérir » et un composant de la chaîne d'énergie assurant la fonction « alimenter » :

	Composant
Chaîne d'information	
Chaîne d'énergie	

▶ **4.** Indiquer l'intérêt pour une famille de disposer d'une telle installation de récupération d'eau de pluie.

LES CLÉS DU SUJET

Comprendre les documents

- Le document 1 donne le principe de fonctionnement du réseau d'eau d'une habitation équipée d'un récupérateur d'eau de pluie. Le tableau indique le nom des différents composants du réseau d'eau de l'habitation.
- Le schéma du document 2 permet de se représenter le fonctionnement de cette installation.

Répondre aux questions

▶ **1.** Identifie les fonctions des différents éléments du système.

▶ **2.** Utilise le vocabulaire de l'algorithme pour compléter le programme Scratch.

▶ **3.** Identifie l'information et l'énergie attendue par le système. Cette question fait appel à la connaissance des chaînes d'information et d'énergie.

▶ **4.** Formule le besoin qui peut conduire à installer ce système.

CORRIGÉ 52

▶ **1.**

Fonction	Composant associé
Stocker l'eau de pluie	Cuve de récupération d'eau de pluie
Filtrer l'eau de pluie	Système de filtration
Alimenter le réseau domestique en eau de pluie	Pompe immergée
Gérer la distribution en eau de pluie	Système de gestion d'eau
Détecter le niveau d'eau de pluie dans la cuve	Détecteur de niveau d'eau

TECHNOLOGIE

▶ **2.**

> **Conseil**
> Il faut bien comprendre l'algorithme afin d'identifier ce que l'on attend du système.

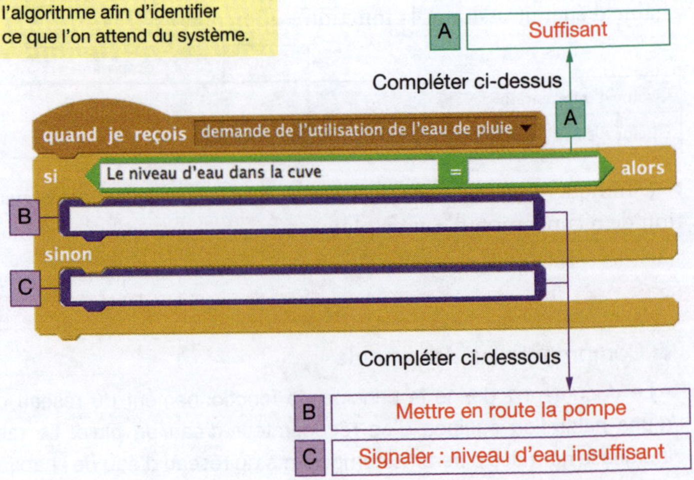

▶ **3.**

	Composant
Chaîne d'information	Détecteur de niveau d'eau
Chaîne d'énergie	Réseau d'eau potable

▶ **4.** En utilisant l'eau de pluie pour arroser le jardin, pour la chasse d'eau des toilettes, pour la machine à laver, la famille économise de l'eau potable et réduit ainsi sa facture d'eau.

SUJET

53

Sujet inédit

TECHNOLOGIE • 25 points

Surveillance sismique

DOCUMENT 1 **Répartition des stations de surveillance en Guadeloupe**

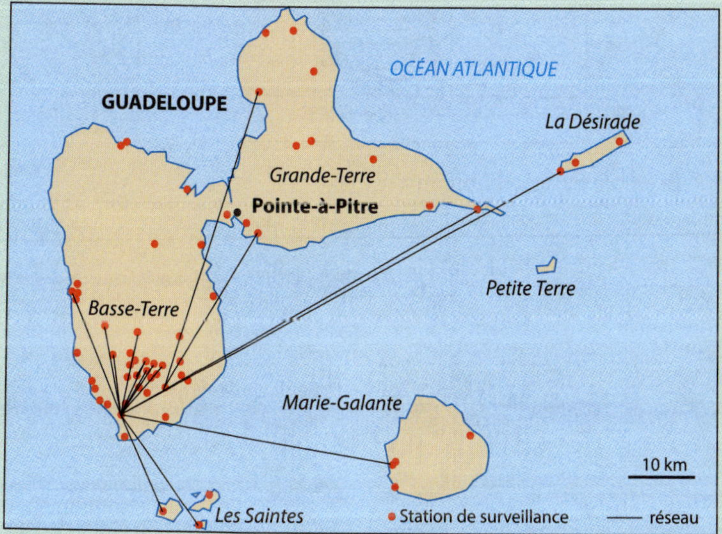

L'observatoire volcanologique et sismique de la Guadeloupe a entre autres pour objectif de surveiller l'activité du volcan la Soufrière. Pour cela, près de 200 sites de mesure dont une soixantaine équipés de stations autonomes sont répartis sur le massif de la Soufrière et l'arc des petites Antilles. Ces stations peuvent être équipées de sismomètre, de capteur de déformation, de sonde radon, de magnétomètre ou de chromatographie ionique.

Source : Institut de physique du globe de Paris (www.ipgp.fr)

TECHNOLOGIE

DOCUMENT 2 **Le sismomètre**

Un sismomètre est composé d'une bobine solidaire au sol et d'un aimant, suspendu par des ressorts à ses extrémités, placé à l'intérieur de la bobine. Lorsqu'il y a des ondes sismiques, l'aimant ne suit pas le sol. Il y a donc un mouvement de l'aimant par rapport à la bobine. Cela crée un signal sous forme d'un courant électrique alternatif.

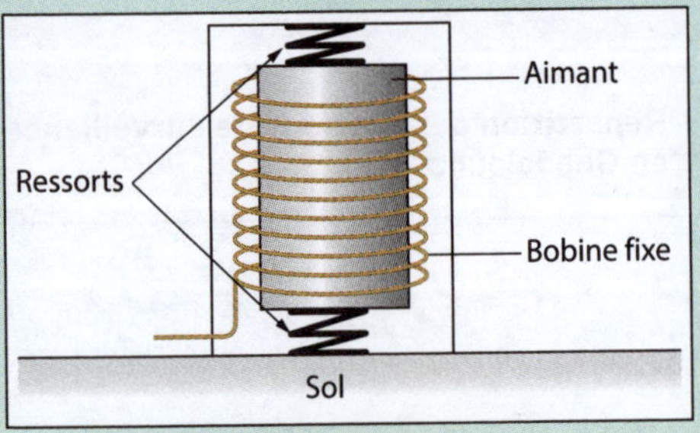

Exemple de signal obtenu :

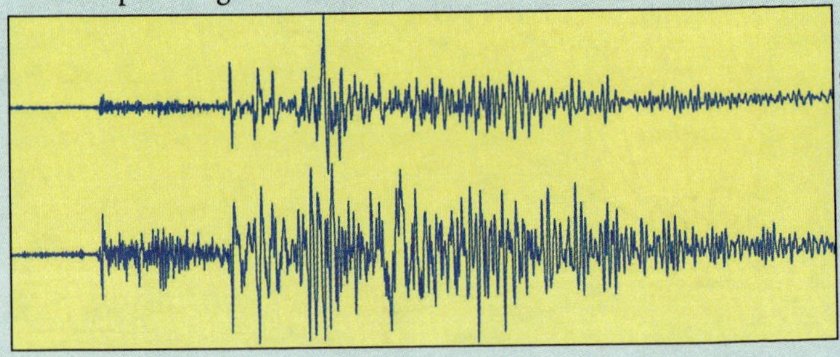

ph© James King-Holmes/SPL/Cosmos

Source : Institut de physique du globe de Paris

DOCUMENT 3 **Description d'une station sismologique autonome**

Une station sismologique autonome se compose de trois sismomètres (2 horizontaux et un vertical) enterrés dans une cave sismique, d'une antenne GPS, de panneaux solaires photovoltaïques, de batterie et d'un régulateur d'énergie. Un numériseur (composé d'un ordinateur mobile et d'un modem) échantillonne le signal des sismomètres et transmet ce signal ainsi que la position GPS au centre d'observation. Pour cela, la station dispose d'une antenne ou parabole.

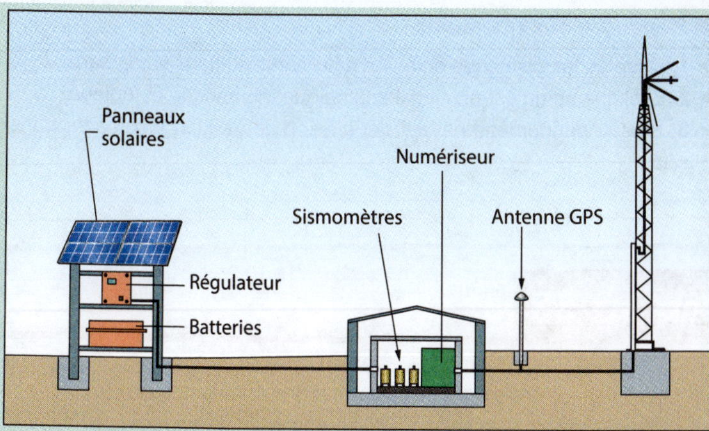

Source : Institut de physique du globe de Paris

▶ **1.** Pourquoi les stations autonomes transmettent les informations acquises par onde radio plutôt que par câble ?

▶ **2.** Le signal créé par un sismomètre est-il analogique, logique ou numérique ? Après échantillonnage, le signal est-il toujours de même nature ?

▶ **3.** Compléter la chaîne d'information suivante :

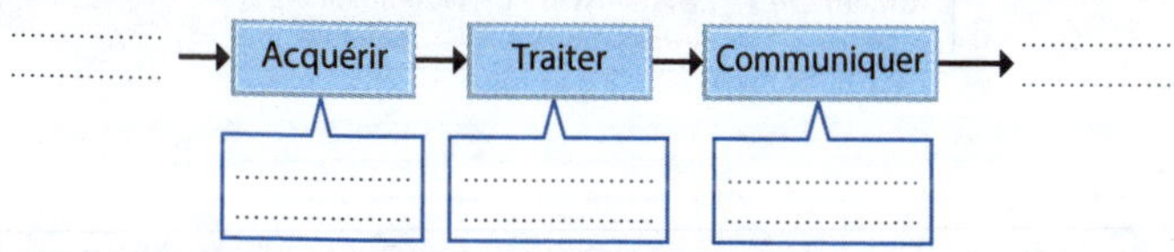

LES CLÉS DU SUJET

Comprendre les documents

- Le document 1 pose le problème des distances entre l'observatoire et les différentes stations de mesure.
- Le document 2 donne succinctement le fonctionnement du sismomètre.
- Le document 3 présente sous forme de croquis les éléments d'une station de mesure.

Répondre aux questions

▶ **1.** Observe les distances entre les différentes stations sur la carte.

▶ **2.** Explique ce qu'est un signal analogique, numérique et logique.

▶ **3.** Suis le phénomène naturel depuis son acquisition jusqu'à sa transmission.

CORRIGÉ 53

▶ **1.** Les distances entre les différentes stations autonomes sont assez importantes. Il est alors plus efficace d'utiliser un moyen de transmission sans fil.

▶ **2.** Un sismomètre crée un signal continu et ayant une infinité de valeur possible, donc le signal créé par le sismomètre est analogique. Après numérisation, on se limite à un certain nombre de valeurs, le signal est alors numérique.

Remarque
Une courbe continue comme celle créée par le sismomètre passe par une infinité de valeurs.

▶ **3.**

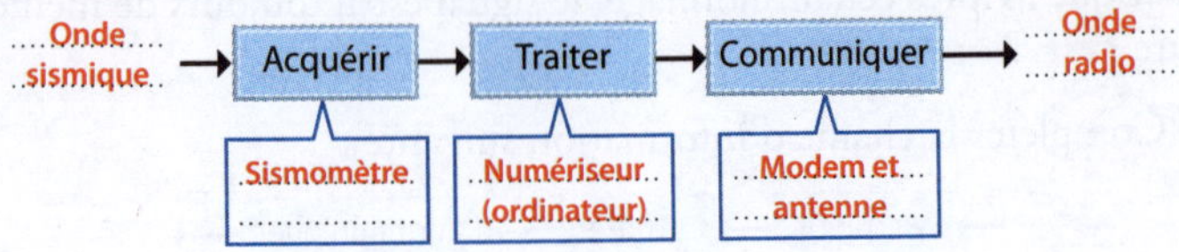

SUJET

54

Sujet inédit

TECHNOLOGIE • 25 points

Le Li-Fi

DOCUMENT 1 **Comment ça marche ?**

Le Li-Fi *(Light Fidelity)* est une alternative au Wi-Fi utilisant des lampes à diodes électroluminescentes (LED) pour transmettre des informations. Le fonctionnement est assez simple : en s'allumant et en s'éteignant plusieurs millions de fois par seconde des ampoules à LED – les seules à posséder une telle vitesse de commutation avec les lasers – transmettent des informations reçues *via* le réseau électrique.

L'utilisation du Li-Fi promet une transmission de données sans ondes électromagnétiques. Contrairement à celles-ci, les ondes lumineuses ne traversent pas le corps humain. Ainsi, le Li-Fi est sans crainte là où le Wi-Fi peut être dangereux ou impossible à utiliser, comme dans les avions, les sous-marins ou les hôpitaux.

Il a aussi l'avantage de ne pas pouvoir être piraté, les informations ne pouvant être captées que sur le trajet de l'onde lumineuse.

Le Li-Fi est également disponible en cas de panne de courant, grâce à des lampes fonctionnant sur batterie d'une autonomie de près de 6 heures.

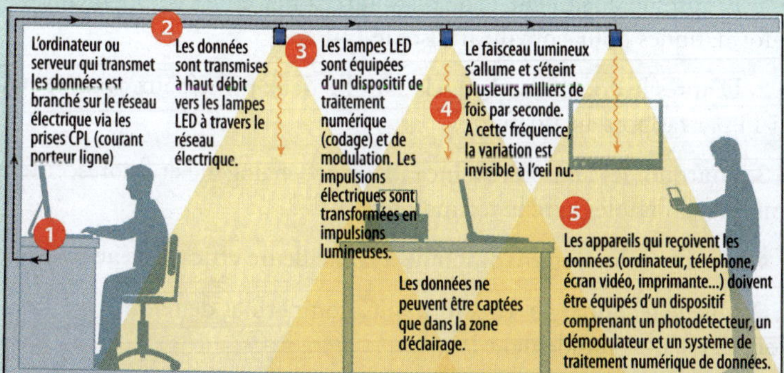

Source : www.netemedia.fr

DOCUMENT 2 Comparaison de différentes technologies d'ampoule

Technologie	Lampe à incandescence	Lampe halogène	Lampe fluorescente	Lampe à LED
Efficacité énergétique (lumen/W)	10-20	15-20	40-70	40-100
Temps d'allumage	lent	lent	très lent	immédiat
Durée de vie maximale en heures	2 000	3 000	15 000	50 000

Source : INSA

DOCUMENT 3 Comparaison de différentes technologies de communication

Technologie de communication	Wi-Fi 802.11ac	Li-Fi	Infrarouge	Bluetooth 4.1	Fibre optique	VDSL
Débit ascendant maximal théorique (Mbit/s)	866	3 000	4	24	273 000	55
Portée	35 m	10 m	8 m	60 m	165 km	1,5 km

▶ **1.** D'après le document 1, de quoi auront besoin les équipements informatiques pour pouvoir utiliser le Li-Fi ?

▶ **2.** D'après le document 1, quels sont les deux principaux avantages du Li-Fi par rapport au Wi-Fi ?

▶ **3.** Pourquoi les ampoules à incandescence, halogène et fluorescente ne sont pas utilisables avec la technologie Li-Fi ?

▶ **4.** Quelle technologie d'ampoule a la meilleure efficacité énergétique ?

▶ **5.** Quelle technologie de communication permet de télécharger des données le plus rapidement ?

▶ **6.** Expliquer pourquoi le Li-Fi est une technologie intéressante.

LES CLÉS DU SUJET

■ Comprendre les documents

• Le document 1 présente les grandes caractéristiques du Li-Fi et fait quelques comparaisons avec le Wi-Fi.
• Le document 2 permet de comparer différentes technologies d'éclairage.
• Le document 3 compare différents modes de communication.

■ Répondre aux questions

▶ **3.** Comment les ampoules du Li-Fi transmettent-elles l'information ? Compare les ampoules avec le document 3.
▶ **5.** Compare les débits ascendants du document 3.

CORRIGÉ 54

▶ **1.** Les équipements devront avoir un photodétecteur, un démodulateur et un système de traitement numérique de données.

▶ **2.** Contrairement au Wi-Fi, le Li-Fi promet une transmission de données sans ondes électromagnétiques. Le Li-Fi est donc utilisable là où le Wi-Fi ne l'est pas. Le Li-Fi est plus sécurisé : les données ne peuvent pas être piratées. Le Li-Fi pourra fonctionner en cas de panne de courant.

▶ **3.** Les ampoules à incandescence, halogène et fluorescente mettent trop de temps à s'allumer.

▶ **4.** Les ampoules à LED ont la meilleure efficacité énergétique.

▶ **5.** La fibre optique offre le meilleur débit pour télécharger des données.

▶ **6.** Le Li-Fi permet une communication sans fil, contrairement à la fibre optique.

Le mémo du brevet

L'essentiel du programme en fiches

1 Organisation, constitution et états de la matière

L'univers est l'ensemble de tout ce qui existe, de l'infiniment petit (l'atome) à l'infiniment grand (les galaxies). Toute la matière de l'univers est constituée de molécules neutres, elles-mêmes constituées d'atomes.

A La constitution de la matière

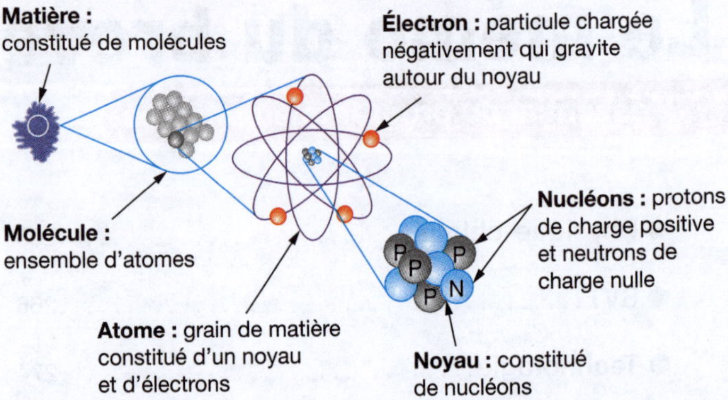

- L'**atome** est **neutre** : il contient autant de particules chargées positivement (protons) que de particules chargées négativement (électrons).
- La **formule chimique** donne le nombre et la nature des atomes qui constituent une molécule. Exemple : H_2 ; CO_2 ; N_2 ; O_2 ; H_2O.
- **Corps pur (espèce chimique)** : constitué d'une seule sorte de molécules.

B Les états de la matière, les changements d'état

- La matière peut prendre plusieurs états : solide, liquide ou gazeux.
- Un **changement d'état** est une transformation physique : les constituants de la matière restent intacts.
- **Masse volumique** : c'est la masse d'une unité de volume d'un corps.

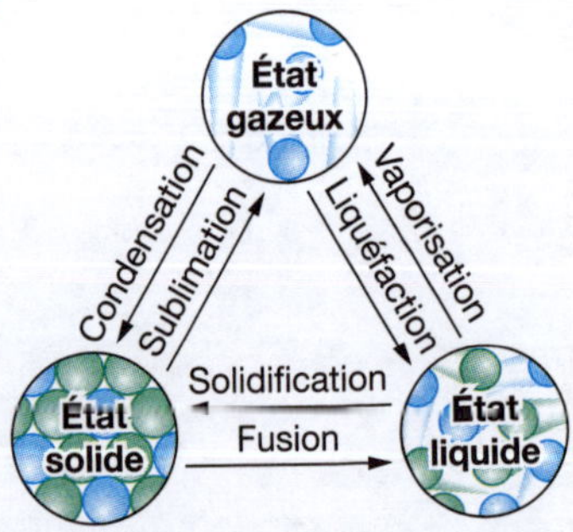

$$\rho = \frac{m}{V}.$$

Elle caractérise un corps pur. Unités : g/cm^3 ou kg/L ou kg/m^3.
Pour l'eau : $\rho_{eau} = 1{,}00\ g/cm^3 = 1{,}00\ kg/L = 1\ 000\ kg/m^3$.

2 Réactions chimiques

A Transformations chimiques

- **Transformation chimique** : transformation au cours de laquelle les espèces chimiques qui constituent la matière sont modifiées.
- **Équation d'une transformation** : décrit une réaction chimique par des formules.

dihydrogène + dioxygène → eau

$$2H_2 + O_2 \longrightarrow 2H_2O$$

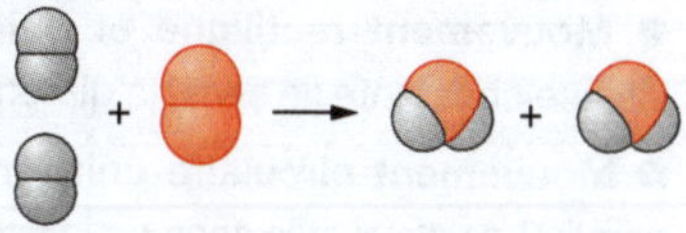

- **Ion** : atome ou groupement d'atomes qui porte une charge électrique.

	Cation (ion positif) : atome qui a perdu des électrons	Anion (ion négatif) : atome qui a gagné des électrons
Ion monoatomique	Na^+, Ba^{2+}, H^+, Ag^+, Al^{3+}	Cl^-, O^{2-}
Ion polyatomique	NH_4^+	SO_4^{2-}, NO_3^-, HO^-

- **Test** : réaction chimique qui permet de reconnaître une espèce chimique.

Test	Verser de la soude	Verser de la soude	Verser de la soude	Approcher une allumette
Espèce testée	Ion Cu^{2+}	Ion Fe^{2+}	Ion Zn^{2+}	Gaz H_2
Résultat	Précipité bleu	Précipité vert	Précipité blanc	Détonation

B Propriétés acido-basiques

- **Solution acide** : solution aqueuse où les ions H^+ sont majoritaires.
Exemple : l'acide chlorhydrique ($H^+ + Cl^-$).
- **Solution basique** : solution aqueuse où les ions H^+ sont minoritaires.
Exemple : la soude ($Na^+ + HO^-$).
- **pH** : grandeur sans unité, comprise entre 0 et 14, qui indique l'acidité (si $pH < 7$) ou la basicité (si $pH > 7$) d'une solution aqueuse.
- **Réaction acido-basique** : réaction chimique entre un acide et une base.
Exemple : acide chlorhydrique + soude → eau + ion sodium + ion chlorure
- **Réaction acide-métal** (zinc, fer, aluminium) : action de l'ion hydrogène H^+ d'un acide sur un métal. *Exemple* :
acide chlorhydrique + métal (Zn, Fe, Al) → ion métallique (Zn^{2+} ; Fe^{2+} ; Al^{3+}) + dihydrogène (H_2)

3 Mouvement et interactions

Un mouvement est caractérisé par son sens, sa direction et sa vitesse *v*.

A Caractériser un mouvement

- La **vitesse *v***, exprimée en m/s, est telle que : $v = \frac{d}{t} = \frac{\text{distance (m)}}{\text{temps (s)}}$.
- **Mouvement rectiligne et uniforme** : mouvement en ligne droite et à vitesse constante (le sens, la direction et la valeur de la vitesse ne varient pas).
- **Mouvement circulaire uniforme** : mouvement dont la trajectoire est un cercle. La valeur et le sens de la vitesse ne varient pas mais sa direction varie.

B Modéliser une interaction par une force

- **Interaction** : deux objets sont en interaction s'ils ont une action l'un sur l'autre. On distingue :

– l'interaction de contact ←→ (*exemple* : force de traction) ;
– l'interaction à distance ←- - -→ (*exemple* : un aimant attirant l'acier).

Les **diagrammes d'interactions** schématisent un système et ses interactions avec d'autres systèmes.

Exemple :

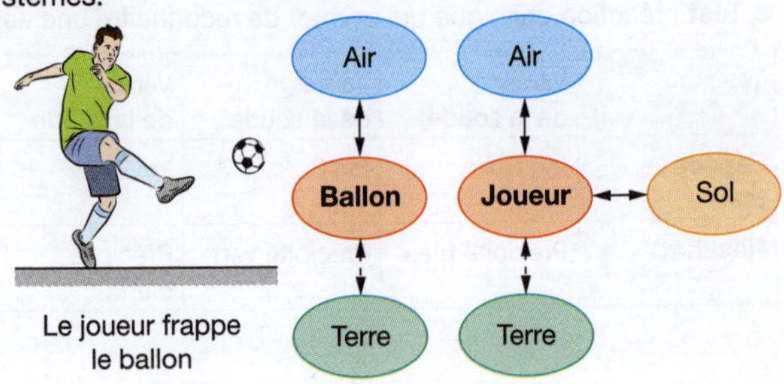

Le joueur frappe le ballon

- **Force** : une action est modélisée par une force *F*, qui a un point d'application, un sens, une direction et une intensité en newtons (N).

C Distinguer poids et masse

- Tous les objets sur une planète subissent une force de pesanteur attractive de la part de cette planète, le **poids** *P*. C'est une force verticale, orientée vers le centre de la planète. $P = m \times g$.

m est la masse en kg, et *g* la **constante de gravité** en N/kg (sur Terre $g = 9{,}81$ N/kg), le poids *P* est en newtons.

- La **masse** (en kg) est la quantité de matière qui constitue un corps.
- La masse d'un objet reste la même sur une autre planète que la Terre mais son poids change car *g* change suivant les planètes.

4 L'énergie et ses conversions

L'énergie est la capacité d'un système à produire un mouvement, de la lumière, de l'électricité, de la chaleur, etc.

A Les formes d'énergie

- La relation liant l'énergie E (J), la puissance P en watts (W) et la durée t (s) est : $E = P \times t$.
- L'énergie E se mesure en **joules** (J), mais aussi en **wattheures** (Wh) si P est en watts et t en heures (h). 1 Wh = 3600 J.

Énergie	Définition
Cinétique	Énergie des objets en mouvement. Elle dépend de la vitesse v (m/s) d'un objet et de sa masse m (kg). $E_c = \frac{1}{2} \times m \times v^2$.
Potentielle	Lorsqu'elle dépend de la position de l'objet, de sa masse et de la gravité du lieu, elle s'appelle l'énergie potentielle de pesanteur E_{pp}.
Thermique	Due à l'agitation des molécules et des atomes d'un objet. C'est la manifestation de l'énergie sous forme de chaleur.
Électrique	Énergie liée aux phénomènes électriques.
Chimique	Énergie qui lie les atomes dans les molécules. Elle est libérée lors des réactions chimiques (comme la combustion).
Lumineuse	Énergie transportée par la lumière.

B Sources, transferts et conversions d'énergie

- **Sources d'énergie** : pétrole, gaz naturel et charbon sont les trois sources d'énergie fossile dont les réserves sont limitées, comme les combustibles nucléaires. Le vent, le soleil, l'eau des marées et des cours d'eau constituent les sources d'énergie renouvelables car inépuisables.
- **Diagramme d'énergie** : représente la source, le convertisseur et les différentes formes d'énergies converties par un objet ou système. *Exemple* :

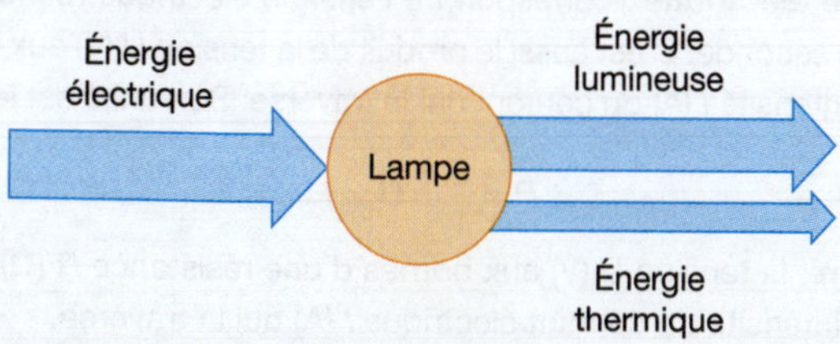

- **Conservation de l'énergie** : l'énergie ne peut ni être créée ni disparaître.

5 L'électricité

A Les circuits électriques

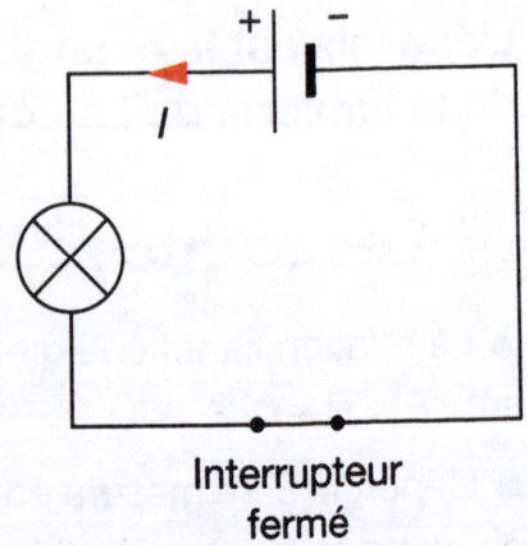

● **Circuit fermé** : un générateur et un récepteur reliés par des fils conducteurs constituant une boucle fermée. (I : sens conventionnel du courant)

● **Dipôles en série** : dipôles placés à la suite les uns des autres et ne constituant qu'une seule boucle.

● **Dipôles en dérivation** : deux dipôles placés dans deux boucles différentes d'un circuit.

B Les lois de l'électricité

Circuit	Dipôles en dérivation 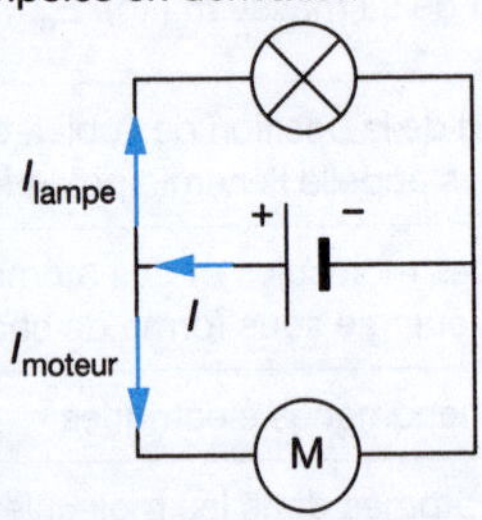	Dipôles en série 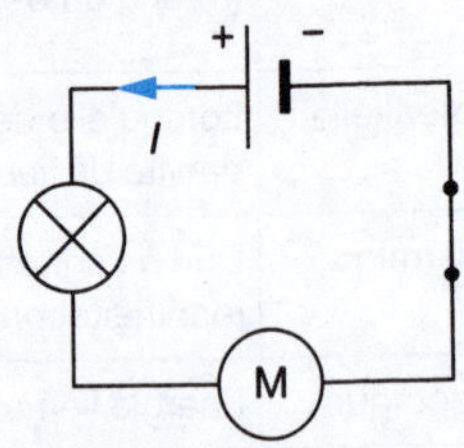
Loi des intensités	L'intensité du courant de la branche principale se partage entre les branches dérivées. $I = I_{lampe} + I_{moteur}$	L'intensité du courant est la même en tout point d'un circuit qui ne comporte que des dipôles en série. $I = I_{lampe} = I_{moteur}$
Loi des tensions	La tension de chaque récepteur est la même que celle du générateur, si tous les dipôles sont en dérivation. $U_{générateur} = U_{lampe} = U_{moteur}$	La tension du générateur est égale à la somme des tensions des dipôles récepteurs en série. $U_{générateur} = U_{lampe} + U_{moteur}$

● **Puissance électrique** : correspond à l'énergie électrique reçue ou donnée pendant une seconde. C'est aussi le produit de la tension U (V) aux bornes d'un dipôle par l'intensité I (A) du courant qui le traverse. Son unité est le watt (W).

$$P = \frac{E}{t} = U \times I.$$

● **Loi d'Ohm** : la tension U (V) aux bornes d'une résistance R (Ω) est proportionnelle à l'intensité du courant électrique I (A) qui la traverse.

$$U = R \times I.$$

6 Les signaux pour observer et communiquer

Une onde est la propagation d'une perturbation. Elle transporte de l'énergie sans transport de matière. Le signal est l'information que transporte l'onde.

A Reconnaître un signal lumineux

- **Lumière** : onde lumineuse qui se déplace dans le vide à la vitesse $c = 300\,000$ km/s. Elle peut être visible ou invisible (rayons X). Elle se propage en ligne droite dans l'air, le vide et les milieux transparents.
- **Année-lumière** : distance parcourue par la lumière en 1 an.

Calcul d'une année-lumière (al) en kilomètres :

$1 \text{ al} = c \times T = 300\,000 \text{ km/s} \times 1 \text{ an}$

$= 300\,000 \text{ km/s} \times (365 \text{ j} \times 24 \text{ heures} \times 60 \text{ min} \times 60 \text{ s}) = 9{,}5 \times 10^{12} \text{ km}.$

B Reconnaître un signal sonore

- **Onde sonore** : propagation dans un milieu matériel d'une surpression produite de manière périodique. Le son est un signal sonore.

La vitesse de propagation du son dans l'air est environ $v = 340$ m/s.

Une onde sonore est causée par la vibration d'une membrane.

- **Fréquence *f*** : pour un phénomène périodique, c'est le nombre de fois que le phénomène se répète en une seconde. Elle se mesure en hertz (Hz).

$f = \frac{1}{T}$ où T désigne la **période** exprimée en secondes (s).

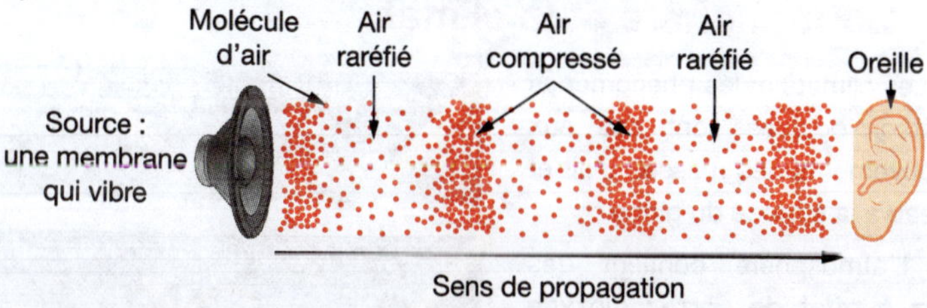

- Une onde sonore est **audible** par l'oreille humaine si 20 Hz < f < 20 kHz.

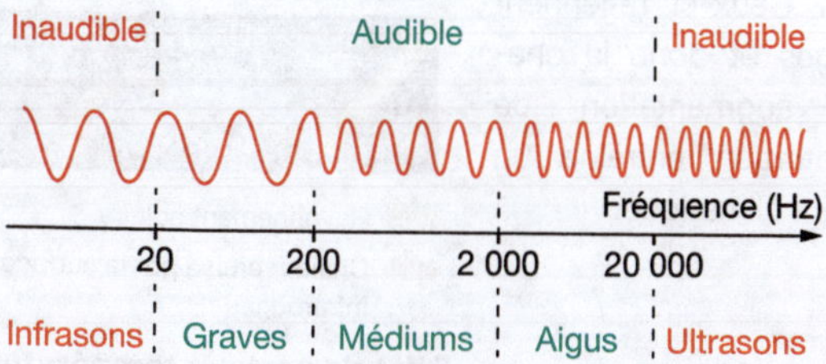

7 La Terre

A La Terre, planète active

La surface de la Terre est constituée de **plaques lithosphériques** en mouvement grâce à l'énergie interne du globe. Il en découle une activité sismique et volcanique très importante au niveau des frontières des plaques.

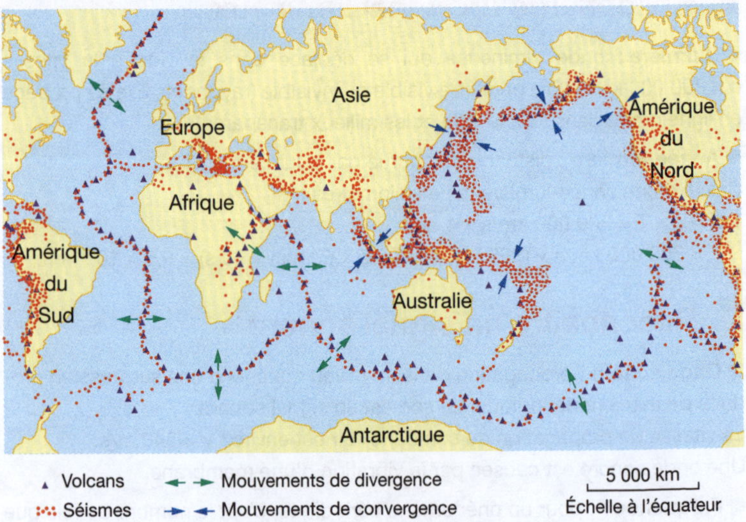

Carte des zones actives du globe

B L'atmosphère et le climat

- Les climats et les phénomènes météorologiques sont dus aux mouvements des masses d'air et d'eau à la surface du globe.
- L'atmosphère contient des **gaz à effet de serre** : dioxyde de carbone (CO_2), vapeur d'eau et méthane. Ceux-ci retiennent les infrarouges et donc la chaleur. Une augmentation de leur concentration entraîne un réchauffement climatique.

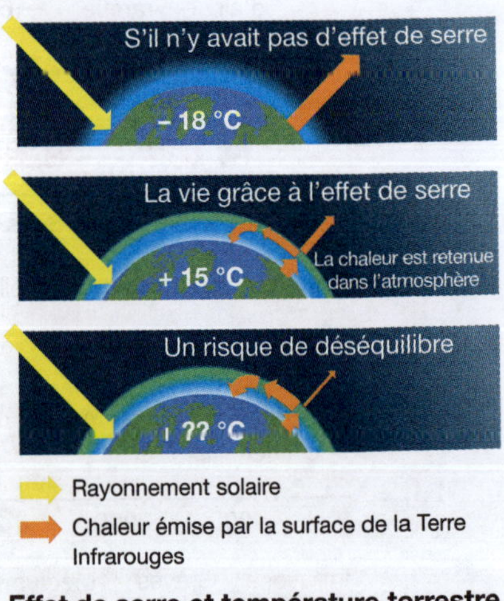

Effet de serre et température terrestre

8 Préserver l'environnement

A L'impact de l'activité humaine sur les écosystèmes et sur la santé

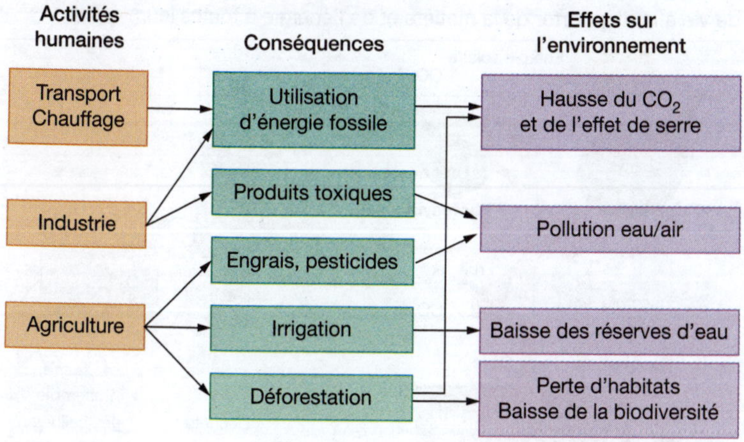

SVT

B Adopter des comportements responsables et apporter des solutions pour préserver l'environnement

Problèmes environnementaux	Solutions envisageables
Réchauffement climatique	Utiliser des énergies renouvelables Limiter la déforestation et reboiser pour réduire la présence de CO_2
Pollution de l'eau	Nettoyer les eaux usées dans les stations d'épuration Réduire l'usage des pesticides et des engrais
Pollution de l'air	Développer les transports non polluants Poser des filtres sur les cheminées d'usine et les pots d'échappement
Baisse de la biodiversité	Protéger les habitats naturels Réglementer la chasse et la pêche
Appauvrissement des ressources	Économiser l'eau Limiter l'expansion urbaine sur les terres agricoles Trier et recycler les déchets
Présence de déchets radioactifs toxiques	Gérer les déchets radioactifs dangereux

9 Les êtres vivants

A Les besoins des êtres vivants

Les végétaux et les animaux puisent des éléments essentiels dans leur milieu de vie afin d'apporter de la matière et de l'énergie à toutes leurs cellules.

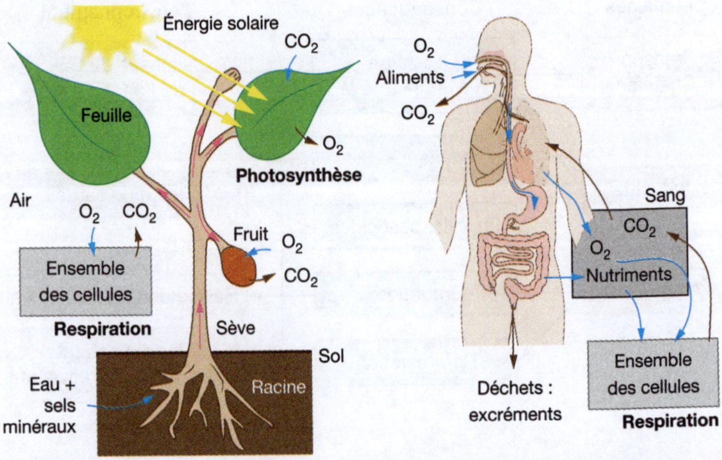

Schémas parallèles d'un végétal chlorophyllien et de l'Homme

B Matériel génétique et caractères de l'espèce

Le matériel génétique est présent sous forme de **chromosomes** dans le noyau de nos cellules. Il détermine les caractères de l'individu et son fonctionnement.

- **Caryotype** : photographie des chromosomes d'une cellule, rangés par taille et par paire.

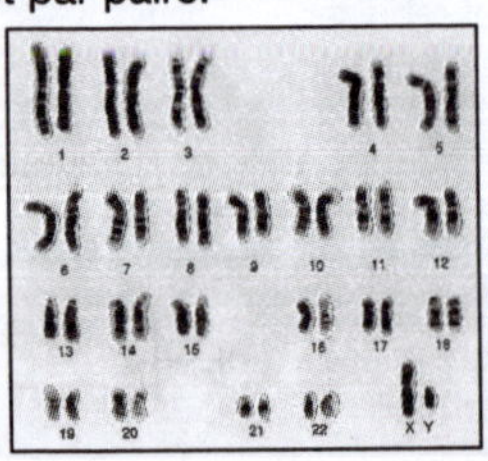

ph © WELLCOME PHOTO LIB./BISP

Caryotypes de cellule humaine = 23 paires de chromosomes

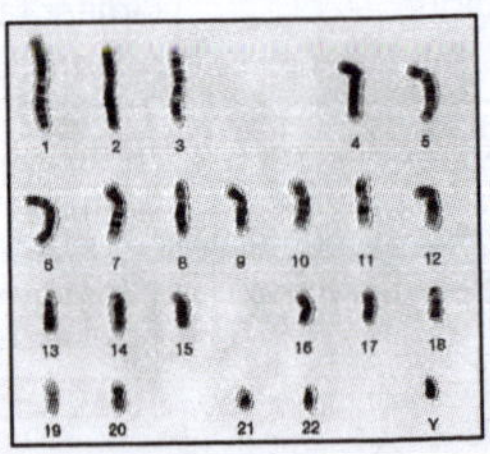

ph © WELLCOME PHOTO LIB./BISP

Caryotype de gamète humain = 23 chromosomes

- **Gène** : fragment d'**ADN** et donc de chromosome déterminant un caractère. Avant la division d'une cellule, les gènes sont copiés. En cas d'erreur (**mutation** au hasard), une nouvelle version d'un gène, ou **allèle**, est créée.
- **Espèce** : ensemble d'êtres vivants ayant des caractères communs et capables de se reproduire entre eux. Ils ont les mêmes gènes.

10 Reproduction et transmission des caractères

A Les types de reproduction

- **Reproduction asexuée** : transmission de la totalité du matériel génétique au descendant, identique au parent.
- **Reproduction sexuée** : transmission de la moitié du matériel génétique de chacun des deux parents par le biais des cellules reproductrices ou **gamètes.**

Le matériel génétique du descendant provient pour moitié de son père (spermatozoïde) et pour moitié de sa mère (ovule).

23 chromosomes du père + 23 chromosomes de la mère = 46 chromosomes dans la cellule-œuf.

- La reproduction sexuée permet un **brassage génétique** en créant de nouvelles combinaisons d'allèles chez les descendants, ce qui entraîne la diversité dans l'espèce.

B Le brassage génétique chez l'Homme

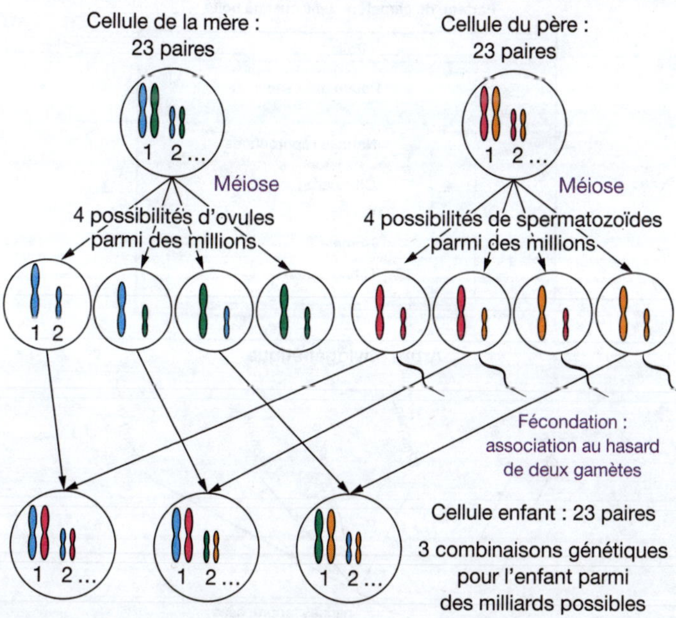

11 Biodiversité

A Biodiversité et évolution

- La **biodiversité**, ou diversité des êtres vivants, existe entre les espèces mais aussi entre les individus d'une espèce grâce à un matériel génétique différent.
- Le partage de caractères permet la **classification** en groupes des êtres vivants. Au cours du temps, il y a apparition de nouveaux groupes d'êtres vivants grâce à l'acquisition de nouveau matériel génétique.
- Seuls ceux qui sont les mieux adaptés à leur milieu de vie survivent et transmettent leur matériel génétique à leurs descendants. C'est la **sélection naturelle**.
- La diversité génétique et donc la biodiversité changent au cours du temps, c'est le phénomène de l'**évolution**.
- Apparus il y a plus de 3 milliards d'années, les premiers organismes constitués d'une seule cellule sont les ancêtres de toutes les espèces actuelles.

B Classification

Classification emboîtée

Partage de caractère dans chaque boîte

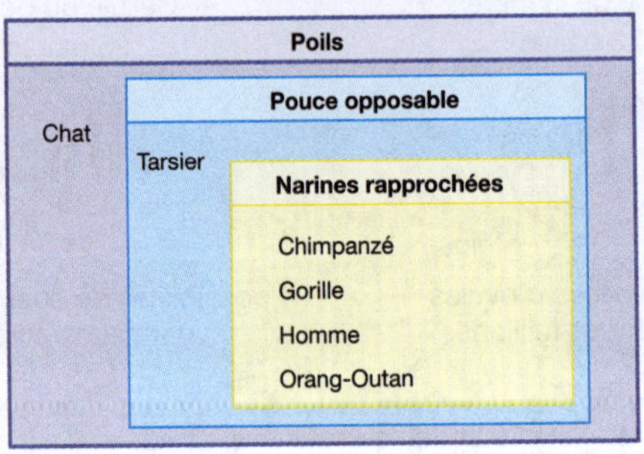

Arbre phylogénétique

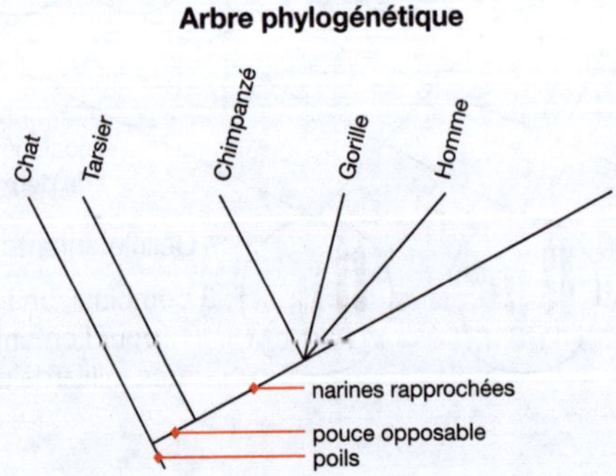

◆ Acquisition d'un nouveau caractère chez un ancêtre commun

12 Le corps humain

A La digestion et l'alimentation

- La digestion dans le tube digestif permet le découpage des molécules des aliments en molécules plus petites appelées **nutriments.**
- Les nutriments passent dans le sang au niveau de l'**intestin** et peuvent être distribués à toutes les cellules qui en ont besoin.

B Le système nerveux

- Les cellules nerveuses ou **neurones** communiquent entre elles par l'intermédiaire de molécules appelées **neurotransmetteurs.**
- Ces cellules sont placées dans les centres nerveux (**encéphale** et **moelle épinière**) où des messages nerveux peuvent être créés.
- Des **récepteurs sensoriels** permettent de détecter de multiples informations de notre environnement, un message nerveux est créé, transmis et permet de réagir de manière appropriée.

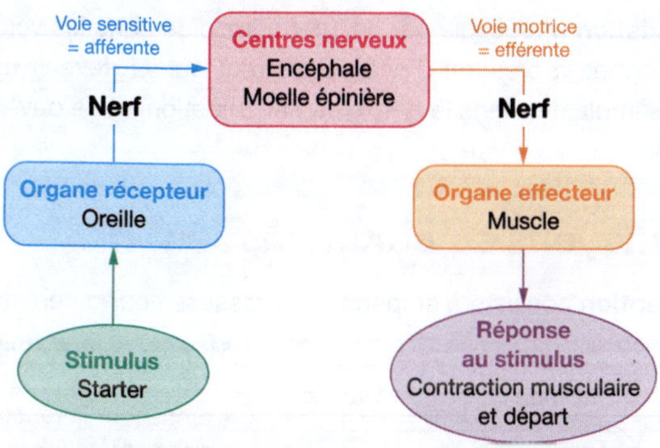

Schéma de la transmission nerveuse avec l'exemple du starter

C L'effort musculaire

- Au cours de l'effort, les muscles ont besoin de plus d'énergie pour se contracter :
  - la respiration s'accélère pour apporter plus de dioxygène ;
  - le **rythme cardiaque augmente** afin que le sang circule plus vite.
- L'**entraînement** permet d'améliorer les capacités cardiaque, respiratoire et musculaire, ce qui augmente les performances.
- Le **dopage** a les mêmes objectifs, mais il est dangereux pour la santé car il perturbe les systèmes nerveux et cardiovasculaire.

SVT

13 Reproduction et sexualité

A Les appareils génitaux humains

● Les organes sexuels commencent à produire des **gamètes** et des **hormones** à partir de la puberté. La reproduction devient alors possible.

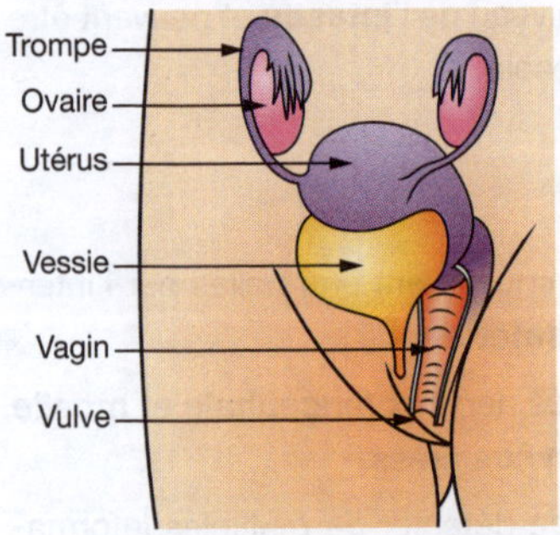

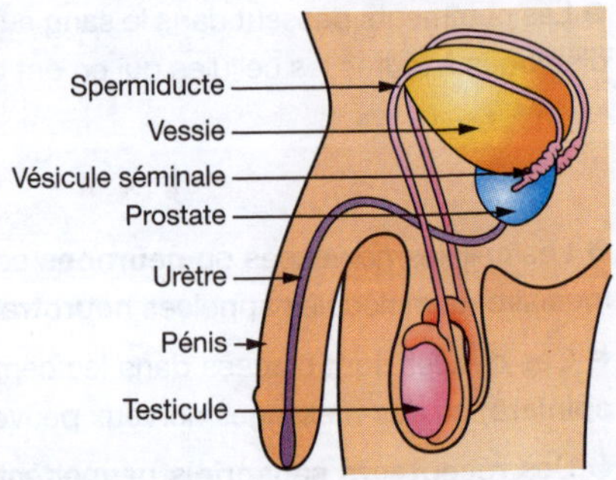

Schémas des organes sexuels de la femme et de l'homme

Remarque : la vessie fait partie de l'appareil urinaire.

● La **fécondation** d'un ovule par un spermatozoïde dans les voies génitales féminines permet la création d'une cellule-œuf qui va devenir un embryon. Celui-ci va s'implanter dans la cavité utérine (nidation) et se développer pendant 9 mois.

B Les moyens de contraception

La **contraception** consiste à empêcher la grossesse par différents moyens.

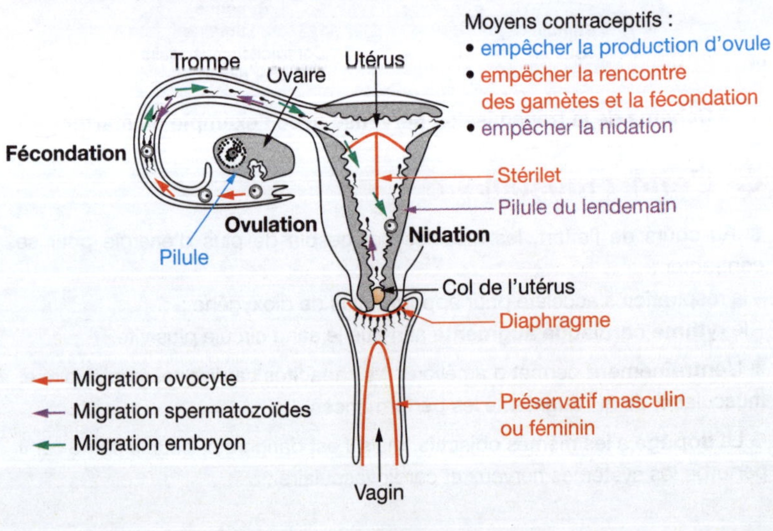

14 Les maladies

A Microbes et défense de l'organisme

- Les **micro-organismes pathogènes** provoquent des maladies. Ils peuvent être transmis par l'eau, l'air, les insectes, le sang ou les rapports sexuels.
- Les **cellules immunitaires**, présentes dans différents organes lymphatiques et circulant dans le sang et la lymphe, reconnaissent les éléments étrangers ou antigènes. Les **phagocytes** les détruisent afin de stopper l'infection. Les **lymphocytes B** les neutralisent par l'intermédiaire des anticorps. Les **lymphocytes T** détruisent les cellules infectées par des virus.
- Les **lymphocytes** sont capables de mémoriser l'identité de l'élément étranger, ce qui permet une réaction plus rapide en cas de contact ultérieur.

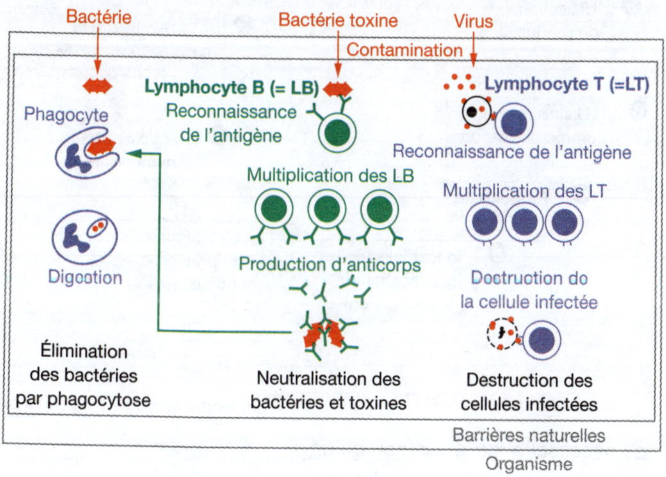

B Lutter contre les maladies

Méthode	Mode opératoire	Cible	Objectif
Règles d'hygiène	Lavage des mains, asepsie, préservatif contre les IST	Microbes (virus et bactéries)	Empêcher l'entrée de micro-organismes dans le corps
Sérum	Injection d'anticorps	Toxines, venins	Apporter une défense immunitaire
Antibiotique	Molécule	Bactéries	Détruire les bactéries
Vaccin	Micro-organisme pathogène atténué ou fragment injecté	Microbes (virus et bactéries)	Déclencher une réaction immunitaire plus rapide

15 Design, innovation et créativité

La vie d'un objet technique passe toujours par les mêmes étapes. L'ensemble de ces étapes est appelé cycle de vie du produit.

A Le cycle de vie du produit

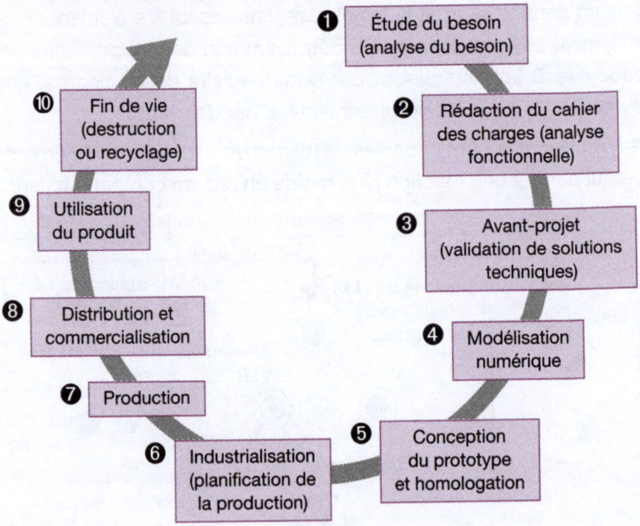

B Étude du besoin

- Il est nécessaire de s'assurer qu'un besoin existe. Le **schéma du besoin** permet de se faire rapidement une idée de celui-ci et de justifier le projet.
- Les réponses aux questions : « À qui rend-t-il service ? » et « Sur quoi agit-il ? » doivent être les plus précises possible.
- La question : « Dans quel but ? » ne doit pas avoir pour réponse une solution, un produit.

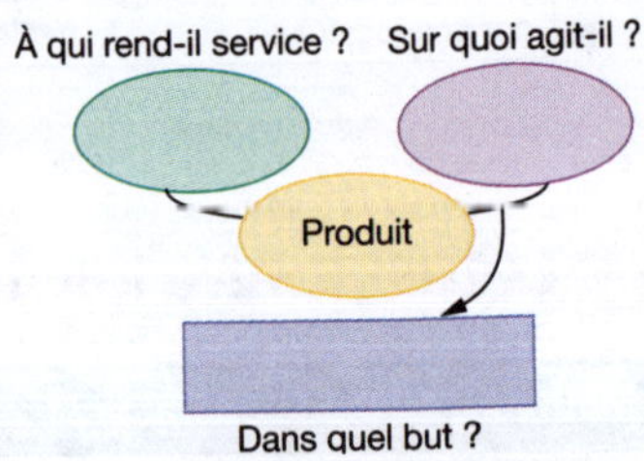

Schéma du besoin

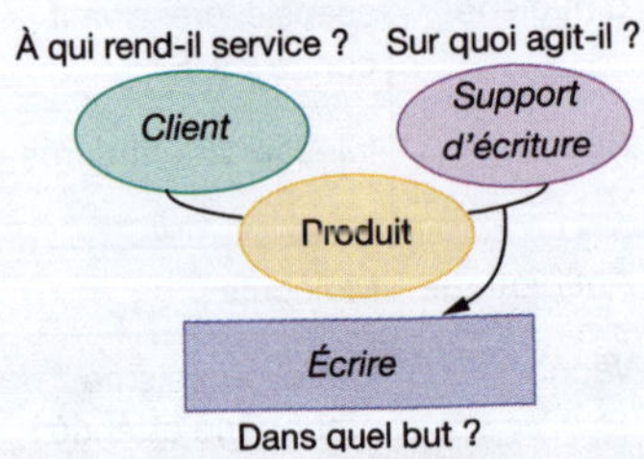

Exemple pour un objet : le stylo

16 Contraintes et fin de vie

A Établissement du cahier des charges

Le **diagramme des interacteurs** est utilisé pour déterminer les fonctions de service et les contraintes que devra respecter le produit à chaque étape de son cycle de vie.
Exemple pour l'étape « utilisation », pour un objet en particulier : le stylo.

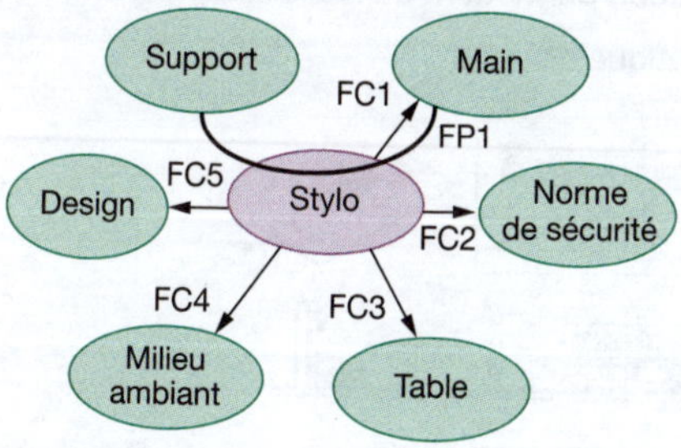

FP1 : permettre à la main de laisser une trace écrite sur un support
FC1 : avoir une bonne prise en main
FC2 : respecter les normes en vigueur
FC3 : tenir en place
FC4 : respecter la trousse
FC5 : plaire à l'utilisateur

FP : fonction principale. FC : fonction contrainte.

B Fin de vie

La destruction ou le recyclage du produit dépend entre autres des matériaux utilisés. Il y a **trois familles de matériaux**, plus des matériaux composites.

Famille	Matériaux	Recyclage ou réutilisation
Métaux	Fer, cuivre, zinc…	Tous recyclables
Matériaux organiques	Papier/carton	Recyclable
	Plastique	Recyclable ou incinérable selon le cas
	Bois	Réutilisable (cheminée…)
Matériaux minéraux	Verre	Recyclable
	Béton/brique	Réutilisable (remblais)

TECHNOLOGIE

17 La modélisation et la simulation des objets et systèmes techniques

A Dessin de définition

● Pour communiquer efficacement, il faut réaliser des dessins de définition du produit. Les logiciels de **DAO** (dessin assisté par ordinateur) ou de **CAO** (conception assistée par ordinateur) permettent de réaliser ces dessins.

Exemple pour un portail automatique :

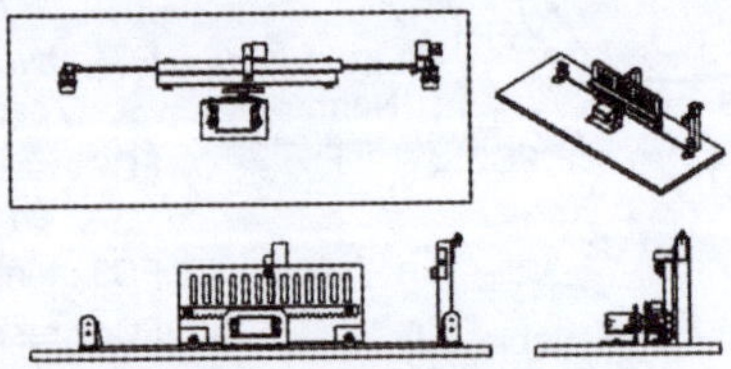

● Les **représentations en 3D** permettent de bien repérer les différents éléments d'un système, comme par exemple pour le portail ci-dessous.

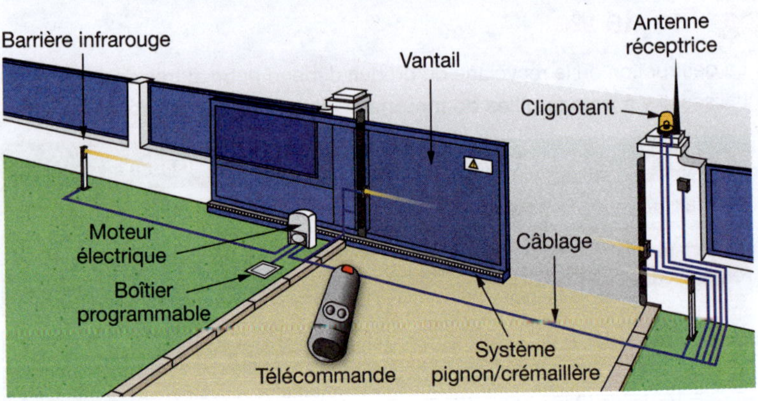

B Bloc fonctionnel

Ce portail peut également se représenter sous forme d'un bloc fonctionnel. On indique alors les **événements**, **informations** et **énergies** entrant dans le portail et ce qui en ressort (mouvement, lumière, énergie, informations…).

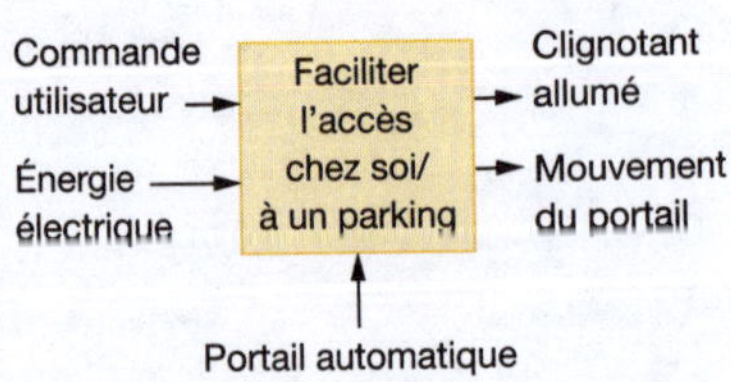

18 Chaîne d'énergie et chaîne d'information

On peut détailler le bloc fonctionnel pour faire apparaître la chaîne d'énergie et la chaîne d'information.

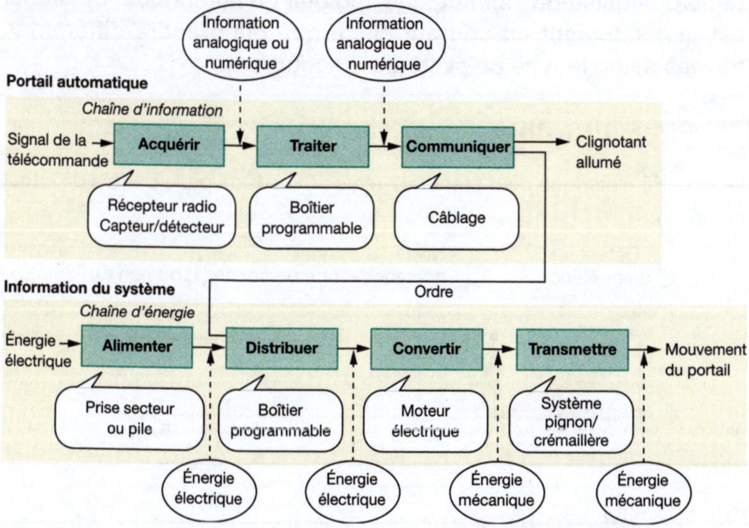

- La fonction « **acquérir** » est assurée par un **détecteur**, un **capteur** ou un **codeur** en fonction du type d'information transmise. Elle consiste à créer une information à partir d'un événement (présence d'une personne, par exemple) ou d'une grandeur physique (température, par exemple).
- La fonction « **traiter** » est assurée par un **composant électronique programmable**. L'information est une variable traitée par un programme afin qu'elle devienne communicable.
- La fonction « **communiquer** » est réalisée soit avec un **support matériel** (fibre optique ou câbles/fils électriques), soit **sans fil** (Bluetooth, Wi-Fi, onde radio ou infrarouge).
- La fonction « **alimenter** » amène une **énergie exploitable** à l'objet technique.
- La fonction « **distribuer** » contrôle et gère la quantité d'énergie amenée à l'actionneur.
- La fonction « **convertir** » est toujours assurée par un **actionneur** (exemple : moteur, lampe, haut-parleur, résistance chauffante…). L'énergie entrée dans le système sera alors convertie en une autre énergie.
- La fonction « **transmettre** » fait en sorte que la fonction d'usage de l'objet technique soit réalisée.

19 Moyens d'acquisition et types de signaux

Une information circule, entre l'acquisition et le traitement, sous la forme d'un signal qui peut être de 3 types en fonction du système d'acquisition : analogique, logique ou numérique. Ce signal est généralement un courant électrique qui prendra différentes formes selon le type de système d'acquisition.

A Signal logique

Le courant électrique peut prendre 2 états : 0 ou 1 (on parle parfois de « tout ou rien »).

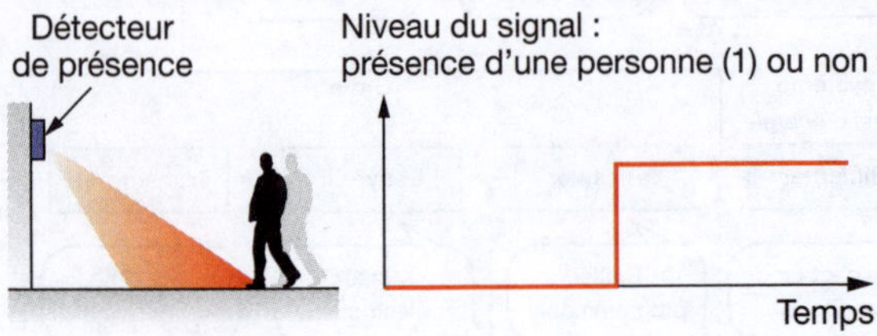

B Signal analogique

Le courant électrique peut prendre une infinité de valeurs, c'est-à-dire un nombre de valeurs que l'on ne peut pas déterminer.

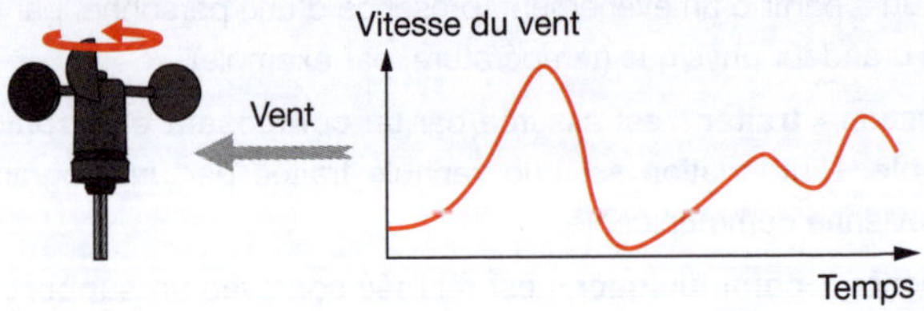

C Signal numérique

Le courant électrique peut prendre un nombre déterminé de valeurs. Les valeurs sont codées par un « mot informatique » composé de 0 et de 1.

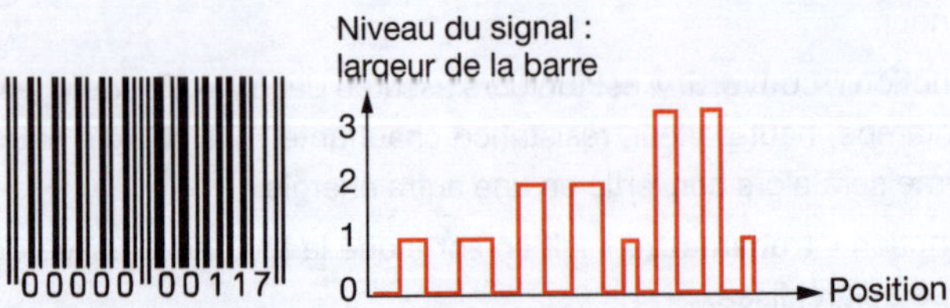

20 Architecture d'un réseau informatique

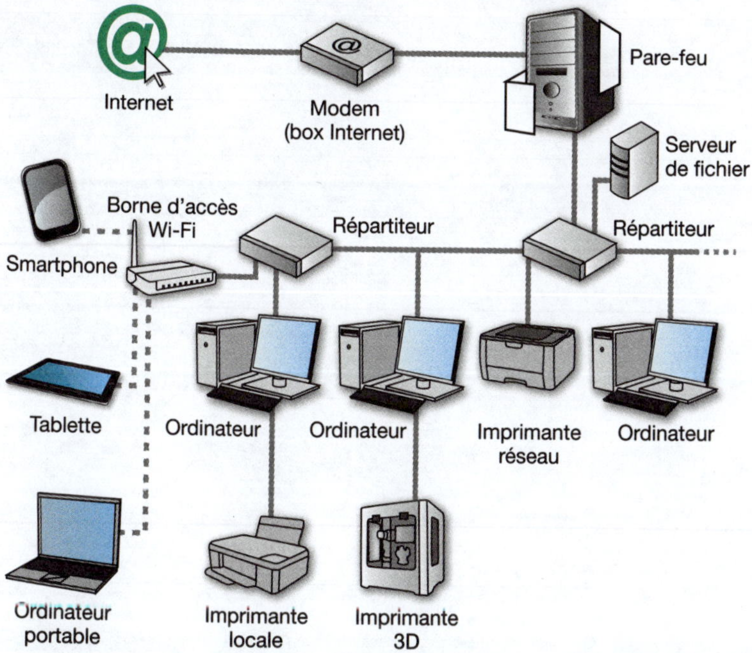

- **Répartiteur** : il relie les ordinateurs entre eux et permet de partager la connexion Internet.
- **Borne d'accès Wi-Fi** : elle permet de créer un accès au réseau sans nécessiter de câble réseau.
- **Serveur de fichier** : il stocke les fichiers et certains logiciels qui sont installés sur le réseau (comme l'antivirus).
- **Modem** : il permet l'accès à Internet.
- **Pare-feu** : il filtre les données provenant d'Internet et contrôle celles que l'on envoie à Internet.

TECHNOLOGIE